Michael Wortmann

Baldur von Schirach
Hitlers Jugendführer

Michael Wortmann

Baldur von Schirach
Hitlers Jugendführer

Böhlau Verlag GmbH & Cie.

Umschlag: Reichsparteitag 1933: Adolf Hitler und Baldur von Schirach begrüßen die Hitlerjugend.
(Foto: Zeitgeschichtliches Bildarchiv Heinrich Hoffmann)

CIP-Kurztitelaufnahme der Deutschen Bibliothek

Wortmann, Michael:
Baldur von Schirach, Hitlers Jugendführer / Michael Wortmann. — Köln: Böhlau 1982. —
ISBN 3-412-05580-8

Gesamtherstellung: Satz-Grafik-Drucksachen Helmut Labs, Neuss
Printed in Germany
ISBN 3 412 05580 8

Inhalt

MEINEN ELTERN
UND MONIKA

Verführter Verführer?

Am 1. Oktober 1966, genau um Mitternacht, öffneten sich zum letztenmal die Tore des alliierten Kriegsverbrechergefängnisses in Spandau, um zwei ehemals Mächtige des Dritten Reiches in die Freiheit zu entlassen: der eine war Albert Speer, des Führers Architekt und Rüstungsminister, der andere Baldur von Schirach, Hitlers Jugendführer. Zurück blieb, zu lebenslanger Haft verurteilt, nur noch Rudolf Heß, der einstige Stellvertreter. Speer war vielen Deutschen erst nach dem Krieg zum Begriff geworden. Als Baumeister und Minister hatte er die meiste Zeit eher im verborgenen gewirkt: ein Künstler, Technokrat und Politiker hinter den Kulissen der Macht. Anders Baldur von Schirach. Er hatte Millionen Jungen und Mädchen in der Hitlerjugend erfaßt, sie auf den Glauben an den Führer eingeschworen und den Einsatz auch ihres Lebens für Ruhm und Größe des nationalsozialistischen Vaterlandes verlangt. Sie hatten bei Gott geloben müssen, allzeit ihre Pflicht zu tun in „Liebe und Treue zum Führer und unserer Fahne".

Doch die Führung hatte ihren Glauben mißbraucht, sie um ihre Jugend betrogen und ihnen Krieg, Opfer, Hunger und Entbehrungen auferlegt. Tausende starben viel zu jung an der Front, kamen um im Bombenhagel oder auf der Flucht. Noch in den letzten Tagen, als der Krieg längst schon verloren und das Reich fast besetzt war, wurden Vierzehn-, Fünfzehn-, Sechzehn- und Siebzehnjährige zynisch geopfert. „Es ist wunderbar", schwärmte Hitler im Bunker der Reichskanzlei, „mit welchem Fanatismus gerade jetzt die jüngsten Jahrgänge zum Kampf antreten. Sie wissen, daß es nur noch zwei Möglichkeiten gibt: Wir lösen dieses Problem, oder wir alle werden vernichtet. Ein

Volk aber, das tapfer kämpft, läßt die Vorsehung niemals im Stich".[1]

Die Hitlerjungen kämpften und starben, an der Oder, in Breslau, an der Pichelsdorfer Brücke in Berlin. Sie waren, wie am 17. April 1945 der fränkische Gauleiter Holz nach München an die Parteikanzlei meldete, „von bestem Geist beseelt. Der Gau Franken hat innerhalb von sechs Wochen ein Regiment Panzervernichtungstrupps der HJ aufgestellt. Sie haben sich an verschiedenen Fronten bisher hervorragend geschlagen. Es ist aber sehr schade um dieses junge und kostbare Blut, wenn es in solchen Kämpfen dahinfließt. Ein Bataillon ist bereits nahezu aufgerieben".[2] Doch das war, nach Schirachs eigenen Worten, ihres „Daseins Sinn". Er hatte Hitler versprochen: „Wir sind bereit, für Sie zu leben, zu handeln und, wenn es sein muß, in den Tod zu gehen". Viele Jahre hatte er die Jugend darauf vorbereitet, verkündet, die Fahne sei mehr als der Tod, gebetet: „Herr! laß uns niemals feige sein!"[3] und zahllose Gedichte gereimt wie dies:

> Und würden wider uns
> verbünden
> sich Himmel, Hölle
> und die Welt:
> wir blieben aufrecht stehn
> und stünden,
> bis auch der letzte niederfällt.

Doch als sich die Russen immer mehr Wien näherten, das er als Hitlers Statthalter verteidigen sollte, dachte er nur noch ans Überleben. Den Glauben an seinen Führer und an den Sieg hatte er damals schon lange verloren. Schirach setzte sich ab und verbarg sich, in Zivil, getarnt mit Brille und Schnurrbart, in Schwaz in Tirol. Jetzt nannte er sich Richard Falk, gab vor, Schriftsteller zu sein und die Einsamkeit zu suchen, um einen Roman zu schreiben: das „Geheimnis der Myrna Loy".[4] In Schwaz verfolgte er das Kriegsende und die alliierten Planungen für Deutschland am Radio. Über den Rundfunk erfuhr er auch von der Absicht der Siegermächte, der nationalsozialistischen Führung den Prozeß zu machen. Am 5. Juni, als die Alliierten die oberste Gewalt in Deutschland übernahmen, verließ er sein Versteck und stellte sich den Amerikanern. Sie brachten ihn in das Kriegsgefangenenlager Rum bei Innsbruck. Er wollte, erklärte er dort den Vernehmungsoffizieren, die Verantwortung für die Jugend übernehmen und mithelfen, die jungen Deutschen vom Antisemitismus zu heilen, sie von bewaffnetem Widerstand im Untergrund zurückzuhalten und sie zu guten Demokraten zu machen. Er schlug vor, alle höheren HJ-Führer in Buchenwald, dem Konzentrationslager nahe bei Weimar, zu internieren und umzuerziehen. Er selbst wollte sich für seine Unterführer als Geisel stellen. Doch die Amerikaner winkten ab. Schirach schien ihnen als Garant für die Erziehung der Jugend zur Demokratie am wenigsten geeignet.[5]

Zunächst blieb sein weiteres Schicksal ungewiß. Zwar hatten die Engländer schon 1944 zwei Kriegsverbrecherlisten zusammengestellt und Schirach beidemal mitaufgeführt, in der englischen Liste der zehn Hauptkriegsverbrecher vom Juni 1945 fehlte er jedoch ebenso wie in der amerikanischen, die sechzehn Namen umfaßte. Kurze Zeit erwogen Engländer und Amerikaner, Dönitz zu streichen und durch Schirach zu ersetzen, ließen den Plan dann aber fallen. Erst als im August die Russen und die Franzosen nachdrücklich dafür plädierten, fiel die Entscheidung, auch Schirach im Hauptkriegsverbrecherprozeß anzuklagen.[6]

Am 20. November 1945 wurde in Nürnberg der Prozeß eröffnet. Angeklagt waren neben Schirach Göring, Heß, Keitel, Kaltenbrunner, von Ribbentrop, Frank, Frick, Rosenberg, Streicher, Funk, Schacht, Dönitz, Sauckel, Jodl, Raeder, Seyß-Inquart, von Papen, Fritzsche, von Neurath, Speer und, in Abwesenheit, Bormann. Das Verfahren wurde auf vier Generalanklagepunkten aufgebaut. Nach Punkt eins hatten die Nationalsozialisten und ihre Helfer Deutschland zunächst verschwörerisch unter ihre totalitäre Kontrolle gebracht und dann ihre Eroberungskriege geplant und begonnen. Unter Punkt zwei fielen „Verbrechen gegen den Frieden“ durch die Verletzung internationaler Abkommen und Verträge. Punkt drei behandelte Kriegsverbrechen: die Mißhandlung und Ermordung von Geiseln, Kriegsgefangenen und der Zivilbevölkerung sowie die Deportation zur Zwangsarbeit, Punkt vier „Verbrechen gegen die Humanität“: die Verfolgung, Versklavung, Ermordung und Ausrottung aus politischen und rassischen Gründen.

Schirach wurde nach den Punkten eins und vier angeklagt. Er habe, so hieß es, als Hitlers Jugendführer die „Machtergreifung der Nazi-Verschwörer und die Festigung ihrer Kontrolle über Deutschland“ gefördert, die Hitlerjugend militarisiert und sie psychologisch wie pädagogisch auf den Krieg vorbereitet. Nachdem er 1940 die unmittelbare Führung der Jugend abgegeben hatte und Gauleiter von Wien geworden war, habe er sich dort vor allem durch die Deportation der damals noch verbliebenen 60.000 Juden schuldig gemacht. Schirach erklärte sich im Sinne der Anklage für nicht schuldig.[7]

Dann wurden die Angeklagten mit den Verbrechen ihres Regimes konfrontiert, mit Filmen und Dokumenten über Verschleppung, KZ-Greuel und Massenmord. Noch einmal stieg die Welt der Ghettos, Lager und Gaskammern auf. Das wahre, ungeschminkte Gesicht des Todes hatte mit Schirachs schwärmerischen Verklärungen nichts gemein. Schirach zeigte sich betroffen und erschüttert. Er könne, erklärte er, den Richtern „keinen Vorwurf machen, wenn sie einfach sagen würden: ‚Schlagt ihnen allen die Köpfe ab!' Auch wenn unter den zwanzig ein paar unschuldig sind, würde es nicht den geringsten Unterschied machen, bei den Millionen, die ermordet wurden!" Zuvor wollte er sich jedoch öffentlich von Hitler lossagen.[8]

Schirach geriet jedoch mehr und mehr unter den Einfluß Görings, der alles daran setzte, seine Mitangeklagten auf eine gemeinsame Verteidigungslinie zu verpflichten und bis zuletzt das Bild einer verschworenen Gemeinschaft Hitler treu ergebener Kampfgenossen aufrecht zu erhalten. Die Schreckensberichte tat er als Greuelpropaganda ab, Selbstzweifel und Schuldbewußtsein hielt er für unangebracht. Als Speer im Januar 1946 ausscherte, sich mitverantwortlich bekannte und über seinen Plan berichtete, Hitler zu ermorden, war es Schirach, der ihm Görings Botschaft übermittelte, er habe „Deutschland mit Schande bedeckt".[9] Schirachs reumütige Haltung, notierte der amerikanische Gerichtspsychologe Gustave M. Gilbert, sei unter Görings Einfluß vollkommen verschwunden. „Die grundsätzliche Charakterschwäche dieses Mannes, der nur sich selbst bewundert, offenbarte sich deutlich in der Art, wie seine Empörung über den Verrat Hitlers an der Hitlerjugend unter Görings aggressivem Zynismus, Nationalismus und dessen romantischer Heldenpose immer schwächer wurde".[10]

Auf Gilberts Veranlassung wurde Schirach von Göring ferngehalten. Als Mitte April Rudolf Höß, der ehemalige Kommandant von Auschwitz, über die Judenvernichtung berichtete, nahm Schirach seinen ursprünglichen Plan wieder auf, nicht ohne freilich auf Beifall, Kulisse und Wirkung zu schielen. „Sehen Sie", sagte er zu Gilbert, „die Offenbarung all der Grausamkeiten allein wird den Antisemitismus und das Rassen-Vorurteil nicht beseitigen. Auch Strafe oder Rache werden das nicht schaffen, denn es könnte in späteren Jahren einen Rückschlag hervorrufen. Der einzige, der den Antisemitismus beenden kann, ist ein Antisemit. Vielleicht ist das die eine historische Mission, die ich noch erfüllen kann, wenn ich als Führer der deutschen Jugend aufstehe und vor aller Welt erkläre, daß unsere Rassenpolitik ein Fehler war. Das würde die Sache ein für allemal beenden".[11]

Am 23. Mai begann Schirachs Verhandlung mit dem Verhör durch seinen Verteidiger Dr. Sauter. Zunächst legte Schirach die Prinzipien dar, nach denen er die HJ aufgebaut hatte. Die Jugend sei, so erklärte er, weder antireligiös noch militaristisch erzogen worden. Am zweiten Verhandlungstag, dem 24. Mai, kam die Rede auf die Judenvernichtung. Er gab zu, die Deportation der Wiener Juden in einer Rede im September 1942 als „aktiven Beitrag zur europäischen Kultur" gefeiert zu haben. Von dem Schicksal, das die Juden in Polen erwartete, habe er jedoch damals noch nichts gewußt, sondern erst nach dem Sommer 1943 davon erfahren, als er von Hitler politisch schon kaltgestellt war.[12] Dann, gegen Ende der Sitzung, entspann sich zwischen Schirach und Sauter dieser Dialog:

„Von Schirach: Ich habe mir selbst die Frage vorgelegt, was kann man dagegen tun, und ich frage mich heute täglich, was habe ich dagegen getan. Ich kann darauf nur antworten: Praktisch nichts. Ich war seit dem Jahre 1943 politisch ein toter Mann. Ich habe über das hinaus, was ich 1943 auf dem Berghof versucht habe, nichts tun können.
Dr. Sauter: Nichts?
Von Schirach: Nichts.

Dr. Sauter: Herr Zeuge! Ich möchte in diesem Zusammenhang eine ganz prinzipielle Frage an Sie stellen. Sie haben gestern bekannt, wie Sie in frühester Jugend Antisemit, und zwar in Ihrem Sinne, wurden. In der Zwischenzeit haben Sie eine Zeugenaussage Höß' gehört, Höß, der Kommandant von Auschwitz, der uns berichtete, daß allein in diesem Lager, ich glaube, zweieinhalb bis drei Millionen unschuldige Menschen, hauptsächlich Juden, hingemordet worden sind. Was bedeutet für Sie heute der Name Auschwitz?

Von Schirach: Es ist das der größte und satanischste Massenmord der Weltgeschichte. Aber dieser Mord ist nicht von Höß begangen worden. Höß war nur der Henker. Den Mord befohlen hat Adolf Hitler, das steht in seinem Testament. Das Testament ist echt; ich habe die Photokopie des Testaments in meinen Händen gehabt. Er und Himmler haben gemeinsam dieses Verbrechen begangen, das für immer ein Schandfleck unserer Geschichte bleibt. Es ist ein Verbrechen, das jeden Deutschen mit Scham erfüllt. Die deutsche Jugend trägt daran keine Schuld. Sie dachte antisemitisch, aber sie wollte nicht die Ausrottung des Judentums. Sie wußte und ahnte nichts davon, daß Hitler diese Ausrottung durch tägliche Morde an Tausenden von unschuldigen Menschen durchführte. Die jungen Menschen, die heute ratlos zwischen den Trümmern ihrer Heimat stehen, haben von diesen Verbrechen nichts gewußt und haben sie nicht gewollt. Sie sind unschuldig an dem, was Hitler dem jüdischen und dem deutschen Volk angetan hat. Ich möchte zum Fall Höß aber noch folgendes sagen: Ich habe diese Generation im Glauben an Hitler und in der Treue zu ihm erzogen. Die Jugendbewegung, die ich aufbaute, trug seinen Namen. Ich meinte, einem Führer zu dienen, der unser Volk und die Jugend groß, frei und glücklich machen würde. Mit mir haben Millionen junger Menschen das geglaubt und haben im Nationalsozialismus ihr Ideal gesehen. Viele sind dafür gefallen. Es ist meine Schuld, die ich fortan vor Gott, vor meinem deutschen Volk und vor unserer Nation trage, daß ich die Jugend dieses Volkes für einen Mann erzogen habe, den ich lange, lange Jahre als Führer und als Staatsoberhaupt als unantastbar ansah, daß ich für ihn eine Jugend bildete, die ihn so sah wie ich. Es ist meine Schuld, daß ich die Jugend erzogen habe für einen Mann, der ein millionenfacher Mörder gewesen ist. Ich habe an diesen Mann geglaubt, und das ist alles, was ich zu meiner Entlastung und zur Erklärung meiner Haltung sagen kann. Diese Schuld ist aber meine eigene und meine persönliche. Ich trug die Verantwortung für die Jugend. Ich trug den Befehl für sie, und so trage ich auch allein für diese Jugend die Schuld. Die junge Generation ist schuldlos. Sie wuchs auf in einem antisemitischen Staat mit antisemitischen Gesetzen. Die Jugend war an diese Gesetze gebunden, sie verstand deshalb unter Rassenpolitik nichts Verbrecherisches. Wenn aber auf dem Boden der Rassenpolitik und des Antisemitismus ein Auschwitz möglich war, dann muß Auschwitz das Ende der Rassenpolitik und das Ende des Antisemitismus sein. Hitler ist tot. Ich habe ihn nicht verraten, ich habe nicht gegen ihn geputscht, ich habe kein Attentat gegen ihn geplant, ich habe meinen Eid ihm gehalten als Offizier, als Jugendführer, als Beamter. Ich war nicht sein Mitläufer, ich war auch kein Opportunist. Ich war Nationalsozialist aus Überzeugung von Jugend auf; als solcher war ich auch Antisemit. Hitlers Rassenpolitik war ein Verbrechen. Diese Politik ist fünf Millionen Juden und allen Deutschen zum Verhängnis geworden. Die Jugend ist ohne Schuld. Wer aber nach Auschwitz noch an der Rassenpolitik festhält, macht sich schuldig. Das ist, was ich zum Fall Höß zu erklären für meine Pflicht halte“.[13]

Doch der seltsamen Metamorphose des 39jährigen, der noch einmal in Koppel, Braunhemd und kurze Hosen schlüpfen und Idealismus und Unschuld der Jugend für sich reklamieren wollte, mochte kaum jemand folgen. Schirach sei keineswegs, versicherte Hans Frank, bloß ein „irregeführter unschuldiger Junge“ gewesen, sondern habe alles getan, um seinen Einfluß bei Hitler nicht zu verlieren, und Göring fragte Gilbert: „Glauben Sie im Ernst, die deutsche Jugend kümmert sich auch nur einen Deut darum, was ein heruntergekommener Jugendführer von seiner Zelle aus verzapft? Und glauben Sie wirklich, sie schert sich den Teufel um die Greueltaten, wo sie bei Gott genug eigene Sorgen hat? Nein, die nächste Generation wird von Führern aus ihren Reihen geführt; sie wird merken, daß ihre nationalen Interessen bedroht sind! Und Ihre Moral und Ihre Reue und Ihre Demokratie können Sie sich an den Hut stecken!“[14]

Tatsächlich währte das Aufsehen, das Schirachs Erklärung in der Öffentlichkeit hervorrief, nur kurze Zeit. Der Prozeß mit seinen immer neuen Enthüllungen war für die Deutschen längst schon alltäglich geworden. Sie kämpften ums Überleben und wollten die Vergangenheit vergessen. Lediglich unter seinen ehemaligen Unterführern entbrannte die Diskussion. Die einen sahen in seiner Erklärung Verrat an Hitler, die anderen fühlten sich selbst betrogen, weil er von den Verbrechen gewußt, jedoch geschwiegen hatte.

In der Nachmittagsverhandlung des 24. Mai und am Vormittag des 27. Mai wurde Schirach durch den amerikanischen Ankläger Thomas Dodd verhört. Dodd bemühte sich mit einer Fülle von Dokumenten, die Vorbereitung der Jugend auf Hitlers Eroberungskriege und Schirachs Mitverantwortung an den nationalsozialistischen Verbrechen zu belegen. Doch gelang es ihm nicht, obwohl er zahlreiche Beweise für die psychologische, die pädagogische und die praktische Vorbereitung der Jugend auf den Krieg beibrachte, nachzuweisen, daß Schirach von Hitlers aggressiven Plänen gewußt hatte.

Dagegen gab es keinen Zweifel daran, daß Schirach seit 1940 für die Deportation der Juden mitverantwortlich war. Schirach bestritt jedoch bis zuletzt, schon damals von ihrer Ermordung gewußt zu haben. Berichte über die Vernichtungsaktionen, die seiner Wiener Behörde vom Sicherheitsdienst zugeleitet wurden, habe er nicht zu Gesicht bekommen.[15] In seinem Schlußwort entwarf Schirach vor den Richtern noch einmal die Fiktion vom Jugendstaat im Staate, der mit den „Auswüchsen und Entartungen des Hitler-Regimes“ nichts zu tun, vielmehr eine Jugend erzogen habe, die „fleißig, ehrlich, anständig und idealistisch“ sei.[16]

Am 9. September berieten die Richter über Schirach. Doch die Meinungen waren kontrovers. Während die Vertreter Englands und der Sowjetunion, Lawrence und Nikitschenko, Schirach nach beiden Anklagepunkten für schuldig befanden, stimmten der französische und der amerikanische Richter, Donnedieu de Vabres und Biddle, nur für eine Verurteilung nach Punkt vier, „Verbrechen gegen die Menschlichkeit". Der Fall Schirach wurde vertagt und am 11. September erneut beraten. Die Fronten blieben unverändert. Entsprechend herrschten auch über das Strafmaß Differenzen. Biddle und Donnedieu de Vabres wollten Schirach zwanzig Jahre einsperren, Lawrence und Nikitschenko plädierten für die Todesstrafe. Schließlich setzten sich die Amerikaner und die Franzosen durch. Am 1. Oktober 1946 verkündete das Gericht den Urteilsspruch: zwanzig Jahre Haft.[17] Es kann kein Zweifel daran bestehen, daß die Richter, hätten sie „gewußt, wie sie es anstellen sollten", Schirach auch für seine Tätigkeit als Reichsjugendführer bestraft hätten. Die Formulierung des Urteils zeigt deutlich, daß sie die HJ und ihren Führer mit manchem Vorbehalt von der Anklage freisprachen. „Die Hitlerjugend legte besonderen Wert auf militärischen Geist, und ihr Ausbildungsprogramm betonte die Wichtigkeit der Wiedergewinnung der Kolonien, die Notwendigkeit, Lebensraum zu gewinnen, und die edle Bestimmung der deutschen Jugend, für Hitler zu sterben. Trotz der kriegsähnlichen Tätigkeit der Hitlerjugend hat es jedoch nicht den Anschein, als ob von Schirach in die Ausarbeitung des Hitlerischen Planes für territoriale Ausdehnung durch Angriffskriege verwickelt war, oder als ob er an der Planung oder Vorbereitung irgendeines der Angriffskriege beteiligt war".[18]

Hinter den Gefängnismauern von Spandau gerieten Schirach und die von ihm propagierte Erziehung in Vergessenheit. Nicht nur vollzog sich, entgegen allen Befürchtungen der Alliierten, der Demokratisierungsprozeß scheinbar reibungslos; der rasche wirtschaftliche Wiederaufbau absorbierte zudem alle Energien und enthob die Bürger der Republik auf bequeme Weise der fälligen Auseinandersetzung mit der Zeit der nationalsozialistischen Herrschaft und der kritischen Überprüfung ihres Selbstverständnisses. Nur noch gelegentlich riefen sensationsheischige Berichte über den Häftlingsalltag in Spandau – „Montag: Reichsjugendführer und Produktionsminister haben Waschtag – Weihnachten 1954: Alle weinten" – die Erinnerung an Schirach wach.[19] Wie es wirklich hinter den Gefängnismauern aussah, wußten damals nur wenige. Einsamkeit, Isolation und unzureichende Versorgung hinterließen tiefe Spuren in der Persönlichkeitsstruktur der Gefangenen. Nur wenige kämpften, wie Albert Speer, erfolgreich dagegen an.

Schwere psychologische Erschütterungen taten ein übriges. Im Juli 1950 ließ sich Schirachs Frau Henriette nach achtzehnjähriger Ehe scheiden. Mehrfach zerschlug sich die Hoffnung auf vorzeitige Entlassung, während die Mitgefangenen nach und nach in Freiheit kamen, zuerst von Neurath, dann Raeder, Dönitz und 1957 schließlich Funk. Jetzt schritt der Persönlichkeitsverfall rasch fort. Am 15. April 1959 notierte Albert Speer, der neben Heß der einzige Mithäftling geblieben war: „Schirach beteiligt sich fast gar nicht mehr an der Gartenarbeit. Er möchte auch nicht seinen winzigen Privatgarten vergrößern. Immer noch läuft er ziellos, aber erhobenen Hauptes, mit seinem Stock herum – ein vornehmer Kurgast in einem Park, der von mir als Gärtner in Ordnung gehalten wird. Er wird einsiedlerisch und sonderbar“.[20]

Mehr und mehr zeigten sich jetzt auch Spuren körperlichen Verfalls. Auf dem rechten Auge erblindete er, die Sehkraft des linken nahm immer weiter ab. Im Mai 1965 wurde Schirach operiert, das linke Auge konnte gerettet werden. Auch das Herz wurde zunehmend schwächer. Bereits im Dezember 1963 erlitt er einen Kreislaufkollaps, von dem er sich nur mühsam erholte. Als die Haft ihrem Ende entgegenging, faßte er jedoch Zuversicht. Wieder auf freiem Fuß, wollte er Bücher schreiben und Millionen verdienen.[21]

Dann kam der Tag der Entlassung und mit ihm noch einmal eine Woge der Publizität, eine Illustriertenserie, Fernsehauftritte, Interviews. Ghostwriter schrieben für ihn nach Tonbandprotokollen seine Lebenserinnerungen, in denen er sich noch einmal, unter dem bezeichnenden Titel „Ich glaubte an Hitler“, rechtfertigte.[22] Doch seine Rückschau war weithin nur eine Sammlung von Nichtigkeiten, Klatsch und Hintertreppengeschichten über Hitler und die braune Prominenz. Erneut stieß er, auch bei vielen seiner eigenen ehemaligen Gefolgsleute, auf Ablehnung und Verständnislosigkeit. Dabei wurde eben jetzt die Generation der Hitlerjungen und BDM-Mädchen von ihrer eigenen, so lange verdrängten Vergangenheit eingeholt und begann der Zwist zwischen der jungen Nachkriegsgeneration und den von Schirach, direkt oder indirekt, mitgeprägten Jahrgängen der Älteren, die scheinbar gefestigte Gesellschaft der Republik in eine schwere Identitätskrise zu stürzen, deren Nachwehen bis zum heutigen Tag nicht ausgestanden sind. Doch wer immer geglaubt haben mochte, Schirach wolle oder könne einen

Anstoß zu kritischer Selbstreflexion geben, sah sich getäuscht. Bald trat er erneut und nun für immer aus dem Rampenlicht der Öffentlichkeit und verbrachte seine letzten Lebensjahre einsam, krank und fast vergessen, von zwei alternden BDM-Mädchen als lebendgewordener Versfuß aus ihrem Poesiealbum gepflegt, in Kroev an der Mosel, wo er am 8. August 1974 starb.

Einiges spricht dafür, daß sein kläglicher und so ganz und gar unheroischer Abgang aus der Geschichte das Desinteresse an Schirach nicht unwesentlich mitbestimmt hat. Bis heute wurde ihm, dem die Erziehung von Millionen junger Menschen in die Hand gegeben wurde, weder von der historischen noch von der pädagogischen Forschung ernsthaft Beachtung geschenkt. So recht mochte niemand dem vermeintlich weichlichen und wirklichkeitsfremden Aristokraten, dem verseschmiedenden Propheten Hitlers, dem Berufsjugendlichen, der in Uniform „immer wie verkleidet" wirkte, den Einfluß zubilligen, der ihm, zumindest der Theorie vom nationalsozialistischen Führerstaat nach, verliehen worden war.[23] Der kurze biographische Schattenriß von Joachim C. Fest, der das Schirach-Bild wesentlich bestimmt hat, vermittelt im Gegenteil eher den Eindruck, als habe es Schirach versehentlich in die NSDAP verschlagen: „ein großer verwöhnter Junge aus gutem Hause", der die „Übergriffe, die Terrorakte als Abweichungen von der reinen Idee an(sah), der er unbeirrt und eingeschworen auf seine jungenhaften Treuevorstellungen bis ans Ende folgte".[24] Für Bradley F. Smith war Schirach nichts als ein „umnachteter Mitläufer, vielleicht gar der Archetyp seiner Art", und Hannsjoachim W. Koch weiß mit Hitlers Jugendführer nichts weiter zu verbinden als Dummheit und maßlosen Ehrgeiz.[25]

Freilich vergessen die, die ihn so sehen, daß er als Führer des Nationalsozialistischen Deutschen Studentenbundes bereits zwei Jahre vor der Machteroberung die Mehrheit der deutschen Studentenschaft, nach eigenem Selbstverständnis die zur Führung berufene Elite im Staat, für Hitler gewinnen konnte, daß er es wie wenige sonst verstand, der jungen Generation den Nationalsozialismus als Erfüllung ihrer Wünsche, Träume und Sehnsüchte anzubieten und er mit der Hitlerjugend eine Massenorganisation aufbaute, die ohne Vorbild in der Geschichte war. Zum Teil haben die Historiker immerhin diesen Widerspruch erkannt und mit der Erklärung aufzulösen versucht, Schirach habe seine steile Karriere gar nicht sich selbst, sondern einem anderen zu verdanken gehabt: Adolf Hitler. „Der eigentliche Grund für den schnellen Aufstieg“ Schirachs, so resümiert etwa Hans-Christian Brandenburg in seiner Monographie über die HJ, sei in Hitlers Bemühen um „persönlichen Anschluß an jene vornehmen Kreise in den Villen der Verlegerfamilien Bruckmann und Hanfstaengl in München, um Houston Steward (sic) Chamberlain und Winifred Wagner in Bayreuth, um Professor Schultze-Naumburg und Dr. Hans-Severus Ziegler in Weimar, um den Klavierfabrikanten Carl Bechstein oder Frau von Dircksen (sic) in Berlin“ zu suchen.[26] Daß Hitler 1925, als es zur ersten Begegnung mit Schirach kam, kaum mehr der gesellschaftlichen Verbindungen des damals Siebzehnjährigen bedurfte, kommt Brandenburg nicht in den Sinn.[27] Auch in der Studie des Bochumer Historikers Anselm Faust über den Nationalsozialistischen Deutschen Studentenbund wird Hitlers schützende Hand als Erklärung für Schirachs frühen Aufstieg bemüht: „väterliche Nachsicht auf der einen, gläubiges Vertrauen auf der anderen Seite“.[28]

Allerdings sagen derlei Erklärungsmodelle mehr über die Hilflosigkeit der Forschung als über Schirach selbst aus. Gewiß hat die bislang kaum befriedigende Auseinandersetzung mit Hitlers Jugendführer ihre Ursache auch in der Zentrierung des historischen Interesses auf den Führer selbst auf der einen sowie in der verbreiteten Abneigung der zeitgenössischen Wissenschaft gegenüber biographischer Darstellung auf der anderen Seite. Nach wie vor jedoch gilt die frühe Feststellung Karl Dietrich Brachers, daß zum Aufstieg des Nationalsozialismus als „eigenbestimmende Faktoren Persönlichkeit und Auftreten Hitlers“ ebenso gehörten wie „das spezifische Gesicht des nationalsozialistischen Führercorps“. Denn in der Tat waren Entstehung und Geschichte des Nationalsozialismus „vor allem personalistisch bestimmt“.[29] Die kaum mehr umstrittene Erkenntnis, daß er zum geringsten ein fixiertes gedankliches Gebäude, vielmehr ein Konglomerat aus durchaus heterogenen, nicht selten einander widersprechenden ideologischen Morphemen war, vermag diese Einsicht nur zu bestätigen.

Erheblich mehr freilich als die ideologischen Divergenzen fiel der Kampf um Macht, Einfluß und Pfründe ins Gewicht, den Hitlers Paladine im Dritten Reich, aber auch schon in den Jahren davor, entfalteten. Denn der nationalsozialistische Staat war keineswegs ein festgefügtes monolithisches Gebilde, auch wenn er nach außen hin diesen Eindruck erweckte, sondern „ein Gewirr von Privilegien und politischen Beziehungen, Kompetenzen und Bevollmächtigungen und schließlich ein Kampf aller gegen alle“, für den die eingeweihten Zeitgenossen einen treffenden Ausdruck fanden: „NS-Kampfspiele".[30] Über allen aber thronte Hitler und wachte darüber, daß keiner von seinen Gefolgsleuten zu mächtig wurde. Auch Schirach hat mitgespielt, und daß er sich viele Jahre in der Spitze der Hierarchie hat behaupten können, beweist, daß er die Regeln beherrschte. In seinen zahllosen Auseinandersetzungen mit Rust, dem Erziehungsminister, Rosenberg, dem Parteiideologen, später Goebbels, dem Propagandaminister, mit konkurrierenden Verbänden und Organisationen war er oft der Unterlegene und ebensooft der Sieger. Schritt für Schritt und von Anfang an zielstrebig hat er seine nationalsozialistische Karriere aufgebaut, die er 1925 als einfaches Parteimitglied begann. Schon drei Jahre später war er Führer des Nationalsozialistischen Deutschen Studentenbundes, weitere drei Jahre danach unterstand ihm die gesamte Parteijugend, und 1933 schuf ihm Hitler mit der Ernennung zum Jugendführer des Deutschen Reiches die Basis, von der aus er die Erfassung der gesamten deutschen Jugend in Angriff nehmen konnte. Zunächst unterstand er Innenminister Frick, dann Rust. Nach dreieinhalb hektischen Jahren des Aufbaus der HJ konnte sich Schirach auch aus dieser Umklammerung lösen. Am 1. Dezember 1936 wurde die Reichsjugendführung oberste Reichsbehörde, er selbst bekleidete den Rang eines Staatssekretärs und war nur noch Hitler unterstellt. Jetzt nahm Schirach die entscheidende Phase in Angriff: den Kampf um die Vorherrschaft in der Erziehung. Der Krieg und seine Entsendung als Gauleiter nach Wien machten einen Strich durch seine Rechnung. Doch Schirach gab bis zuletzt nicht auf.

Hitler in Weimar

„Wenn ich Sie richtig verstanden habe, wollen Sie sagen, die Grundsätze, die Sie dann später als Reichsjugendführer angewandt haben, die haben Sie kennengelernt in Ihrer eigenen Jugend und in der damaligen Jugendbewegung. Stimmt das?"

„Ja, im Grunde ja. Ja, die Grundlagen meiner späteren Arbeit liegen dort".

Schirach am 23. Mai 1946 im Verhör durch seinen Verteidiger Dr. Sauter vor dem Internationalen Militärgerichtshof in Nürnberg.

Gewiß gibt es keinerlei Beweise, daß Baldur von Schirach die seinerzeit kursierende Legende, er sei in Weimar geboren, bewußt verbreitet hat oder auch nur verbreiten ließ. Doch kam dieser im Bewußtsein der Zeitgenossen weithin verankerte Glaube seinem unablässigen Bemühen, sich sowohl zum hohen Priester Hitlers als auch der deutschen Kultur, für die Weimar immer noch symbolhaft stand, zu stilisieren und damit die propagandistisch wirkungsmächtige Synthese zwischen dem alten Deutschland klassischen und dem des neuen, nationalsozialistischen Geistes herzustellen, überaus entgegen. Er hat keinen Zweifel daran gelassen, daß er sich selbst als die Inkarnation dieser Symbiose verstand und hat daraus seinen Anspruch abgeleitet, die deutsche Jugend zu erziehen. „Wir bekennen uns", verkündete ganz in diesem Sinn einer der engsten Mitarbeiter Schirachs während eines Hitlerjugendlagers in Weimar beziehungsreich, „zu der großen deutschen Vergangenheit, die in den Namen Goethe und Schiller ihre stärkste Ausprägung erfuhr, und wir bekennen uns zu dem Marschweg der deutschen Jugend, der uns von einem der jüngsten Söhne dieser Stadt und von einem der ältesten Mitstreiter des Führers, Baldur von

Schirach, vorgezeichnet ist".[1] Die eifrig propagierte Identifizierung Schirachs mit Weimar blieb selbst auf die engere Parteiführung nicht ohne Wirkung. So erfuhr nach Schirachs eigenem Zeugnis der sonst stets gut informierte Goebbels erst 1943 bei einer Begegnung auf dem Berghof, daß der Jugendführer nicht in Weimar sondern in seinem Gau Berlin geboren wurde.[2]

Allerdings war der erste Lebensabschnitt Schirachs in der Reichshauptstadt, der am 9. Mai 1907 begann, zugleich der kürzeste. Sein Vater Carl Baily Norris von Schirach war Offizier im Königlich Preussischen Garde-Kürassier-Regiment. Im folgenden Jahr nahm Carl von Schirach im Rang eines Rittmeisters den Abschied. Großherzog Wilhelm Ernst von Sachsen-Weimar hatte ihm die Intendanz seines Hoftheaters angeboten, einstmals Goethes Wirkungsstätte. Es war eben erst neu erbaut und am 1. Januar 1908 eröffnet worden. Des alten Schirach Entschluß, zum Theater zu gehen, kam keineswegs unversehens. Seit je fühlte er sich zur Kunst, zu Literatur und Musik hingezogen. Schon während seiner Militärzeit hatte er sich beurlauben lassen, um bei dem berühmten Regisseur Martersteig in die Lehre zu gehen. Seine Regie fand „höchste Anerkennung". Auch auf musikalischem Gebiet war er nach dem Urteil der Kritiker „hochbefähigt".[3] Über alles aber verehrte er Wagner, in dem er die Verkörperung wahren Deutschtums sah. Von sich selbst hat Schirach behauptet, er sei „im Richard Wagner'schen Sinne deutsch", und das heiße, stets eine „Sache um ihrer selbst willen" tun.[4] Der Bruch in seiner Karriere war nur scheinbar, der Wechsel vom Offizier zum Intendanten auch keine Ausnahme. Wie Carl von Schirach in Weimar leiteten auch andernorts ehemalige Offiziere die Theater und trugen dafür Sorge, daß patriotisch-deutsche Gesinnung auch auf den Bühnen waltete. Der Offizier als Künstler, der Künstler als Offizier: stets nahm Schirach für sich in Anspruch, als „Bühnenleiter Kavalier und nicht Komödiant" zu sein und trug damit sein Teil zur geistigen Sterilität der wilhelminischen Ära bei.[5]

Als Schirach im August 1908 die Leitung des Weimarer Hoftheaters übernahm – zunächst vorläufig, vom 19. Dezember an offiziell –, war er vierunddreißig Jahre alt. Weimar war damals kulturell nur noch ein Schatten seiner selbst, die literarisch-klassische Epoche der Wieland, Goethe, Herder und Schiller zu Denkmalen erstarrt, das Theater nach einer letzten Blüteperiode unter Franz von Dingelstedt in ständigem Niedergang begriffen. Die geistige Führungsrolle hatte lange schon

Berlin übernommen. Weimar wurde stattdessen zum Hort der literarischen Reaktion. Hier hatten sich engstirnige Epigonen zu Sachwaltern der Klassik aufgeworfen, allen voran Adolf Bartels, der 1895 in die Residenz gekommen und drei Jahre vor Schirachs Ankunft von Wilhelm Ernst zum Professor ernannt worden war. Bartels und seine Bundesgenossen predigten das Ideal der „Heimatkunst", das die geistige Isolation und Starre Weimars sinnbildhaft zum Ausdruck brachte.[6] Die modernen literarischen Strömungen verdammten sie als Zeichen für Verderbnis und Dekadenz. Vor allem aber zeichnete sich der Bartelskreis durch einen extremen Antisemitismus aus. Rassische Reinheit des Dichters wurde zum obersten Kriterium für die Beurteilung von Literatur, der Ahnennachweis schon Jahrzehnte vor dem Dritten Reich zu perfider Vollendung geführt. Dichter reinsten Blutes erhielten die höchste Auszeichnung zugesprochen: der Deutsche. Goethe etwa wurde mit diesem Ehrentitel bedacht, nachdem Bartels seinen Stammbaum bis in graue Vorzeit erforscht und keinerlei semitische Spuren hatte entdecken können. Über Juden dagegen war von vornherein das Verdammungsurteil gesprochen. Von der „Aura des klassischen, aber auch des nachklassischen Weimar", die Baldur von Schirach später als ein prägendes Erziehungsmoment für sich reklamieren wollte, war nurmehr wenig zu spüren.[7]

Die geistige Starre Weimars war ohne Zweifel auch eine Folge der wirtschaftlichen Rückständigkeit des Herzogtums, die die feudalherrlichen Strukturen weitgehend unangetastet ließ. Die Industrialisierung hatte in Sachsen-Weimar die geringsten Fortschritte unter allen thüringischen Staaten gemacht. Um die Jahrhundertwende lebten hier noch fast genau so viele Menschen von der Landwirtschaft wie von der übers Land verstreuten Industrie, während die Industrie in Thüringen insgesamt beinahe doppelt soviele Menschen ernährte wie die Landwirtschaft. Viele Arbeiter mußten landwirtschaftlichem Nebenerwerb nachgehen, um leben zu können, denn die Löhne lagen bei fast gleich hohen Lebenskosten um zwanzig, teilweise aber auch, wie in der Holzindustrie, um bis zu vierzig Prozent unter denen des Ruhrgebiets.[8] Räumliche Zersplitterung und Schollenbindung der Arbeiterschaft verhinderten die Entstehung eines geschlossenen Industrieproletariats, das sich zur politischen Kraft hätte formieren können. Die Weimarer Wirklichkeit bildete daher den realen Prospekt für die Heimatkunst, und der offensive, selbstbewußt-kämpferische Geist, mit dem ihre Propheten auftraten, gestützt auf Herzog und Hof, findet darin seine Erklärung.

Bartels und nun auch der neue Intendant Carl von Schirach entfalteten missionarischen Eifer, um das vermeintlich bedrohte Erbe zu bewahren. Bereits im folgenden Jahr wurden erstmals die „Weimarer Nationalfestspiele für die deutsche Jugend" veranstaltet, die auf Bartels' Initiative zurückgingen. Neben den Vorstellungen – 1909 wurden Wilhelm Tell, Minna von Barnhelm, der Prinz von Homburg und Egmont gespielt – standen Führungen durch die „Wohn- und Wirkungsstätten unserer Geistesfürsten und ihrer hohen Gönner und Freunde, sowie Wanderungen in die nahe und weitere Umgebung Weimars" auf dem Programm, um „der deutschen Jugend ein Gesamtbild unserer klassischen Kulturepoche aus unmittelbarer Anschauung und persönlichem Erleben zu übermitteln".[9] Mit demselben Ziel wurden auch Aufführungen für Arbeiter veranstaltet, denn Schirach sah es als seine eigentliche theatralische Sendung an, das „Publikum zu erziehen".[10] Allerdings vermochten solche Anstrengungen die geistige Mumifizierung Weimars nur noch weiter zu verfestigen. 1911 wurden die Nationalfestspiele wiederholt, dann setzte ihnen der Ausbruch des Ersten Weltkrieges ein vorläufiges Ende.

Offenbar war Carl von Schirach, wenngleich ebenfalls ein überzeugter Antisemit, nicht ganz von der dogmatischen Halsstarrigkeit wie die übrigen völkischen Kunstapologeten in Weimar. Vielmehr wirkt sein Deutschtum eher mühsam und angestrengt, so als habe er es stets aufs neue vor sich selbst beweisen müssen, offenbar die Folge der ihm gleichsam angeborenen Heimatlosigkeit, die in einem umständlichen Familienschicksal wurzelte. 1855 war sein Vater Friedrich Karl als Dreizehnjähriger mit den Eltern in die Vereinigten Staaten ausgewandert. Vier Jahre später kehrte er zurück und begann in Ratzeburg eine Handelslehre. Schon 1862 ging er wieder nach Amerika, kämpfte für die Nordstaaten im Sezessionskrieg und wurde Berufsoffizier. Doch blieb er auch diesmal nicht endgültig. 1871 kam er in das gerade gegründete preußisch-deutsche Kaiserreich zurück und ließ sich in Kiel nieder. Zwei Jahre zuvor hatte er in Philadelphia die vermögende Elizabeth Baily Norris – ihr Vater war Teilhaber einer Lokomotivfabrik – geheiratet. Doch Elizabeth starb am 19. November 1873, wenige Tage nach der Geburt ihres zweiten Sohnes Carl. Dreimal noch wechselte Friedrich Karl den Wohnsitz, zog nach Karlsruhe, nach Ratzeburg, wo er 1875 zum zweitenmal heiratete, und schließlich nach Lübeck. Dort starb 1893 auch seine zweite Frau, mit der er fünf Kinder hatte. Jetzt zog sich Friedrich Karl ganz zurück und lebte nur noch

Abb. 1: Carl von Schirach. Ein Offizier mit theatralischer Sendung.

Abb. 2: Schirachs Mutter. Beharrliche Integrationsverweigerung kennzeichnete ihr Wesen.

„seinen musikalischen Interessen und der Erziehung seiner Kinder".[11] Offenbar ist das ruhelose Leben des Vaters ebenso wie der frühe Tod der Mutter, die er nie gekannt hatte, nicht ohne Einfluß auf Carl von Schirach geblieben. Schon als Kind war er eigenbrötlerisch und ein Träumer, der sich fernab der Wirklichkeit in einer irrational-phantastischen Welt bewegte. Wenn wahr ist, was behauptet wird, daß nämlich Thomas Mann in einer Figur der Buddenbrooks dem jungen Carl von Schirach Gestalt gegeben hat, dann wäre dieses literarische Zeugnis ein eindrucksvoller Beleg.[12]

1896 überquerte der Leutnant Carl von Schirach den Atlantik, um die amerikanische Verwandtschaft zu besuchen. Dort lernte er Emma Middleton Lynah Tillou kennen, die ebenfalls zur Norris-Familie gehörte.[13] Am 14. Oktober heirateten sie in Chestnut Hill, Philadelphia, und kehrten gemeinsam nach Berlin zurück. Zwei Töchter und zwei Söhne gingen aus der Ehe hervor. Rosalind, 1898 geboren, wurde später als Konzert- und Opernsängerin unter dem Künstlernamen Rosa Lind bekannt. Die ein Jahr später zur Welt gekommene Viktoria starb bereits am 15. April 1901. Zum Lieblingskind der Eltern aber wurde Karl, der seinem sieben Jahre jüngeren Bruder Baldur auf Grund seiner vielfältigen Begabungen weit überlegen war. Über Emma von Schirach sind verschiedene Episoden überliefert, die das Bild einer selbstbewußten, eigenwilligen Frau zeichnen, die sich um Tradition und steife Etikette wenig kümmerte und ein eher fortschrittliches Element in der Familie verkörperte. Gewiß brachte sie ein betont praktisch-utilitaristisches Moment in die Verbindung ein, und wenn man überhaupt den verschlungenen und nur zu leicht in die Irre führenden Pfaden der Weitergabe von Anlagen und Veranlagungen folgen will, so muß für Baldur von Schirachs unbestreitbare Fähigkeit, alles, was er tat, stets auch mit großem Nutzen für sich selbst ins Werk und mit sicherem Instinkt Aufwand und Erfolg in das günstigste Verhältnis zu setzen, der Einfluß der Mutter geltend gemacht werden. Doch kennzeichnete ihr Wesen auch beharrliche Integrationsverweigerung. Die Tatsache, daß sie die deutsche Sprache zeitlebens nur radebrechte und ihren Kindern das Englische zur Muttersprache machte, trug nicht wenig dazu bei, ihren Sohn Baldur von Kind an zu einem Außenseiter werden zu lassen. Emmas Isolation wurde verstärkt, als die Familie das weltoffene Berlin mit seiner starken amerikanischen Kolonie verließ, um in die provinzielle Enge Weimars überzusiedeln.[14]

In Weimar richteten sich die Schirachs repräsentativ in einer Villa in der Gartenstraße ein. Freilich ließ sich der dem neuen Amt angemessene Lebensstil von dem Intendantensalär allein kaum bezahlen. Über die finanziellen Verhältnisse der Schirachs sind wir wenigstens einigermaßen durch die umfangreiche Korrespondenz unterrichtet, die Carl gegen Ende seiner Laufbahn mit dem Reichspropagandaministerium in Berlin führte, um in den Genuß einer höheren Pension zu kommen. Danach habe der Großherzog zunächst jährlich 6.000 Reichsmark Gehalt und 1.000 Mark Repräsentationszulage gezahlt. Bis 1918, dem letzten Dienstjahr unter Wilhelm Ernst, erhöhten sich die Bezüge auf 12.000 Reichsmark und 3.000 Mark Repräsentationszulage. Doch war dieser Verdienst im Vergleich zu anderen Intendantengehältern eher bescheiden und so kam, wie Schirach vermerkte, „eigentlich nur jemand für einen derartigen Posten in Frage“, der „über reichliche Privateinkünfte verfügte“, rechneten doch die fürstlichen Arbeitgeber „einen gewissen Ordenssegen als Besoldung“ an. Die Privateinkünfte bestanden in den Zinsen aus Schirachs amerikanischem Vermögen, das 1917 aus knapp 166.000 Dollar bestand, und den Einkünften Emma von Schirachs, die sich offenbar auf mehrere tausend Reichsmark beliefen. Die Schirachs waren zwar keine besonders reichen, aber doch recht vermögende Leute.[15]

Mit sechs Jahren sollte Baldur von Schirach eingeschult werden. Doch weil er „kein Wort deutsch“ sprach, mußte er den Schulbesuch um ein Jahr verschieben. Die Eltern engagierten einen Sprachlehrer für ihn.[16] Am 28. Juni 1914 fielen die Schüsse von Sarajewo und lösten den Ersten Weltkrieg aus. Bald machten sich seine Auswirkungen auch in Weimar bemerkbar. Carl von Schirach rückte zur Front ein und blieb dort bis 1916. Mit zunehmender Dauer wurden die Verluste größer und größer, nahmen die Versorgungsschwierigkeiten zu. Die Not unter der Bevölkerung wuchs. Am Hoftheater konnte der Spielplan nur noch unter Schwierigkeiten aufrecht erhalten werden. Immer mehr Schauspieler, Sänger und Musiker mußten an die Front. Baldur von Schirach trat unterdessen als Zehnjähriger dem Jungdeutschlandbund bei, einer Pfadfinderorganisation des Grafen von der Goltz, die am englischen Vorbild orientiert war.[17] Doch blieb diese erste Begegnung mit einem Jugendbund nur Episode, denn bald darauf wurde er in das Waldpädagogium auf dem Hexenberg bei Bad Berka in Thüringen geschickt. Ein Schüler des Reformpädagogen Hermann Lietz namens Endemann leitete das Internat getreu der Lietzschen Maxime, die „Unterrichtsschule“ durch die „Erziehungsschule“ zu ersetzen. Neben die Wissensvermittlung, so lehrte Lietz, müsse gleichberechtigt die Körper- und Charaktererziehung treten. Indessen verbarg sich hinter dem so fortschrittlich anmutenden Programm nichts weiter als der Rückzug vor der modernen Industriegesellschaft. In der Großstadt sah Lietz die Keimzelle von Verderbnis und Dekadenz. „Man mag nur hingehen in eine Stadt wie Hamburg und sehen, was in großen Etablissements auf der Bühne getrieben wird, wie unsere großen Dichter parodiert werden, wie unter Lachen der Apfelschuß Tells vor sich geht, wie die Expedition eines Nansen dort schon herabgezogen ist in Schmutz und Trivialität, welcher Art Clown- und Ballettkünste auf den Brettern sich abspielen. Man mag nur darauf achten, wie diese Entweiher der Kunst dann bei Gelegenheit der Schützenfeste, Vogelschießen usw. die kleinen Städte überschwemmen und ohne Schamgefühl ihren Schmutz sehen lassen. Man mag schauen, wie Scharen von Eltern mit ihren Kindern bis tief in die Nacht hinein dabei, mit ihrem Bier vor sich, andächtig zuschauen, lachen und Witze machen: und man wird erschüttert die Jugend glücklich preisen, die aus ihren Wäldern, Feldern, Dörfern niemals zu dieser Art moderner ‚Bildungs'-, ‚Unterhaltungs'-, ‚Vergnügungsstätten' gelangt. . . Der Aufenthalt in der Großstadt ist aber noch schlimmer fürs Kind als Bergesabgrund und Stromschnelle. Diese töten im schlimmsten Falle nur den Körper, jene mit hoher Wahrscheinlichkeit die Seele, die Natur. . . Deshalb halten wir da, wo es sich irgend ermöglichen läßt, es unbedingt für das Beste, die ganze Erziehung aufs Land zu verlegen".[18]

In seinen Landerziehungsheimen hat Lietz diese Forderung verwirklicht. Die Affinität der Lietzschen Ideen zur Programmatik der Heimatkunst, ihr deutlich antizivilisatorischer Affekt, ist offensichtlich. Dazu kam auch bei Lietz der radikale Antisemitismus. Schirachs Schulzeit im Waldpädagogium währte keine zwei Jahre. Nach dem Selbstmord seines Bruders Karl im Oktober 1919 kehrte er nach Hause zurück. Gleichwohl hat er dieser Zeit entscheidenden Einfluß auf seine Erziehung und auf seine eigene pädagogische Konzeption beigemessen, ihn allerdings während der NS-Herrschaft weitgehend verschwiegen, wie sich die Nationalsozialisten überhaupt nur höchst ungern an alles erinnerten, was nach geistiger Verwandtschaft und Vorläufertum aussah und die Originität der eigenen Ideen in Zweifel ziehen konnte. Tatsächlich ist das Muster des Landerziehungsheimes später von Schirach in seiner eigenen Schöpfung, den Adolf-Hitler-Schulen, weitgehend kopiert worden, und die Lietzsche Forderung nach Verlegung der

Erziehung aufs Land hat er zusätzlich in mannigfachen Variationen vom Zeltlager bis zum Landjahr für die Jugendlichen wenigstens partiell zu verwirklichen gesucht. Dagegen müssen die Auswirkungen der Internatszeit auf die Ausbildung seiner Persönlichkeitsstruktur, nicht nur wegen der Kürze seines Aufenthalts im Pädagogium, eher als gering veranschlagt werden. Die im Elternhaus erlernten Normen, Konventionen und Verhaltensregeln wurden auf dem Hexenberg nicht in Frage gestellt, sondern bestätigt und sogar noch bestärkt. Für einige der Grundelemente des Lietzschen Erziehungsprogramms war Schirach das denkbar ungeeignete Objekt. Die Erziehung zu Selbstzucht, Unterordnung und Gemeinschaftsdienst lief seinem Temperament und Charakter konträr zuwider. Im Gegenteil trat offenbar schon im Internat sein Hang, sich zu exponieren und zu glänzen, zu gleisnerischer Selbstdarstellung und Gefallsucht deutlich hervor, und weder wurde er, wie es die Lietzsche Lehre verlangte, ein disziplinierter Sportler, noch bildete er handwerkliche Fähigkeiten aus.

Das Ende des Krieges, die militärische Niederlage des Reiches und die Revolution erlebte Schirach im Internat. Als die Kunde vom Umsturz auf den Hexenberg drang, hißte er, so hat er überliefert, in Unkenntnis der verheerenden Bedeutung für seine Familie eine schwarz-rot-goldene Fahne auf dem Dach.[19] In Weimar trat zur gleichen Zeit Großherzog Wilhelm Ernst zurück, nachdem er einen Tag lang vergeblich mit den Arbeiter- und Soldatenräten verhandelt und seinen Thron zu retten versucht hatte. Damit war auch die Karriere Carl von Schirachs jäh beendet. Das Hoftheater wurde zum Landestheater umgewandelt, Ernst Hardt sein neuer Intendant. Zwar klagte Schirach gegen seine Entlassung und drang erfolgreich bis zum Reichsgericht durch; doch wurde er von der neuen Regierung in den Wartestand versetzt und ersuchte schließlich selbst um seine Pensionierung, weil keine Aussicht mehr bestand, das Weimarer Theater wieder übernehmen zu können.

Carl von Schirachs Sturz war steil und heftig, der Haß auf die neuen Herren grenzenlos. So wie ihm und seiner Familie erging es Unzähligen aus der Führungsschicht des wilhelminischen Reiches: Offizieren, Beamten, Kaufleuten. Auch wirtschaftlich wurde Schirach empfindlich getroffen. Er erhielt jetzt die Pension eines Ministerialrats in Höhe von 695 Reichsmark monatlich. Die Militärpension von 1.300 Reichsmark jährlich wurde gestrichen.[20] Das Theater, inzwischen erneut umgetauft zum Deutschen Nationaltheater, diente nun der Nationalversammlung als Forum für die Ausarbeitung der republikanischen Verfassung und ohne Zweifel ist dadurch das Gefühl des bodenlosen Niedergangs und der Schmach noch verstärkt worden. Im September beendete die Nationalversammlung ihre Arbeit in Weimar. Die Umwandlung der Monarchie in die Republik war nun endgültig. Ganz offenbar in Zusammenhang damit stand die neuerliche Katastrophe, von der die Familie heimgesucht wurde. Am 18. Oktober erschoß sich Karl in seinem Internat, der Klosterschule in Roßleben. In seinem Abschiedsbrief hat Karl das „Unglück Deutschlands", das er nicht habe überleben wollen, für seinen Entschluß namhaft gemacht.[21] Der tatsächliche Grund jedoch war sein eigenes Unglück, die durch den Versailler Vertrag verbaute Karriereaussicht. Denn jetzt war ihm die ersehnte Offizierslaufbahn versperrt. Die eigentliche Lebensuntüchtigkeit, die aus dem Selbstmord spricht, die Unfähigkeit, die vorgegebenen Lebens- und Berufsbahnen verlassen zu können, wirft ein bezeichnendes Licht auf das Selbstverständnis der Schirachs. Ohne Zweifel gehört die familiäre Doppelkatastrophe zu den entscheidenden Grunderfahrungen in Baldur von Schirachs Leben mit weitreichenden Konsequenzen für die Entwicklung seiner Persönlichkeitsstruktur.

Mit Karl hatte er „mehr verloren als nur einen Bruder. Er war für mich ein Mensch, zu dem ich aufblickte und dem ich nacheifern wollte. Ich rückte mit meinen 12 Jahren an seine Stelle. Ich hatte ein Erbe angetreten, das mich zu besonderer Liebe zum Vaterlande verpflichtete".[22] Gewiß ist diese nachträgliche Wertung nicht unerheblich stilisiert, und die monokausal verdichtete Koinzidenz von Todes- und Erweckungserlebnis entspricht durchaus Schirachs Sinn für dramatische Akzente. Doch liegt hier die Wurzel für den nun einsetzenden Verzicht auf die eigene Persönlichkeit. Die von vielen Beobachtern registrierten künstlichen und erkünstelten Züge seines Wesens, die früh zutage tretenden Stilisierungstendenzen, der eigentümliche Zwiespalt zwischen zur Schau gestelltem Heroismus und weichem, femininem Ästhetentum, zwischen angestrengter Verzichtshaltung und dem Hang zum Genuß, der sein Wesen so auffällig kennzeichnete, kurz: die Spaltung seiner Persönlichkeit, haben von hier ihren Ausgang genommen, und daß er nie zu sich selbst fand, sondern verzweifelt einem abstrakten Ideal nachzuleben suchte, macht seine eigentliche Tragik, aber auch seinen grandiosen Erfolg aus. Offenbar ist in seiner nur abgeleiteten Persönlichkeit, in der Suche nach seiner Identität auch eine der wesentlichen Voraussetzungen für seine spätere Bindung an Hitler zu sehen. Bezeichnend genug bewundert er in einem seiner zahllosen Huldigungsgedichte das als „das Größte“ an ihm, „daß er nicht nur unser Führer ist und vieler Held, sondern er selber: grade, fest und schlicht“.[23]

Mit der Nationalversammlung waren auch die sie schützenden Soldaten abgezogen. Als der junge Schirach nach Weimar zurückkehrte, herrschte wieder Angst vor Aufruhr und Revolution. Der Kommunist Max Hölz verunsicherte Thüringen. Immer wieder kam es zwischen seinen Leuten und den Freikorps zu blutigen Auseinandersetzungen. Schirach hat später wieder und wieder die wie traumatisch auf ihm lastende Zeit der bürgerlichen Ohnmacht und des Schreckens beschworen, den Kampf „auf Leben und Tod“, die Furcht, „von den Kommunisten abgeschlachtet“ zu werden.[24] Tatsächlich jedoch blieb Weimar, das jetzt Hauptstadt des aus den ehemaligen thüringischen Fürstentümern mit Ausnahme von Coburg gebildeten Freistaats Thüringen war, von den Kämpfen unberührt. Die Sozialdemokraten, die das Land bis 1923 regierten, behielten die Kontrolle.

In Weimar wuchs Baldur von Schirach nun ganz und gar in der großbürgerlichen Atmosphäre seines Elternhauses auf. Er besuchte zunächst nicht wieder die Schule, sondern erhielt Privatunterricht. Die zahllosen Verbindungen der Familie zu Künstlern, zu Sängern, Schauspielern, Dichtern, Musikern und Komponisten, waren mit der Entlassung des Vaters, der bald Vorsitzender des Weimarer Künstlervereins wurde, keineswegs abgebrochen. Das Haus in der Gartenstraße war weiterhin ein Mittel- und Anziehungspunkt des künstlerischen Lebens der Stadt. Regelmäßig besuchte Baldur von Schirach von nun an mit seinem Vater das Theater. Die Schirachs hatten dort eine Ehrenloge. Hier erlebte er unzählige Aufführungen, und ohne Zweifel ist hier sein Gespür für die Wirkung grandioser Kulissen und dramaturgischer Abläufe, für theatralische Effekte und heldische Auftritte, das ihn bald zu einem befähigten Propagandisten des Nationalsozialismus machte, entscheidend entwickelt worden. Doch hat ihn der tägliche Umgang mit der Kulissenwelt nicht nur dramatische Wirkungen berechnen und beherrschen gelehrt; er hat sich auch immer wieder selbst von ihnen einfangen und überwältigen lassen, wie es überhaupt scheint, daß Schirach Kunst vor allem nach den Stimmungen, die sie zu erzeugen vermochte, beurteilt und als Gefühlsdroge verstanden hat. Seine eigene künstlerische Ausbildung kam indessen über Anfänge nicht hinaus. Zwar nahm er Klavierunterricht an der Weimarer Musikhochschule, doch hat

Abb. 3: Baldur wuchs vorwiegend in der behüteten Atmosphäre des großbürgerlichen Elternhauses auf.

er es weder zu einiger Beherrschung des Instruments gebracht noch das Dirigentenhandwerk, um das er sich ebenfalls bemühte, so weit erlernt, daß er es zu seinem Beruf hätte machen können.[25]

Zum Freundeskreis der Schirachs gehörte auch Hans Severus Ziegler, Schüler und Sekretär von Adolf Bartels, der über Hebbel promoviert hatte. Ziegler war auch politisch aktiv, gab eine Zeitschrift unter dem Titel Der Völkische heraus und führte als Bundeswart die Knappenschaft, eine Wehrjugend nach dem Muster vieler anderer Jugendorganisationen der Zeit, die allerdings nie über hundert Mitglieder hinauskam. Seit 1923 entstanden, offenbar auch als Reflex auf die schwindenden Hoffnungen der Rechten, die Republik kurzfristig beseitigen zu können, zunehmend rechtsgerichtete Jugendbünde, die unter den verschiedensten Namen wie Frontjugend, Großdeutsche Jugendbewegung, Freischar Schill, Schlageter-Jugend, Deutschvölkischer Jugendbund, Deutsche Wehrjugend und so fort jedoch ein eher kümmerliches Dasein fristeten. Allen gemein war der militant-kämpferische Charakter. Ihre Gedankenwelt bestimmte, mit jeweils wechselnder Akzentuierung, ein Gemisch von nationalistischen, völkisch-antisemitischen und sozialrevolutionären Ideen. Ihre Gründer waren zumeist ehemalige Weltkriegsoffiziere wie die Freikorpsführer Gerhard Roßbach und Ernst Röhm, zum Teil führten die Jugendlichen sich auch selbst; stets bauten dabei die Verbände auf die jugendliche Begeisterung für Lagerromantik und Geländespiel, Sport und Wandern. Die starke ideologische Indoktrinierung der Knappenschaft, in der Ziegler die Jungen mit den literaturgeschichtlichen Werken von Adolf Bartels ebenso wie mit Houston Stewart Chamberlains Grundlagen des 19. Jahrhunderts vertraut machte und sie „auf einen lauteren und willensmäßig unvergleichlich starken Deutschen", Adolf Hitler, hinwies, war dagegen eher die Ausnahme.[26]

Schirach trat im Sommer 1924 der Knappenschaft bei. Immer noch war Thüringen von Kämpfen beherrscht, in die auch die Reichswehr eingriff. Jetzt, als Siebzehnjähriger, begann Schirach, sich intensiv mit antisemitischer Literatur zu beschäftigen. Neben Chamberlain und Bartels las er Henry Fords Der internationale Jude. Gerade diesem weit verbreiteten Buch, das die gänzliche Beherrschung der Wirtschaft durch Juden nachzuweisen suchte, hat er später entscheidenden Einfluß auf seinen Antisemitismus beimessen wollen. Wenn es auch richtig ist, daß er für kurze Zeit wenigstens die Forderung nach Zurückdrängung der Juden aus dem Wirtschaftsleben vehement vertrat, so war es in erster Linie doch der kulturpolitisch motivierte Judenhaß eines Chamberlain und eines Bartels, deren Werke für weite Teile des Bürgertums, nicht nur in Weimar, als kultur- und literarhistorischer Bildungsgrund gleichsam zur Pflichtlektüre gehörten, der ihn entscheidend beeinflußte. Indessen wäre es verfehlt, in der Lektüre das auslösende Moment für Schirachs Antisemitismus zu sehen; vielmehr hat sie lediglich die argumentative Basis und scheinbar rationale Begründung für seine längst vorhandene Judenfeindschaft geliefert. Denn Schirach ist nicht zu einer bestimmten Zeit Antisemit geworden, er ist es durch die antisemitisch getränkte Atmosphäre seiner engsten Umgebung zumindest latent stets gewesen. Wahrscheinlich deshalb hat Schirachs Judenhaß niemals die pathologischen Züge eines Hitler oder Streicher angenommen, doch war er gleichwohl radikal und konsequent. In den Juden sah er gleichsam naturgesetzliche Gegner. Die jüdischen Studenten und Dozenten, erklärte er gelegentlich lapidar, „sind nun einmal unsere Todfeinde". Dabei kam er in seiner Jugend mit Juden, wie er später gestanden hat, „nie auch nur in Berührung".[27]

Zur ideologischen Schulung in der Knappenschaft kamen vormilitärische Übungen, Heimabende mit aktiven und ehemaligen Offizieren, die nicht ohne Verklärung von ihren Kriegserlebnissen berichteten, Exerzieren und Schutzaufgaben bei völkischen Veranstaltungen. Die Übungen spielten sich nach dem Muster ab, wie es der Metallarbeiter Richard Tretner aus Gera beim Jungstum, einer der vielen Wehrsportgruppen, beobachtete:

„Ich ging an dem fraglichen Tage, morgens kurz nach 7 Uhr, mit dem Metallarbeiter Kurt Vogel, Wiesestraße 156 wohnhaft, den sogenannten Türkengraben längs nach Zeulsdorf zu. Plötzlich hörten wir dort aus einiger Entfernung Stimmengewirr, ohne daß wir zunächst infolge der noch herrschenden Dämmerung wahrnehmen konnten, was eigentlich los sei. Kurz darauf ertönte aus derselben Richtung das militärische Sturmsignal, was anscheinend auf einem richtigen Signalhorn geblasen wurde. Auf Grund eigener langjähriger Dienstzeit beim Militär kann ich behaupten, daß das fragliche Signal durchaus einwandfrei und exakt militärisch geblasen wurde. Wir gewahrten nun vor uns im Walde eine größere Anzahl junger Männer, worunter sich auch Schüler befanden. Darauf hörten wir, daß von diesen ‚Hurra' gerufen wurde, worauf dann wieder das mit dem Signalhorn geblasene Signal ‚das Ganze Halt' ertönte. Dann sahen wir, wie sich die Teilnehmer gruppenweise zusammenschlossen, jede Gruppe geführt von einem Gruppenführer, der durch eine Armbinde kenntlich war, und ihre Übung in Richtung Eulenholz-Zeulsdorf fortsetzten.

Als wir ungefähr 3 bis 400 m vor Zeulsdorf waren, ertönte plötzlich wieder ,das Ganze Halt'. Mitten im Dorf sammelten sich daraufhin die sämtlichen Teilnehmer, die aus verschiedenen Richtungen herkamen. Sie schlossen sich militärisch auf Kommandorufe hin in Gruppen zusammen, wieder jede Gruppe geführt von einem Gruppenführer, und zogen, mit Stöcken bewaffnet, die sie nach Art von Gewehren geschultert trugen, dem östlichen Ausgang des Dorfes zu. Es fehlte dabei jedoch die ,Gruppe Rolle', welche von zwei Radfahrern nachgesucht wurde. Die übrigen zogen sich dann rechts ins freie Feld, wo sie eine Besprechung bzw. Beratung abhielten. Dort kam dann auch noch die ,Gruppe Rolle' hinzu.

. . .

Erwähnenswert scheint mir noch zu sein, daß mehrere der Führer richtige Offiziers-Kartentaschen trugen und auf den Karten bisweilen Studien machten. Der Hauptführer war zu Rad und war außerdem noch daran kenntlich, daß seine Armbinde breiter und mit Stickerei – anscheinend Eichenlaubstickerei – eingefaßt war.

Die ganze Übung, wie ich sie aus langer Militärzeit her zu beurteilen vermag, hat mir nicht nur den Eindruck einer harmlosen Sportspielerei, sondern den einer richtigen militärischen Geländeübung gemacht".[28]

Jedoch ließen alle Anstrengungen ebenso wie die unermüdlich verkündete Glaubensgewißheit an den dereinstigen Sieg der eigenen Idee das Dilemma, in dem sich die Völkischen befanden, nur umso deutlicher hervortreten. Sie waren heillos zerstritten und zersplittert, die von Chamberlain, Bartels, Lietz und ihren Jüngern beschworene Führer- und Erlöserpersönlichkeit nirgendwo in Sicht. Die einzige Figur, die der extremen Rechten einigermaßen Zusammenhalt und Identität gewährte, Ludendorff, war weit davon entfernt, charismatischen Führernimbus auszustrahlen. Als Baldur von Schirach im August 1924 mit den Knappen an Ludendorff vorbeimarschieren durfte, endete dieses voller hochgespannter Erwartungen herbeigesehnte Erlebnis, wie er berichtet hat, mit einer „der größten Enttäuschungen meines Lebens".[29]

Indessen kam nur wenige Monate später Bewegung in die rechte politische Szene. Im Dezember wurde Hitler aus der Landsberger Haft entlassen, am 27. Februar 1925 die NSDAP in München unter dem lautstarken Jubel seiner Anhänger neu gegründet. Schon wenige Wochen später, am 22. März, kam der Parteiführer zu seinem ersten öffentlichen Auftritt in Thüringen nach Weimar. Über die Anfänge der NSDAP in Thüringen ist nur wenig bekannt. Jedenfalls vegetierten ihre wenigen Ortsgruppen nur dahin, als sie im Juli 1922 das Verbot der sie gleichwohl argwöhnisch beobachtenden sozialistischen Landesregierung ereilte. Unterschlupf fanden die Nationalsozialisten zunächst in der Deutschvölkischen Freiheitspartei (DVFP), in der sich der antisemitische Flügel der DNVP verselbständigt hatte. Doch im März 1923 wurde auch die Freiheitspartei von der Landesregierung verboten. Indessen war der Formationswille der Völkischen, auch wenn Hitlers mißglückter Münchener Novemberputsch einen erneuten Rückschlag bedeutete, keineswegs gebrochen. Im Februar 1924 traten sie, von Alfred Rosenberg, der während Hitlers Haft die Bewegung zusammenzuhalten suchte, zur Völkischen Liste geeint, zu den Landtagswahlen an und erreichten auf Anhieb 9,3 Prozent der Stimmen, und bei den Reichstagswahlen im Mai kamen die Völkischen unter der Flagge von Ludendorffs Nationalsozialistischer Freiheitspartei sogar auf 10,5 Prozent. Zwar fielen die Rechtsradikalen schon bei den erneuten Reichstagswahlen im Dezember auf den halben Stimmenanteil zurück, doch konnten sie im Landtag aufgrund der politischen Konstellation eine gewichtige Rolle spielen. Der Ordnungsbund, zu dem sich die nichtlinken Parteien zusammengeschlossen hatten, blieb nämlich mit dreiunddreißig von zweiundsiebzig Sitzen knapp unterhalb der absoluten Mehrheit und war deshalb auf die Unterstützung der Völkischen angewiesen. Im Frühjahr 1924 setzte ihr Fraktionsvorsitzender Arthur Dinter, ein Schriftsteller, dessen antisemitische Romane hunderttausendfach aufgelegt wurden, die Aufhebung der Verbote für NSDAP und DVFP durch. Im Laufe des Jahres spaltete sich jedoch die Fraktion, nachdem sich Dinter in der DVFP vergebens um ein Reichstagsmandat bemüht und daraufhin mit Ludendorff gebrochen hatte. Gegen das Versprechen Hitlers, nach seiner Entlassung die Führung der NSDAP in Thüringen übernehmen zu können, schloß Dinter sich der Großdeutschen Volksgemeinschaft (GDVG) unter Julius Streicher an, die zum Sammelbecken für die Reste der NSDAP geworden war. Knapp die Hälfte der vierundsechzig thüringischen Ortsgruppen folgte Dinter. So waren die Verhältnisse ziemlich verworren, und Hitler mußte versuchen, seinen Führungsanspruch durchzusetzen.[30]

Unter den Zuhörern bei seinem ersten Auftritt in Weimar befand sich auch Baldur von Schirach, der mit anderen Knappen zum Saalschutz abkommandiert war. Von der Empore aus verfolgte er Hitlers Rede. In seinen offiziösen Erinnerungen hat Schirach nicht ohne apologetischen Hintersinn diese erste Begegnung zum eigentlichen Bekehrungserlebnis stilisiert. Mit „Blick und Stimme" habe Hitler ihn, den Siebzehnjährigen, wie auch die fünzig anderen, älteren und politisch erfahreneren Weimarer Bürger in seinen Bann gezogen. Im Anschluß an die Versammlung wurde er von Ziegler dem Parteiführer vorgestellt. Nachdem Hitler ihm in einem neuerlichen psychologischen Überwältigungsakt „lange die Hand gedrückt" und „fest" in die Augen gesehen habe, sei er, von lyrisch-patriotischer Stimmung erfüllt, nach Hause geeilt, habe ein Gedicht auf Hitler verfaßt und sehnlichst seinen achtzehnten Geburtstag herbeigewünscht, um endlich in die Partei eintreten zu können.[31] Richtig daran ist immerhin soviel, daß Hitlers rhetorische Kraft und sein Geschick, durch persönliche Ansprache neue Anhänger zu gewinnen, der Begeisterung des jungen Schirach weit eher entgegenkam als die bärbeißige, abweisende Art Ludendorffs. Doch konnte sich Hitler, der sich bemühte, die oppositionellen wie die zaudernden Kräfte durch eine betont argumentative Rede auf seine Seite zu ziehen, nicht auf Anhieb bei der Rechten in Thüringen durchsetzen. Für viele war er trotz des Novemberputsches ein unbeschriebenes Blatt, seine politische Zukunft schien ungewiß. Schirachs Eltern begegneten den Erzählungen des Sohnes über den Mann aus München mit unverhohlener Skepsis. Dagegen schwor Ziegler, der bald zum stellvertretenden Gauleiter unter Dinter avancierte, die Knappen unermüdlich auf Hitler ein. Der Parteiführer, in Bayern noch mit Redeverbot belegt, kam in den folgenden Wochen und Monaten wiederholt in die Stadt, und es gelang ihm, seine Anhängerschaft stetig zu vergrößern. Bei den Knappen stieß er, wenn man einem Bericht Zieglers in der Bundeszeitschrift vom Juli 1925 Glauben schenken darf, auf kritiklose Begeisterung. „Unsere Weimarer Knappen treiben zwar keine ‚Parteipolitik'. . . Aber sie sind doch so aufgeweckt und schon so voll von Eindrücken völkischer Art – man denke nur an den Vorbeimarsch vor Ludendorff im August v. J. und an die ersten großen Hitler-Versammlungen im März d. J. –, daß sie ganz von selbst Anteil nehmen an dem großen Geschehen, der inneren, geistigen und sozialen Revolution des Nationalsozialismus, die einst in einer großen politischen Tat, wenn die Zeit reif ist, enden wird. Sie sind so ‚dabei', daß sie sich's nicht nehmen lassen, Adolf Hitler zu erleben, wenn sich die Gelegenheit bietet. Neulich war große nationalsozialistische Führertagung in Weimar. Für West-, Nord- und Ostdeutschland.

Hitler wird erwartet. Von Berlin. Er kommt nicht und kommt nicht. Endlich nach zweistündigem Warten Telefongerassel. Hitler bittet um ein Auto aus Weimar, da sein Wagen eine halbe Stunde vor Weimar, bei Apolda, eine Panne erlitten. Dr. Dinter jagt einen gerade mit dem Rade anwesenden Knappen nach einem Auto. Der Knappe, wie sich das gehört, rein ins Auto und Hitler entgegen! Und nun das Glück! Diese Seligkeit! Neben Hitler nach Weimar! Der Held des Tages! Die Berührung, die ersten Worte mit dem Manne, von dem man weiß, d.h. zuversichtlich glaubt, welch Großes für Deutschlands Zukunft von ihm kommen wird! Der arme Junge ist natürlich verloren; nun treibt er auch ‚Parteipolitik'. Welches Unglück . . . für Alljuda. Denn solche Jugend wird ihm einmal gefährlich werden! – Selbstredend haben die Jungens von der Empore aus den überwältigenden Ausführungen Adolf Hitlers (über Organisations- und Führerprobleme von höchster geschichtsphilosophischer Warte) zuhören dürfen. Wohl ihnen. Das sind Stunden des Lebens; wirklich tiefen Erlebens. Und machen sie doch nicht zu ‚Parteipolitikern', sondern zu Deutschen, nur zu Deutschen!"

Der radelnde Knappe war niemand anderer als Baldur von Schirach. Im Dezember erschien in derselben Zeitschrift unter dem bezeichnenden Titel „Adolf Hitler, dem Deutschen" sein erstes Huldigungsgedicht an den Parteiführer, das die hochgeputschte Erlöser-Euphorie deutlich widerspiegelt.

Du gabst uns Deine Hand und einen Blick,
von dem noch jetzt die jungen Herzen beben:
Es wird uns dieser Stunde mächtig Leben
begleiten stets als wunderbares Glück.

Im Herzen blieb der heiße Schwur zurück:
Du hast uns nicht umsonst die Hand gegeben!
Wir werden unser hohes Ziel erstreben,
verkettet durch des Vaterlands Geschick.

Wenn sie Dich auch entrechten und verraten,
Dich schützt die Reinheit Deiner großen Taten,
man mag Dich auch umgeifern und bespein.

Das Eine können sie uns doch nicht rauben,
daß wir an Dich von ganzer Seele glauben,
denn Du bist Deutschlands Zukunft, Du allein!

„Der jugendliche Verfasser“, kommentierte Ziegler, „hat diese Verse auf Grund eines inneren Erlebnisses niedergeschrieben. Das ist unschwer herauszufühlen. Er hatte das Glück, vor Hitlers Weimarer Quartier Ehrenwache zu stehen, und hat weder geistig noch moralisch, noch als Knappe durch die Berührung mit dem über allen Parteibezirken stehenden Deutschen, Adolf Hitler, an seiner jungen Seele Schaden erlitten. Im Gegenteil, sie ist erwacht!“[32]

Im Juli 1925 erschien Hitlers Mein Kampf. Schirach hat das Buch sogleich in einem Zug verschlungen. Es wurde für ihn zur Grundlage seiner Weltanschauung, „wie eine Bibel, die wir fast auswendig lernten, um die Fragen der Zweifler und überlegenen Kritiker beantworten zu können“. Damit unterschied er sich durchaus von vielen anderen Parteigängern, auch aus der Führungsgruppe der NSDAP, die Hitlers Bekenntnisse nur dem Namen nach kannten. Es kann daher auch kein Zweifel daran bestehen, daß Schirach sie so wörtlich genommen hat, wie sie von ihrem Verfasser gemeint waren. Eine einzige kleine, fast beiläufig geschriebene Sentenz, Hitlers Feststellung über seine Jugendzeit nämlich, daß die „Jugend . . . ihren Staat“ für sich habe, hat er später zur unablässig berufenen Grundlage für seine politische Konzeption der Jugendführung im Dritten Reich gemacht. Viele der Maximen in Mein Kampf, vor allem, wo sie den kulturpolitischen Bereich berührten, waren für Schirach keineswegs neu, die These, daß die „Arier als Kulturbegründer“ rücksichtslos die „jüdisch-liberalistischen Kulturzerstörer“ zu bekämpfen hätten, ihm längst schon bekannt. Doch hat gerade diese Affinität zu seinen Vorläufern, verbunden mit dem Ausweis schriftstellerischen Vermögens, Hitler in den rechten Weimarer Bürgerkreisen offenbar erst endgültig legitimiert. Darüber hinaus errichtete die vielfältig stilisierte Autobiographie der idealistisch übersteigerten Erwartungshaltung Schirachs den romantizistisch verklärten Überbau, der durch die schillernde Exotik der Wiener Jahre und die Heroik der Kriegs- und Revolutionszeit die Vorstellungen und Phantasien des wohlbehüteten Bürgersohnes zu beflügeln vermochte. Der von Hitler mit vielerlei Korrekturen und Verbrämungen gezeichnete eigene Lebensweg hat Schirachs Führerbild bis zum Zusammenbruch des Dritten Reiches wesentlich geprägt.[33]

Seit dem Sommer überfluteten die Nationalsozialisten, in weiten Reichsteilen durch Rede- und Versammlungsverbote gehemmt, Thüringen mit einer lärmenden Propagandakampagne. Von August bis Dezember veranstalteten sie über hundert Kundgebungen mit den ersten

Rednern der Partei, Strasser, Streicher, Feder, Rosenberg und natürlich Hitler. In Weimar wurde sogar jede Woche eine Versammlung abgehalten. Auch Hitler reiste wiederholt in die Stadt. Beim abendlichen Besuch der Oper – eine Wagneraufführung – kam es zur ersten Begegnung zwischen ihm und Carl von Schirach. Wie so oft beeindruckte Hitler durch seine profunden Kenntnisse über Bühnentechnik und Regie. Am nächsten Tag war er zu Gast bei einem Empfang im Hause Schirach. Ähnlich wie in München vermochte Hitler auch die Weimarer Gesellschaft zu faszinieren; die Vorurteile fielen. Hitler schlug seinem begeisterten jungen Gefolgsmann vor, nach dem Abitur zu ihm nach München zu kommen; eine nette Geste, die jedoch auf fruchtbaren Boden fiel.[34] Am 29. August trat Baldur von Schirach gemeinsam mit seinem Freund Hans Donndorf, der ebenfalls Mitglied der Knappenschaft war, in die Partei ein. Er erhielt die Mitgliedsnummer 17251.[35] Ohne Zweifel hat Schirachs früher Beitritt zur Partei nicht nur seine Karriere wesentlich gefördert, er hat ihn später auch vor dem wiederholt drohenden abrupten Ende seiner Laufbahn bewahrt. Schirach war sich des Wertes seiner niedrigen Mitgliedsnummer als wirksamer Waffe gegen Kritiker und Rivalen stets wohlbewußt und hat sein frühes Kämpfertum als Schutzschild für Unantastbarkeit geführt. Er liebte es, sich als einen der „ältesten S.A.Leute" der Bewegung vorzustellen, und einen internen Gegner kanzelte er gelegentlich ab: „Bezeichnend ist, daß Herr S(chwarz) v(an) B(erk) die Mitgliedsnummer 312 753 hat!!"[36] Im Dezember 1926 schloß sich auch Carl von Schirach der NSDAP an. Im folgenden Jahr traten er und Emma aus der evangelischen Landeskirche aus. 1928 folgte Rosalind, während Baldur von Schirach, offenbar von politisch-taktischen Erwägungen bestimmt, zeitlebens in der Kirche blieb.[37] In der Weimarer Ortsgruppe der NSDAP wurde Schirach kaum aktiv und ließ sich sogar vom SA-Dienst beurlauben. Dagegen versuchte er jetzt, wie es scheint, Einfluß in der völkischen Jugendbewegung zu gewinnen. Er knüpfte Kontakte zu verschiedenen Jugendbünden und vermittelte gelegentlich prominente Redner wie Goebbels. Doch war seinen Bemühungen offenbar nur wenig Erfolg beschieden, vielleicht, weil er sie wegen der Vorbereitung auf das Abitur und der Absicht, Weimar danach zu verlassen und zum Studium nach München zu gehen, nur halbherzig betrieb.[38]

Hitlers Rückkehr auf die politische Bühne hatte auch Bewegung in die rechten Jugendorganisationen gebracht, nachdem die von dem Klavierbauer Adolf Lenk geführte Nachwuchsorganisation der Partei, der NSDAP-Jugendbund, im Anschluß an den mißglückten Novemberputsch ebenfalls verboten worden und auseinandergefallen war. Zwar hatte sich Lenk mit den Resten des Jugendbundes unter der Etikette Großdeutsche Jugendbewegung der Streicherschen GDVG angeschlossen, doch wurde ihm die Führung von verschiedenen Seiten streitig gemacht. Im vogtländischen Plauen waltete Kurt Gruber, der als sächsischer Führer der Großdeutschen Jugend Lenk formal unterstellt war, nach eigenem Gutdünken und scherte sich wenig um die Anweisungen aus München. Rasch baute er seine Gruppen zur mit Abstand größten Landesorganisation aus. Gruber suchte seinen Anhang vornehmlich unter den Jungarbeitern des sächsischen Industriereviers, die er mit der Parole vom nationalen Sozialismus, der sich erhebliche Teile der Partei verschrieben hatten, zu gewinnen hoffte und gewann. In München arbeitete zugleich ein anderer Rivale, der SA-Raufbold Edmund Heines, eifrig an Lenks Sturz. Heines führte die Schilljugend, die Hitlers Mitstreiter Gerhard Roßbach gegründet hatte, der sich nach dem Putsch noch im Salzburger Exil befand. Die Schilljugend zog ganz im Gegensatz zu den Gruppen Grubers ihr Reservoir aus dem Bürgertum, viele Mitglieder waren Gymnasiasten, sie verstand sich als elitäre Führerschule.[39]

Im Mai 1925 war Lenks Ende gekommen, er mußte zurücktreten. Hitler übertrug jetzt Heines die Jugendarbeit der Partei. Nach dem Willen von Heines sollte nun die Schilljugend zur Parteijugend werden, die Großdeutsche Jugendbewegung in ihr aufgehen. Doch Gruber weigerte sich, seine Gruppen abzugeben. Für seinen Widerstand waren auch persönliche Gründe, vor allem aber die ideologische Kluft, ausschlaggebend. Damit war erstmals der Grundkonflikt angesprochen, der die Entwicklung der nationalsozialistischen Jugendorganisationen in den folgenden Jahren wesentlich bestimmt hat, der Gegensatz zwischen bürgerlicher und proletarischer Jugendbewegung, und es ist von einigem Interesse, daß sich Hitler, vor die Entscheidung gestellt, nicht von ideologischen Präferenzen sondern allein von der Überlegung leiten ließ, möglichst viele Anhänger um sich zu sammeln. Im Oktober 1925 beauftragte er Gruber offiziell, die nationalsozialistische Jugend in Sachsen eigenverantwortlich aufzubauen, und verschaffte sich damit weitere Klientel. Hitlers Entscheidung wurde nachträglich bestätigt, als es Roßbach, der Anfang 1926 nach Deutschland zurückkehrte, ablehnte, sich und die Schilljugend der Partei zu unterstellen.[40]

Jetzt öffnete sich Gruber der Weg zur reichsweiten Ausdehnung.

Doch die thüringischen Nationalsozialisten mißtrauten seinem Kurs, der ihnen zu sehr „links“ eingefärbt schien. Im Frühjahr 1926 begann Ziegler, die völkischen Jugendgruppen in Weimar, Gera, Gotha, Meiningen, Mühlhausen und anderen Orten auf der, wie er verkündete, „vollkommen klaren Grundlage des Nationalsozialismus Adolf Hitlers ohne fremde Zwischeninstanz oder Hintermänner“ zu organisieren. Gruber hatte nämlich inzwischen auch im Osten Thüringens Fuß gefaßt. Ende April bat Ziegler Hitler um die Erlaubnis, die Gruppen als Hitlerjugend Thüringen zusammenfassen zu dürfen. Hitler willigte ein, und schon wenige Tage später konnte Ziegler die thüringischen Gruppen der Großdeutschen Jugendbewegung zum Abfall von Gruber und zum Anschluß an die Hitlerjugend bewegen. Gruber gegenüber wurde die Kampfansage nur recht dürftig als durch die „zeitbedingten Verhältnisse“ erforderlich begründet.[41]

Auf dem Weimarer Parteitag im Juli 1926 traten die Differenzen in aller Schärfe zutage. Im Gasthof Zur Armbrust leitete Streicher eine Sondertagung „über Schulfragen und Jugendorganisation“, während der es zu heftigen Kontroversen kam. Vordergründig ging der Streit um den Namen der nationalsozialistischen Jugendorganisation, die Ziegler jetzt insgesamt in Hitlerjugend umbenennen wollte; doch verbarg sich dahinter der Kampf um die ideologische Ausrichtung und um die Führung. Schließlich wurde ein Kompromiß gefunden. Hitlerjugend, Bund deutscher Arbeiterjugend, war von nun an der Name der NS-Jugendorganisation. Entscheidend war jedoch, daß sich Gruber, der über den größten Anhang verfügte, als Führer durchsetzen konnte. Offenbar hat Ziegler daraufhin das Interesse an der nationalsozialistischen Jugend weitgehend verloren. Jedenfalls wurde erst Mitte Dezember, nachdem es zuvor bei einer weiteren Führertagung erneut tiefgreifende Auseinandersetzungen gegeben hatte, in Weimar eine HJ-Gruppe aus Mitgliedern der Knappenschaft gebildet, unter der Führung eines jungen Nationalsozialisten aus Gotha. Schirach bereitete sich indessen auf sein Abitur am Realgymnasium vor, um dann nach München, zu Hitler zu gehen.[42]

Auf dem Weg zur Macht

„Wenn die Symbole des neuen Reiches als riesige Fahnen von Fabriken und Bauernhöfen, von den Gebäuden der Behörden und von Hochschulen herab die Sonne grüßen, dann war das Opfer der Sturmabteilungen, dann waren Tod und Wunden der tapferen Kameraden nicht umsonst.
Dann war auch das Wenige nicht umsonst, das wir nationalsozialistischen Studenten in diesen Jahren der Schande für die Freiheit unseres Volkes wirken durften. Auf den Tag!"

Baldur von Schirach, 1929

Politische Anfänge

Als Schirach im Frühjahr 1927 nach München kam, um sich als Student der Germanistik an der Universität zu immatrikulieren, befand sich die NSDAP bereits in einer energischen Phase des inneren Aufbaus und der Ausdehnung der Organisation auf das ganze Reich. Zwar hatten in den beiden Jahren seit der Neugründung verschiedentliche Konflikte und Richtungskämpfe die Partei teils eruptiv erschüttert. Namentlich die Auseinandersetzung zwischen Hitler und den norddeutschen „Linken" um die Gebrüder Strasser, die sich in der Arbeitsgemeinschaft Nord-West zusammengefunden hatten, schien die NSDAP zeitweilig an den Rand des Schismas treiben zu wollen. Doch war es Hitler mit rhetorischem Geschick und taktischer Raffinesse gelungen, die Opposition im Zaum zu halten und die Frondeure obendrein ihres geistigen und propagandistischen Kopfes zu berauben: Joseph Goebbels. Insgesamt zeichnete sich eine Phase stetiger Konsolidierung ab, und die nun zu beobachtende zunehmende Ausrichtung der Partei auf ihren Führer, die schon in manchem die Ansätze der späteren charismatischen Erhöhung Hitlers zeigte, machte deutlich, wie nachhaltig er seinen Anspruch auf alleinige und unbedingte Lenkung hatte untermauern können.[1] Mit den Expansionsbestrebungen der NSDAP, die Ende 1926, nach offiziellen Angaben jedenfalls, knapp 50.000 Mitglieder zählte, ging der Ausbau des Parteiapparats einher.[2] Neue Ämter und Abteilungen entstanden. Mehrfach wurde die Parteizentrale vergrößert.[3] Hitler wollte nicht nur unter seiner Aufsicht alle Macht in München konzentrieren, er versuchte auch, den Anschein stetig wachsender politischer Potenz zu erwecken. Umzüge, Aufmärsche, Plakate und Versammlungen vermittelten den Eindruck scheinbarer Allgegenwart der Nationalsozialisten, so als sei die Stadt bereits fest in ihrer Hand. Auch in der Münchener Gesellschaft hatte Hitler zu dieser Zeit schon lange Fuß gefaßt. Von Dietrich Eckart, Ernst Hanfstaengl und anderen einfluß- und verbindungsreichen Förderern war er schon vor dem gescheiterten Novemberputsch in die ersten Familien der Stadt eingeführt worden. Diese Verbindungen waren während der Haft in Landsberg nicht abgebrochen. Im Hause des Verlegers Hugo Bruckmann, zu dessen Autoren Houston Stewart Chamberlain gehörte, ging er ebenso ein und aus wie bei den Bechsteins. Vor allem die von Elsa Bruckmann gegebenen großen Soirées brachten ihn mit Militärs, Wissenschaftlern, Industriellen und Aristokraten zusammen.[4] Lieber weilte Hitler freilich unter seinen grobschlächtigen Gefolgsleuten, den Esser, Amann, Hoffmann, Maurice und Weber, die eifersüchtig darüber wachten, daß kein Außenstehender in ihren Kreis drang, um das Privileg persönlichen Umgangs mit dem Parteiführer mit niemandem teilen zu müssen.[5]

Auf den jungen Schirach blieb das selbstbewußte Auftreten der Partei ebensowenig ohne Wirkung wie die Atmosphäre in den Salons, wo Hitler als politisches Wunderkind bestaunt und gefeiert wurde. Zugang zur Münchener Gesellschaft hatte Schirach ohne weiteres. Die Verbindungen seiner Eltern öffneten ihm alle Türen, auch, und das war von besonderer Bedeutung, die zum Bruckmannschen Salon. Dort versuchte er, den Kontakt zu Hitler wieder aufzunehmen. Doch mußte er nun erfahren, daß hier in München der selbstverständliche Umgang mit Hitler ein Privileg für wenige war. Zwar erinnerte sich Hitler bei der ersten Wiederbegegnung, oder er tat so als ob, doch ohne weiter von Schirach Notiz zu nehmen. Auch Elsa Bruckmanns nachhaltige Bemühungen, die Verbindung neuerlich herzustellen, blieben vergebens. Darauf wandte sich Schirach an Hitlers Sekretär Rudolf Heß, um einen Termin zu bekommen. Aber auch dort wurde er abgewiesen. Offenbar über die Zudringlichkeit Schirachs verärgert und nicht ohne demütigende Nebenabsicht ließ Heß ihn wissen, wenn er wolle, könne er für die Parteizentrale Adressen schreiben.[6]

Schirachs hochfliegende Pläne waren vorläufig zerschellt. Hitler hatte nicht auf ihn gewartet, in seiner engsten Umgebung waren alle Positionen besetzt, wenn Schirach sich nützlich machen wollte, mußte er sich selbst eine Aufgabe suchen. Zunächst hat er sich jedoch in seiner neuen Umgebung eingerichtet, sich seinem Studium zugewandt und das weltläufige Leben in München genossen. Die finanzielle Not der Mehrheit seiner Kommilitonen war ihm fremd. Mit Geldmitteln großzügig ausgestattet, führte er den aufwendigen Lebensstil eines adligen Herrn. Eine weiträumige Wohnung mit Wirtschafterin gehörte ebenso dazu wie der allmorgendliche Ausritt. Neben germanistischen Vorlesungen und Seminaren hörte er auch Anglistik und Kunstgeschichte, Psychologie und Ägyptologie. Doch hat er seine Studien eher unsystematisch nach Neigungen und Vorlieben betrieben, wie es überhaupt zweifelhaft erscheint, daß er sich jemals ernsthaft mit der Absicht trug, einen Abschluß zu erlangen.[7]

Beinahe zwangsläufig ist Schirach auf der Suche nach Betätigung, die seinen Geltungs- und Tatendrang befriedigen, seinen Neigungen entgegenkommen und ihn nicht in die Niederungen parteilicher Alltäglichkeit zerren würde, schließlich auf den Nationalsozialistischen Deutschen Studentenbund gestoßen, dessen Hochschulgruppe an der Münchener Universität er nun beitrat. Zwei Jurastudenten namens Tempel und Podlich hatten im Februar 1926 den Studentenbund in München aus der Taufe gehoben. „Tatsächlich hat ein großer Teil der deutschen Studentenschaft, namentlich der junge Nachwuchs", so konstatierte ungelenk apodiktisch ihr Gründungsaufruf im Völkischen Beobachter, „fast völlig verlernt, Fühlung zum Volk zu haben. Man kann nicht Führer sein, wenn man gegen die berechtigten Forderungen der Volksgenossen kämpft und den materiellen Hunger mit allgemeinen ‚nationalen' Redensarten abspeist. Jeder Frontsoldat oder Werkstudent wird durch seine Erfahrungen obige Ansicht bestätigen können. Es gilt vielmehr für die Jungakademiker ‚aktiv' zu werden in der Befreiung der vom Marxismus enterbten, ausgebeuteten Volksschichten durch den Nationalsozialismus".[8]

Die Grundkonstanten nationalsozialistischer Ideologie, Antisemitismus und Antimarxismus, bestimmten auch die Programmatik des NSDStB; doch dominierten darüber hinaus auch starke sozialrevolutionäre Züge. Tempels oberste Ziele bestanden darin, die Studenten mit „nationalsozialistischer Gesinnung" zu erfüllen und „entscheidenden Einfluß in Hochschulangelegenheiten" zu gewinnen.[9] Wenn auch nur mühsam, so faßte der Studentenbund doch Schritt für Schritt Fuß an den Hochschulen. Im Sommer 1926 hatte er an dreizehn Universitäten Stützpunkte, gegen Ende des Jahres zählte er etwa 300 Mitglieder. Die rege Propaganda, die der Studentenbund nun von Leipzig aus, wohin Tempel bald nach der Gründung die Zentrale verlegt hatte, entfaltete, konnte freilich nicht darüber hinwegtäuschen, daß der NSDStB in dieser frühen Phase noch zu politischer Bedeutungslosigkeit verurteilt war. Die Organisation befand sich im Aufbau, das völkisch-verschrobene Programm, das Lehrstühle für Rassenkunde und Rassenhygiene forderte, die „Gesunderhaltung und Höherentwicklung des Volkes" wie die „biologische Einsicht der rassischen Verbundenheit mit vergangenen und zukünftigen Geschlechtern" beschwor, die Universitäten „frei von den Einflüssen des Privatkapitals" und „dem Eingriff parteipolitischer Minister" wünschte und dem verschwommenen Ideal vom „sozialen jugendlichen Kopfarbeiter" nachhing, vermochte allein nicht, auch wenn es weithin latente Strömungen in der Studentenschaft zum Ausdruck brachte, nachhaltige Anziehungskraft auf die Studierenden auszuüben.[10] Zudem hatte der Bund als Ableger der NSDAP auch mit der Schwierigkeit zu kämpfen, der sich die Hochschulorganisationen aller Parteien gleichermaßen gegenüber sahen, nämlich dem Mißtrauen der Studenten zu begegnen, die der Parteipolitik ablehnend gegenüberstanden. Entscheidend war aber, daß er es trotz aller Beteuerungen, in Wahrheit über den Parteien zu stehen, nicht verstand, sich den Studenten als Protagonist ihrer Ideen und Ziele anzudienen, sondern durch seine Politik gegen die Korporationen, die damals die Hochschulpolitik weitgehend beherrschten, eine unüberwindliche Kluft aufriß und sich selbst isolierte.

Auch in München fristete der NSDStB im Sommersemester 1927 ein Mauerblümchendasein. Wohl versammelten sich die wenigen Studenten zum morgendlichen Stehkonvent im Lichthof der Universität und diskutierten die aktuellen Tagesfragen der Hochschulpolitik; sonst aber lag die Gruppe in Agonie.[11] Dabei stand ihre zahlenmäßige wie politische Bedeutungslosigkeit im Widerspruch zu der Resonanz, die die NSDAP unter den Münchener Studenten fand. Denn die Studenten waren seit langem eine Stütze der völkisch-antisemitischen Gruppierungen in der Stadt. Bei den Versammlungen und Aufmärschen der radikalen Rechten waren sie stets in großer Zahl vertreten. Viele Verbindungen arbeiteten eng mit den rechtsradikalen Organisationen zusammen. So zählte 1920 die Studentengruppe des Deutschvölkischen Schutz- und Trutzbundes durch korporativen Anschluß mehrerer Verbindungen 1.800 Mitglieder.[12] Für die NSDAP gründete bald darauf Rudolf Heß, der, wie auch andere führende Funktionäre der Partei, nach dem Krieg an der Münchener Universität studierte, eine Studentengruppe. Heß führte seit Ende 1922 auch die SA-Studentenkompanie. Hitler sprach wiederholt im Hofbräuhaus und im Löwenbräukeller zu den Studenten. Auch am Marsch zur Feldherrnhalle nahmen zahlreiche Studenten teil. Unmittelbar nach der Neugründung lebte die nationalsozialistische Agitation unter den Studenten wieder auf. Im Februar warb die Nationalsozialistische Studentengruppe der Münchener Hochschulen für eine Hitler-Versammlung, die von Studenten und Arbeitern als „Trägern der deutschen Zukunft" handelte. Tatsächlich jedoch war die Studentengruppe eine propagandistische Erfindung von Rudolf Heß und bestand nur auf dem Papier.[13] In der Folge ließen denn auch die Bemühungen der Parteiführung, die Studenten als Zielgruppe unmittelbar anzusprechen, in dem Maß nach, in dem ihre Kräfte von den Anstrengungen absorbiert wurden, sich über die lokalen und regionalen Grenzen auszudehnen. Daher begrüßte sie es, als Tempel erstmals im Juni 1925 den Vorschlag einer studentischen Sonderorganisation unterbreitete, der die Chance rascher reichsweiter Ausbreitung bot.

Freilich mußte sich in München die antikorporative Komponente des NSDStB angesichts der langjährigen engen Beziehungen zwischen Völkischen und Verbindungen erst recht nachteilig auswirken. Statt in das Vakuum vorzustoßen, das durch die Beanspruchung der Parteileitung auf Grund vielfältiger organisatorischer Aufgaben entstanden war, vegetierte die Hochschulgruppe sektiererisch vor sich hin, von der großen Mehrzahl der Studenten unbeachtet. Dabei befanden sich gerade zu dieser Zeit die Korpsstudenten in einer Phase der Unsicherheit und der Orientierungssuche, die schon nach dem Ersten Weltkrieg, erst nur allmählich, dann mit steigender Intensität eingesetzt hatte. Denn seit dem Krieg hatten die Korporationen von ihrer bis dahin unangefochtenen integrativen Kraft, die die Studenten in ein Korsett gesellschaftlicher wie politischer Normen und Codices zwang, ihnen dafür uneingeschränkte Aussicht auf Führungspositionen in Staat und Wirtschaft eröffnete, erheblich eingebüßt. Unter den veränderten Bedingungen der Weimarer Republik vermochten sie nicht mehr im gleichen Maß wie früher als Sprungbrett zu sozialem Aufstieg zu dienen. Zudem erschien immer mehr Studenten das korporative Selbstverständnis mit seinen vielfältigen sinnentleerten Ritualen, seiner rückwärts gewandten Ritterromantik ebenso wie seinem elitären Hochmut fragwürdig und nicht mehr zeitgemäß. Damit einher ging seit 1924, entgegen der allgemeinen konjunkturellen Entwicklung, eine stetige Verschlechterung ihrer wirtschaftlichen Verhältnisse. Ihren privilegierten sozialen Status büßten sie mehr und mehr ein. Der Staat unterstützte sie nur ungenügend. Diese Zurückhaltung war allerdings angesichts der ablehnenden Haltung, die erhebliche Teile der Studentenschaft der Republik gegenüber einnahmen, kaum verwunderlich. Solchermaßen von Staat, Gesellschaft und auch den eigenen Traditionen isoliert und auf sich selbst zurückgeworfen, waren viele Studenten auf der Suche nach Ersatz für das verlorene Selbstverständnis und Wiederherstellung ihres Selbstwertgefühls.

Schirach waren diese Irritationen und Selbstzweifel fremd. Von Herkommen und Erziehung ohnehin in Affinität zum feudalelitären Korpsgedanken, hat er in den Verbindungen, den schlagenden vor allem, sogleich natürliche Bündnispartner gesehen, die nur angesprochen und auf den rechten Weg geführt werden mußten. Es sei „kein Zufall", erklärte Schirach, nachdem er den Studentenbund übernommen und die Abkehr von Tempels Kurs vollzogen hatte, daß „der Nationalsozialistische Deutsche Studentenbund und die schlagenden Verbindungen eine gewisse Auslese des Menschenmaterials der heutigen Studentenschaft in ihren Reihen vereinen: der Wille zur Tat und zur Waffe hat hier die einzig wertvollen aktivistischen Elemente zusammengefaßt. Und warum vereinigen sich die Aktivisten in Bünden, die letzten Endes irgendwie dem Kampf dienen? Weil wahre Jugend kämpfen will!"[14]

Zu Beginn des Sommersemesters 1927 hatte sich die Münchener Hochschulgruppe gespalten. Ein Teil der Studenten befand sich in Opposition zur Führung des Bundes und wollte Tempel durch einen profilierten akademischen Parteigenossen, im Gespräch war Goebbels, ersetzen. Der Streit lähmte die Hochschulgruppe das ganze Semester, bis endlich Hitler selbst eingriff, sich hinter Tempel stellte und die Kritiker aus der Partei ausschließen ließ. Mit der Wahl des biederblassen Studenten Alfons Weber zum Führer kehrte Ende Juni wieder Ruhe ein, doch war das Semester durch die Querelen vertan. Schirach hat sich aus dem Streit herausgehalten, die Auseinandersetzungen aber aufmerksam verfolgt. Für ihn war der Zank nur ein Symptom für das von Grund auf verfehlte Selbstverständnis des NSDStB. Nicht Hochschulpolitik, sondern Propaganda für Hitler und den Nationalsozialismus: das sollte die vornehmste Aufgabe sein.[15]

Damit hatte Schirach schärfer als alle Funktionäre die Wünsche und Erwartungen der Parteiführung an den Studentenbund erfaßt. Seine politische Arbeit im NSDStB in den folgenden Jahren ist ohne diese Perspektive, die im Studentenbund vor allem einen Faktor in der auf die Machteroberung abzielenden Gesamtstrategie der NSDAP sah, nicht zu begreifen. Nach eigenem Bekunden hat Schirach Hochschulpolitik nur mit Widerwillen und allein unter dem Aspekt der Erfolgsmaximierung betrieben.[16] Seine eigene Karriere hat diese Einstellung wesentlich gefördert. Zu Beginn des Wintersemesters 1927 gelang es Schirach endlich, Hitler auf der Straße abzufangen und ihm seine Vorstellungen über die Strategie des Studentenbundes in einem längeren Gespräch im Parteibüro vorzutragen. Hitler zeigte sich skeptisch. Es werde „nie gelingen, mehr als 10 % (der Studenten) zu gewinnen". Sie seien „eben ein Teil der bürgerlichen Intelligenz", für die gelte das gleiche.[17] Er erklärte sich jedoch bereit, in einer großen Studentenversammlung zu sprechen, sofern nur der Saal gefüllt sei. Mit großem propagandistischem Aufwand bereitete Schirach die Versammlung vor, von der alles für ihn abhing. Er ließ 10.000 Flugblätter und 2.000 Karten verteilen. Sämtliche bayerischen Zeitungen erhielten Veranstaltungsnotizen. 700 Einladungen gingen an die Prominenz, 120 an Verbindungen. Vermutlich hat Schirach das Unternehmen zumindest zum Teil selbst finanziert, wie er bis 1931 erhebliche eigene Mittel in den Studentenbund investierte. Vielleicht kam das Geld auch von Elsa Bruckmann, die Schirach nach dem Zeugnis von Richard Walter Darré „restlos" aushielt. Tatsächlich geriet die Versammlung zum grandiosen Erfolg. Der Hofbräuhaussaal war bis auf den letzten Platz besetzt, allein 40 Verbindungen hatten sich angemeldet. Hitlers Rede enthielt alle bekannten Positionen der Partei, handelte von Kriegsschuldlüge, Novemberrevolution, Versailler Vertrag und den angeblich jüdisch-bolschewistischen Urhebern von Deutschlands Verderbnis. Bezeichnenderweise ließ Hitler sich nicht auf die konkreten materiellen Bedürfnisse der Studenten ein, sondern sprach sie als Mitstreiter auf seinem Weg zur „Erneuerung" Deutschlands an. Psychologisch geschickt hatte es dabei Schirach verstanden, durch die Einladung der prominenten Vertreter aus Wissenschaft, Kultur und Wirtschaft den Studenten auch durch den äußeren Rahmen das Gefühl der Aufwertung zu gleichberechtigten Partnern in diesem Kampf zu geben.[18]

Diese Studentenversammlung mit Hitler, Schirachs erster politischer Erfolg überhaupt, weist bereits die wesentlichen Merkmale auf, die für die politische Praxis seiner ganzen späteren Laufbahn kennzeichnend werden sollten und alle eines gemeinsam hatten: den durch und durch parasitären Charakter. Erstmals stellte er hier seine immerhin beeindruckende Fähigkeit unter Beweis, durch einfache, aber wirkungsvolle Kombination unterschiedlicher Faktoren – Stimmungen, Personen, Organisationsstrukturen – gleichsam brachliegende Erfolgspotentiale freizusetzen und für sich nutzbar zu machen. Denn tatsächlich hat Schirach keine der Voraussetzungen, auf denen der Erfolg dieser Versammlung beruhte, erst eigentlich geschaffen – er hat sie nur benutzt: den NSDStB, in dem er bis dahin nicht hervorgetreten war, die überragende propagandistische Anziehungskraft Hitlers und die Empfängniswilligkeit der Studenten. Dieses Maklerprinzip wurde die vielleicht entscheidende Grundlage für seine Karriere. Der Erfolg der Veranstaltung, sofern in München überhaupt eine Hitler-Versammlung mißlingen konnte, ist zweifelsohne durch die Tatsache begünstigt worden, daß Hitler, seit die bayerische Regierung gegen ihn das Redeverbot verhängt hatte, nicht mehr vor Studenten aufgetreten war. Die grundsätzlichen Zweifel des Parteiführers an der „Eroberung" der Hochschulen durch den Nationalsozialismus waren nach dieser Versammlung keineswegs ausgeräumt.[19] Bestätigt wurden sie obendrein durch die AStA-Wahlen, bei denen der NSDStB nur zwei von 30 Sitzen im Studentenparlament gewann, die Weber und Schirach, nunmehr Presse- und Propagandawart, einnahmen.[20]

Zunehmend engagierte sich Schirach nun in der Münchener Hochschulgruppe, hielt Vorträge über Themen wie „Adolf Bartels: Werk und Persönlichkeit" oder „Antisemitismus und nationalsozialistische Kulturpolitik" und führte auch im kleineren Rahmen Versammlungen mit prominenten Parteiführern durch, unter anderem mit Rosenberg, der im

Hotel Bayerischer Hof über Raum- und Außenpolitik sprach.[21] Rosenberg, der selbsternannte Chefideologe der Partei und Schriftleiter des Völkischen Beobachters, sollte in den nächsten Jahren neben Hitler Schirachs wichtigster Verbündeter werden. Mit seiner Hilfe ging Schirach daran, sein nächstes Ziel in Angriff zu nehmen: Tempel zu verdrängen, um selbst Führer des Studentenbundes zu werden.

Schirach und Rosenberg waren sich im Bruckmannschen Salon begegnet. Mancherlei Gemeinsamkeiten führten sie bald enger zusammen. Beide verband der mystizistisch überhöhte Blut- und Rassenkult ebenso wie der Glaube, zum Schriftsteller berufen zu sein. Beide waren sie unter den rauhen Kampfgenossen Hitlers Außenseiter, auf der Suche nach Gesinnungsgenossen, die ihre kulturpolitischen Zielsetzungen teilten. Zudem hat Schirach mit sicherem Instinkt sogleich die Bedeutung der Schlüsselposition erkannt, die Rosenberg als Chefredakteur des Völkischen Beobachters einnahm. Der Zugang zu diesem wichtigsten Propagandainstrument der NSDAP konnte für seine Ambitionen von entscheidender Bedeutung werden. Schirach hat die Autorität Rosenbergs, offenbar auch in Verkennung seines in Wahrheit nur geringen Einflusses auf Hitler, sehr hoch eingeschätzt und sich in den folgenden Jahren seiner Unterstützung, wo immer es ging, versichert. Das brachte ihm bald den Vorwurf der „Rosenbergereien" ein; doch hat er Rosenberg stets gegen alle Anwürfe in Schutz genommen. Schließlich werde niemand leugnen können, wies er einen Kritiker zurecht, nachdem der Mythus des 20. Jahrhunderts erschienen war, „daß dieses Werk die für unsere Bewegung bedeutendste Publikation seit Chamberlains ‚Grundlagen' und Hitlers ‚Kampf' ist". Nach der Machteroberung entfremdeten sich beide jedoch zunehmend bis zum offenen Bruch.[22]

In Berlin konspirierten Goebbels und der Studentenführer Arthur von Behr gegen Tempel. Goebbels wollte den Studentenbund in eine nationalsozialistische wissenschaftliche Gesellschaft umfunktionieren. Deshalb diente Schirach sich Tempel als Bundesgenosse gegen Goebbels an und suchte auch in der Parteileitung Unterstützung gegen ihn. Er habe, so teilte er Tempel am 10. Januar 1928 mit, seine „Ansicht über Herrn G. und die merkwürdige Rolle, die er dem Studentenbund gegenüber zu spielen beliebt, Herrn Major Buch und Bouhler zur Kenntnis" gebracht und dabei feststellen können, „daß sie von den Herren in vieler Hinsicht geteilt zu werden scheint. Vielleicht ist es für Sie von Interesse, zu erfahren, daß v. Behr gegen Sie ein Verfahren wegen Parteischädigung beantragt hat, das natürlich unter den Tisch gefallen ist. Daß Herr G. auch hier seine Finger im Spiel hat, habe ich Herrn Major Buch sofort gesagt und ihn gewarnt, jemals irgendeiner Verdächtigung aus diesem Lager Gehör zu schenken. Das Bestreben dieser Herren scheint mir darauf hinauszugehen, die Organisation des Studentenbundes zu dezentralisieren oder überhaupt zu zerstören. Ich glaubte mich verpflichtet, Ihnen dieses zur Kenntnis zu bringen, übrigens werde ich gelegentlich mit Herrn Hitler den Fall G. besprechen".[23]

Allerdings hatte Tempel Schirachs Doppelspiel, wenn nicht durchschaut, so doch erahnt. Jedenfalls antwortete er hintersinnig nach München, er habe die „Genugtuung, daß mir, solange ich wie bisher den Bund nach bestem Wissen und Gewissen leite, das absolute Vertrauen Herrn Hitlers sicher ist, trotz allen Anpöbelungen, von welcher Seite sie auch kommen werden. Ich kann Ihnen garantieren, daß, solange ich den Studentenbund leite, es niemandem gelingen wird, den N.S.D.St.B. in seiner Entwicklung aufzuhalten geschweige denn zu zerstören".[24] Dies war auch an die Adresse Rosenbergs gerichtet, der sich jetzt weigerte, Tempels Mitteilungen über die Arbeit des Studentenbundes im Völkischen Beobachter zu veröffentlichen. Sei es, daß Schirach tatsächlich, wie in seinem Schreiben an Tempel angekündigt, eine Entscheidung Hitlers gegen Goebbels erwirkte, sei es, daß dieser von sich aus den Rückzug antrat – sicher ist, daß Goebbels sich von nun an nicht mehr in die Angelegenheiten des NSDStB einmischte.

Jetzt handelte Schirach Schlag auf Schlag. Der erste Schritt, die Ablösung Webers als Führer der Münchener Hochschulgruppe, war noch der leichteste. Inzwischen stand hinter Schirach eine starke Fraktion. Am 11. Februar konnte er nach Leipzig vermelden, Weber werde in den nächsten Tagen sein Amt an Tempel zurückgeben, „mit der Bitte, es mir zu übertragen, da er eingesehen hat, daß diese Lösung für uns alle wünschenswert ist. . . Dieser Entschluß Webers ist ein ganz freiwilliger".[25] Sobald Schirach jedoch die Bestätigung als neuer Hochschulgruppenführer erhalten hatte, kündigte er Tempel die Gefolgschaft auf und erklärte ihm ins Gesicht, ihn nur noch so lange zu unterstützen, wie er das Vertrauen Hitlers besitze.[26]

Jetzt brach der Machtkampf zwischen beiden offen aus. Vordergründig entzündete er sich an der Einrichtung von Clubräumen für die Münchener Hochschulgruppe, die Schirach, offenbar nicht ohne provozierende Absicht, nach Leipzig meldete.

„Die Münchener Hochschulgruppe wird am 1. Mai oder vielleicht schon vorher ihre Clubräume eröffnen. Diese werden bestehen aus: einem Empfangsraum, einem großen Lese- und Bibliotheksraum, einem Büro, einem Damenzimmer, dem Schlafzimmer des Hochschulführers, Dienerkammer, Bad und Küche. Sämtliche Zeitungen und Zeitschriften der Bewegung werden ausgelegt, mehrere Verlage haben mir ihre Werke für die Bibliothek zur Verfügung gestellt. Die finanzielle Frage ist gelöst. Der hiesige Studentenbund wird dadurch ein geistiger Mittelpunkt im akademischen Leben Münchens werden und gleichzeitig auf die Münchener Gesellschaft einen starken Einfluß haben. Es werden Vorträge gehalten werden von Rosenberg, Buttmann, Klagges, Prof. Dr. v. Müller usw. Vielleicht werden Sie einwenden, daß in dieser neuen Betätigung eine Abkehr vom Arbeiter liegt. Der Zusammenhang mit der SA ist dadurch gewährleistet, daß wir SA-Abende bei uns veranstalten werden. Außerdem habe ich verfügt, daß ab 1. Mai 28 jedes Mitglied des Studentenbundes nur noch das Braunhemd trägt. So glaube ich – wie auch die Herren der RPL –, daß hier keine Gefahr besteht. Unsere Arbeit ist wohl – neben der Rosenbergs – der erste tatkräftige Vorstoß in die Gesellschaft, den unsere Bewegung unternommen hat. Mit Herrn Heß sprach ich kürzlich über die Durchdringung der Leipziger Gesellschaft. Wir werden nach den Wahlen uns mit Brockhaus in Verbindung setzen und ihn bitten, in sein Haus Bekannte zu laden und Herrn Hitler dort sprechen zu lassen. Gerade der Leipziger Boden ist für solche Arbeit fruchtbar".[27]

Indessen bedeuteten Schirachs Pläne nichts anderes als die Abkehr vom Arbeiter. Die Leipziger Zentrale reagierte mit Verständnislosigkeit und Ablehnung. Bitter beklagte sich Tempel bei Heß, daß „der neue Kurs der Münchener Hochschulgruppe, angegeben durch Herrn von Schirach, sich in keiner Weise mit meinen Zielen und dem bisher von Herrn Hitler sanktionierten Zweck des NSDStB deckt, sondern die Einrichtung der feudalen Clubräume (Damenzimmer, Dienerraum) nicht den ‚ersten Vorstoß in die Gesellschaft', dagegen den ersten Schritt zur Gesellschaft und Korporation bedeutet, eine Entwicklung, deren Verantwortung ich strikt ablehne". Hinter all dem steckten, und damit war insbesondere Rosenberg gemeint, „gewisse Kreise".[28]

Hitler jedoch, zur Stellungnahme aufgefordert, stellte sich hinter Schirach. Es komme nicht, ließ er durch Heß mitteilen, „auf's äußere an, sondern darauf, was daraus gemacht werde. Einen Clubbetrieb sehe er (Hitler) lediglich als eines der Mittel an, die Hochschüler überhaupt erst einmal heranzuziehen, um sie dann allmählich uns zuzuführen, nach Vor- und Durcharbeitung im Club. Eine Person zur Instandhaltung der Räume sei nun auch mal nötig, sobald es sich um eine größere Zahl Räume handelt".[29] Darauf erklärte Tempel seinen Rücktritt. Doch Hitler, wegen der im Mai bevorstehenden Reichstagswahlen am inneren Frieden der Partei interessiert, gab überraschend nach. Tempel blieb im Amt. Allerdings frohlockte er zu früh, die „Lösung des ganzen Fragenkomplexes" sei „einfacher als wir alle dachten". Schirach setzte seine Obstruktionsversuche ungeniert fort und arbeitete weiter an der Einrichtung der Clubräume, für Tempel Anlaß genug, ihn nun aus dem Studentenbund auszuschließen. Doch kümmerte das Schirach nur wenig. Triumphierend meldete er am selben Tag nach Leipzig: „Gestern wurde der erste Sprechabend in den Räumen des NSDStB München abgehalten ... Der große Raum soll auch dem Kampfbund für deutsche Kultur zur Verfügung stehen. Da die Reichsleitung (des Studentenbundes) fürchtete, daß der NSDStB München sich zu sehr der Gewinnung der ‚Gesellschaft' widmete, teile ich mit, daß hier drei Gruppen Studenten in der SA stehen".[30]

Erneut und diesmal endgültig trat Tempel zurück. Nur halbherzig unternommene Vermittlungsversuche Hitlers blieben ohne Erfolg. Die Parteileitung war ratlos. Laut dem Führerprinzip hätte Hitler den Nachfolger bestimmen müssen. Doch niemand konnte angesichts der heillos zerrissenen Fronten im Studentenbund voraussagen, ob er, wer immer es auch sein mochte, allgemeine Anerkennung finden würde. Schließlich entschieden sich Hitler und Heß, der Not gehorchend, den neuen Führer wählen zu lassen. Einzige Auflage: Tempels Nachfolger solle die Geschäfte von München aus führen. Schirach erhielt die relative Mehrheit, sechs von siebzehn Stimmen. Zu seinem Vorteil jagten sich seine Konkurrenten gegenseitig Stimmen ab. Drei Gruppen wählten Tempels Stellvertreter Glauning, ohne zu wissen, daß Glauning den Dresdener Hochschulgruppenführer Knabe vorgeschlagen hatte, der vier Stimmen erhielt. Ebenfalls drei Stimmen fielen auf den Kieler Studentenführer Dr. Joachim Haupt, der sich jedoch gar nicht zur Wahl gestellt hatte. Dabei war gerade er Hitlers bevorzugter Kandidat, wie Heß die Hochschulgruppen wissen ließ. „Die ideale Lösung für die kommende Reichsleitung wäre in Herrn Hitlers Augen gewesen: Herr Dr. Haupt als Reichsleiter, Herr von Schirach als dessen rechte Hand. Herrn Dr. Haupt würde die Vertretung des Studentenbundes bei studentischen Tagungen usw. und die Festlegung der großen Richtung und die Fällung grundsätzlicher Entscheidungen obliegen. Herr von

Schirach würde im Einvernehmen mit Herrn Dr. Haupt das mehr Organisatorische und die laufenden Geschäfte in enger Fühlunghaltung mit der Reichsleitung erledigen". Doch nun mußte sich die Parteiführung mit Schirachs unprogrammgemäßem Sieg abfinden. Immerhin, so suchte Heß die Berufung Schirachs wenigstens notdürftig zu rechtfertigen, habe er sich bereits als junger Dichter in der Bewegung bewiesen. Schirach war sich der Tatsache, nur zweite Wahl zu sein, wohl bewußt und hat geflissentlich verbreitet, er werde „auch nie vergessen, daß ich auf dem Stuhl sitze, der von Rechts wegen Dr. Haupt gebührt". Doch war er in Wahrheit fest davon überzeugt, daß kein anderer für dieses Amt so prädestiniert sei wie er selbst.[31]

Man hat Hitlers Verhalten in dieser Führungskrise mit einigem Aufwand an Scharfsinn zu deuten versucht. Der Parteiführer habe sich, indem er sich über die Streitenden stellte, um charismatische Erhöhung seiner Person bemüht, heißt es;[32] oder aber: er wollte den NSDStB zum Kurswechsel bringen, um die „sozialistischen" Strömungen in der Partei zurückzudrängen und die bürgerliche Mittelschicht, der die überwiegende Mehrheit der Studenten angehörte, als Zielgruppe anzusprechen.[33] Diesen Kurswechsel, so ein anderer Historiker, habe Hitler abrupt nach der verheerenden Niederlage der NSDAP bei den Reichstagswahlen vom 20. Mai (2,6 Prozent der Stimmen) angesteuert und zunächst die sich bietende günstige Gelegenheit der Krise im Studentenbund dazu benutzt.[34] Nichts von alledem. Nach wie vor war er bereit, divergierende Richtungen zu dulden. Es sei „kein Schade, daß nunmehr einmal ein Vertreter der ‚anderen Richtung' innerhalb des Studentenbundes zur Führung kommt und damit in der Praxis zeigen kann, was seine Richtung zu erreichen vermag".[35] Er hoffe nur, daß „die Hochschulgruppen der bisherigen Richtung nun nicht etwa ihre Aufgabe in unbedingter Opposition erblicken, sondern das Ihre tun, wenigstens nach außen hin (!) Geschlossenheit des N.S.D.StB. zu zeigen, und in den großen Fragen am gemeinsamen Ziel mitarbeiten".[36] Entscheidend war allein der Erfolg. Dafür wollte er alle Divergenzen zudecken, sofern er nur als unumstrittener Führer anerkannt wurde. Es entsprach dieser Linie, daß Hitler sich mit Joachim Haupt einen Studentenführer wünschte, der eher dem sozialrevolutionären Parteiflügel zugeordnet werden mußte.

Schirach hat aus dem Machtkampf mit Tempel für seine politische Zukunft bedeutsame Lehren gezogen. Er hatte erkannt, daß in der Partei allein das Recht des Stärkeren galt und Hitler bereit war, vollendete Tatsachen, auch, wenn sie zunächst ohne sein Wissen geschaffen worden waren, hinzunehmen, anzuerkennen und zu sanktionieren, sofern sie nur in seine eigenen Zielsetzungen paßten. Diese Form der offensiven Auseinandersetzung wurde von nun an eines der Grundprinzipien für Schirachs politisches Handeln. Darüber hinaus aber wurde ihm bewußt, wie sehr die unmittelbare räumliche, ja, körperliche Nähe zu Hitler für Erfolg, Stellung und Ansehen ausschlaggebend war. Tempel hatte den entscheidenden Fehler begangen, die Zentrale des Studentenbundes um seiner Unabhängigkeit willen nach Leipzig zu verlegen und war so allen Anwürfen, Verleumdungen und Intrigen schutzlos ausgesetzt gewesen. Schirach machte dagegen die unmittelbare persönliche Bindung an seinen Führer, die er in der Zukunft auf vielfältige Weise zu stärken und abzusichern suchte, zur eigentlichen Grundlage seiner politischen Existenz, und nicht zufällig leitete seine Entfernung aus der persönlichen Umgebung Hitlers, die Entsendung als Gauleiter nach Wien, später zugleich auch den Niedergang seiner nationalsozialistischen Karriere ein.

Im Spätsommer 1928 eröffnete sich Schirach noch ein letztes Mal die Gelegenheit, den eingeschlagenen Weg zu überdenken und eine ganz andere Laufbahn zu beginnen. Der Familientradition gemäß reiste er zum Verwandtenbesuch nach Amerika. Sein Onkel bot ihm eine Banklaufbahn an. Doch war diese Alternative, die ohnehin seinem Wesen widersprach, zu diesem Zeitpunkt nur noch scheinbar. Zu sehr schon hatte er sich in die Parteihändel verstrickt, zu sehr stand die Politiker- und Künstlerexistenz, die er sich ausmalte und gerade mit Erfolg zu leben begann, zur profanen Bankkarriere in Kontrast. „Was Amerika anbetrifft", erklärte er nach seiner Rückkehr, „so bin ich eher verdeutscht als veramerikanisiert zurückgekommen, und ich glaube, daß es jedem Deutschen so gehen wird, der sein Vaterland ganz erlebt hat. Die Ludwigs und Manns werden immer in Amerika das Land der Freiheit sehen, weil ihnen das Geld als Symbol der Freiheit erscheint, uns aber, denen diese Freiheit ein tiefes und wunderbares Mysterium des Blutes ist, wird Amerika immer ein Land der Sklaven sein".[37]

Die neue Front

Wer die Jugend hat, lautete ein viel propagiertes Schlagwort der Nationalsozialisten, hat auch die Zukunft. Hitler und seine Gefolgschaft ließen keinen Zweifel daran, daß sie sich selbst damit meinten. Tatsächlich hat es den Erfolg der NSDAP entscheidend mitbestimmt, daß sie als junge Bewegung, als Partei der Frontgeneration antrat, die über neue, zukunftweisende Ideen verfügte, und die Attribute der Jugendlichkeit – Kraft, Entschlossenheit, Wagemut und Opferbereitschaft – als ihre ureigensten Merkmale im Bewußtsein vieler Zeitgenossen festschreiben, die Republik aber, als zum Absterben verurteilt, einer in Wahrheit schon überholten, einer überlebten Epoche zuweisen konnte. Die Zerstörung des Weimarer Staates als biologischen und damit zwangsläufigen Ablösungsprozeß zu deuten, wurden die Nationalsozialisten nicht müde. „Der sterbende Staat von Weimar", erklärte Schirach rückblickend nach der Machteroberung 1933, „wurde durch eine revolutionäre Jugendbewegung abgelöst, die in sich bereits einen neuen lebendigen Staatsbegriff verkörperte zu einer Zeit, als der Staat nur noch eine Form ohne Inhalt war".[38] In ihrer jugendlichen, aktivistischen Erscheinung unterschied sich die NSDAP augenfällig von allen übrigen Parteien der Republik, mit Ausnahme allenfalls der Kommunisten. Die um die Jahrhundertwende geborenen Jahrgänge der jetzt Dreißigjährigen dominierten in der Partei. Das Führerkorps war kaum älter, Hitler 1929 vierzig, Rosenberg siebenunddreißig, Heß fünfunddreißig, die Gebrüder Strasser siebenunddreißig und zweiunddreißig, Goebbels ebenfalls zweiunddreißig, Himmler dreißig Jahre alt. Die Fluchtbewegung weiter Teile der jungen Generation in die Irrationalität wurde von ihnen nicht nur zynisch gelenkt, sondern auch mitgelebt. So vermochten sie die Glaubensgewißheit an die eigene Sendung auf ihre Anhängerschaft zu übertragen und das Gefühl einer Gemeinschaft zu erzeugen, die im Bewußtsein der Gefolgsleute mehr war als eine der herkömmlichen Parteien des verhaßten „Systems".

Viele Zeitgenossen haben im Zulauf der Jugend zur NSDAP eine der wesentlichen Ursachen für den sich abzeichnenden Untergang der Republik gesehen. Der Schriftsteller Fritz von Unruh etwa, der mit der Gründung der Eisernen Front vergebens versuchte, dem nationalsozialistischen Erfolg bei der Jugend entgegenzusteuern, äußerte nach den

Aufzeichnungen von Harry Graf Keßler: „Der Hauptgrund für die Niederlage der Republik sei, meinte er (Unruh), daß sie vollkommen die Rolle der Jugend und die des Heroismus in der Politik verkannt habe. Er habe schon gleich nach dem Krieg in den Anfängen der Republik die Lebenswichtigkeit dieser beiden Faktoren für den neuen Staat erkannt und allen maßgebenden Faktoren gepredigt, insbesondere seinem Freunde, dem preußischen Kultusminister Becker, aber überall nur völlige Verständnislosigkeit und Ablehnung erfahren; man habe sie bagatellisiert, als unwichtig erklärt. So sei ihr Gewicht voll in die Waagschale der Gegenseite, der Reaktion, gefallen und habe jetzt das meiste zum Sieg der Hitlerleute beigetragen, die es verstanden hätten, sich ein Monopol auf die Jugend und die (mystische) Opfersehnsucht zu sichern. Auch noch jetzt, als er die ‚Eiserne Front' begründete und in der Gründungsversammlung durch seine Rede, in der er an den Heroismus appellierte, Stürme der Begeisterung weckte, habe er zunächst selbst in der ‚Frankfurter Zeitung' von Kircher nur Hohn und Spott geerntet. . . Diese Leute sähen als Ziel der Politik nur das Wohlleben, sie verkennten aber ganz die Rolle des Ideellen, des Glaubens, der Sehnsucht nach einem Glauben, für den man sich opfern könne; deshalb hätten sie versagt". Indessen bedeutete Unruhs Kritik nichts anderes als die Forderung nach dem Abschied von der Politik. Bezeichnend dafür schwankte er, ob er versuchen solle, „in der republikanischen Front sich als Führer durchzusetzen, um Begeisterung und Glauben und Opfersinn zu wecken und dadurch die Jugend wieder herüberzuziehen. Ob es wichtiger sei, das zu tun oder einen Roman zu schreiben?"[39] Es war der Versuch, die Nationalsozialisten auf ihrem ureigensten Gebiet aus dem Feld schlagen zu wollen. „Es ist immer so", rief wenig später Schirach triumphierend den Weimarer Politikern zu, „daß eine Staatsführung immer nur stark ist, sofern sie die Jugend hinter sich hat. Das ist das Geheimnis des nationalsozialistischen Erfolges, ihr Bonzen von der SPD, zugleich aber auch das Geheimnis eurer Niederlage und eurer Überwindung durch die Jugend!"[40]

Schirach hat den Jugendmythos der NSDAP seit 1929, als er die lokale Münchener Szene zunehmend verließ, nicht unerheblich mitgeprägt und ihm vor allem in der bürgerlichen Jugend, bei den Gymnasiasten und Studenten, erhebliche propagandistische Wirkung verschafft. Die junge Generation, erklärte er nun, bilde die „neue Front" und definierte: „Das ist kein Schlagwort, sondern das Symbol einer Jugend, die sich ihres gewaltigen Erbes bewußt ist. Diese Front der

Wollenden, Sehnsüchtigen und Brennenden kennt nur Freunde oder Feinde, weil ihre Ziele die des Volkes sind. Man mag sie darum bekämpfen oder bejahen: immer bleibt sie das Deutschland, das da kommt!" Diese Sätze stellte er seinem ersten Gedichtband voran, den er jetzt unter dem Titel „Die Feier der neuen Front" veröffentlichte.[41] Sie enthalten, wenn es auch eigentlich ein Unprogramm war, ebenso knapp wie umfassend den Kern seiner politischen Strategie, die darauf abzielte, die jugendliche Rechte unter nationalsozialistischer Flagge zu sammeln. Wie alles, was Schirach schuf, war auch die neue Front nichts weiter als ein Plagiat aus dem visionären Wörterbuch völkischer Propheten, der Moeller van den Bruck, Heinrich von Gleichen, Max Hildebert Boehm, eine der unablässig geschöpften Formeln, die nur darauf warteten, aktiviert und mit politischem Leben erfüllt zu werden.[42] Der irreale Schleier der literarischen Fiktion, der Schirachs neue Front umgab, verlieh ihr dabei erst eigentlich die offensive, ebenso unbestimmte wie umfassende Weite, die es den Jugendbünden ermöglichen konnte, sich ihr ohne ideologische Verrenkungen und Gewissensbisse zu subsumieren. Schirachs programmatische Askese hatte denn auch Methode, und es waren seine Gedichte, die das Programm gleichsam ersetzten und hinter dem Nebel von Rausch und Gefühl der Substanzlosigkeit ein Gepräge gaben. In ihnen hat Schirach die mystische Gemeinschaft der Jugend mit den Weltkriegsgefallenen als Grundlage und Kraftquell nationaler Erneuerung in unzähligen Variationen herbeigesungen und Hitler als den Retter und Erlöser auf dem Weg in eine große, herrliche Zukunft gepriesen. Charakteristisch für sein Dichten, hat er dabei gerade die wenigen Fix- und Angelpunkte seiner Lyrik, Hitler, Deutschland, Soldatentum, Jugend bis zur amorphen Ungesichtigkeit erweitert, zersetzt, aufgelöst und zu extremer Symbolhaftigkeit stilisiert.

Hitler

Ihr seid viel tausend hinter mir
und ihr seid ich und ich bin ihr.

Ich habe keinen Gedanken gelebt,
der nicht in eurem Herzen gebebt.

Und forme ich Worte, so weiß ich keins,
das nicht mit eurem Wollen eins.

Denn ich bin ihr und ihr seid ich,
und wir alle glauben, Deutschland, an Dich![43]

In solchen Versen hat die von den Nationalsozialisten unablässig zelebrierte Vereinigung von Führer, Volk und Vaterland bereits frühzeitig ihren prägnanten Ausdruck gefunden. Schirachs Gedichte, wie dieses Minutenlyrik zumeist von selten mehr als einem Dutzend Zeilen, gerade deshalb aber von beträchtlicher Wirkung, haben rasch Verbreitung gefunden und ihm einen hohen Bekanntheitsgrad eingetragen. Mit ihnen hat er seinen Ruf als Sänger der Bewegung begründet und, wie es sein Weimarer Freund, der spätere Reichsdramaturg Rainer Schlösser formulierte, das „Jahr 1 der nationalsozialistischen Dichtung“ eingeläutet.[44] Auch in nichtnationalsozialistischen Kreisen fanden Schirachs Gedichte, die sich vom häufig anzutreffenden Typus der NS-Kampflyrik unterschieden: sie waren Gebete mit kultischem Charakter, Anerkennung, teils sogar Bewunderung. Selbst Theodor W. Adorno ließ sich von den „denkbar stärksten Wirkungen“ einfangen, die sie in vertonter Form auf ihn ausübten, während Tucholsky sie mit beißender Kritik übergoß.[45] Ohne Zweifel hat der junge Dichterruhm Schirach nicht unerheblich geholfen, seine Stellung in der NSDAP zu festigen und den Nimbus des berufenen Führers der Jugend, den er jetzt eifrig aufzubauen begann, zu stärken. Kritik an Schirach aus den eigenen Reihen setzte von nun an stets mit der Versicherung ein, daß man sein dichterisches Talent jedoch auf keinen Fall schmälern wolle. In seinen Versen, die immerhin den Produkten mancher anderer völkischer Reimkünstler überlegen waren, hat er das unablässige Bedürfnis der braunen Führer und ihrer Gefolgschaft nach Kult, Pathos und heldischer Größe, aus denen sie ihre Kampfbereitschaft sogen, nach Kräften befriedigt, und solange Hitler noch nicht seiner Bauwut frönen und in megalomanischer Architektur dieselben Effekte unendlich viel wirkungsvoller erzielen konnte, haben sie gleichsam Ersatzfunktion ausgeübt. In ihrer Dumpfheit, monumenthaften Starre und gleichförmig gegliederten Neoklassizität nahmen sie sozusagen den Baustil des Dritten Reiches vorweg, doch darf es als sicher gelten, daß Hitler keinerlei Beziehung zu den literarischen Ergüssen seines Gefolgsmannes entwickelt hat. Nie drücken Schirachs Gedichte, ganz entgegen nationalsozialistischer Poetologie, Erleben und Gefühle aus. Sie sind vielmehr zusammengesetzt aus Topen, formelhafter Antithetik und immer wiederkehrenden symbolbeladenen Bildern von Kampf, Tod, Sieg, Krieg, Bahren, Fahnen, Altären und Kränzen. Stets verhüllen sie dort, wo sie vorgeben, zu offenbaren. Henriette Hoffmann, die Tochter von Hitlers Leibphotograph Heinrich Hoffmann, Schirachs spätere Frau, die damals in der Geschäftsführung des Studentenbundes aushalf, hat in ihren Erinnerungen das literarische Umfeld, dem Schirachs Gedichte ihre Entstehung verdankten, den Münchener Studentenkreis, in dem „Stefan George gelesen, über Talhoffs Totenmahl diskutiert, der ‚Cornet' bei Kerzenlicht vorgetragen und Ernst Jünger zitiert" wurde, treffend geschildert.[46] Schirachs lyrische Produktion war während seiner frühen Zeit als Studentenführer recht umfangreich. 1931 gab er einen weiteren Gedichtband heraus, die „Fahne der Verfolgten".[47]

Schirachs literarisch-kulturpolitischen Ambitionen entsprang auch ein Projekt, das er bereits im Sommer 1928 in Angriff genommen hatte und im Januar 1929 verwirklichte: der Akademische Beobachter, das „Blatt der neuen Front", wie es im Untertitel hieß, und Forum der „neuen heranwachsenden geistigen Führerschicht". Selbstbewußt, wie er war, erklärte Schirach den Beobachter sogleich zur „führende(n) Monatsschrift für nationalsozialistische Weltanschauung".[48] Sorgfältig achtete er darauf, die Zeitschrift „äußerlich ganz als Sprachrohr jener vom Akademiker so geliebten ‚Objektivität' erscheinen" zu lassen, um „gerade in noch nicht nationalsozialistischen Kreisen Verbreitung" zu finden.[49] Indessen gelang es ihm kaum, den Akademischen Beobachter, wie vorgesehen, zu einem „kostbaren Teil des nationalsozialistischen Schrifttums" zu machen.[50] Nur wenige namhafte Autoren ließen sich gewinnen. Lediglich seine Gesinnungsgenossen Rosenberg, Ziegler, Bartels sowie der Nobelpreisträger Philipp Lenard erklärten sich zur Mitarbeit bereit, während das Gros der Beiträge von kaum bekannten Verfassern stammte. Hitler hielt sich zurück. Zweimal kündigte Schirach vergebens einen Artikel aus der Feder des Parteiführers an, Hitler entschuldigte sich mit Zeitmangel. Doch war er offenbar nicht bereit, den hochgesteckten Anspruch des Beobachters durch seine Mitarbeit zu sanktionieren. Trotzdem gelang es Schirach, ihn mit einer Auflage von 5.000 Exemplaren zu einer der größten völkischen Zeitschriften zu machen.[51]

So sehr Schirachs literarische Unternehmungen, die einen großen Teil seiner Zeit in Anspruch nahmen, auch mit dem Odium realitätsferner Projektemacherei behaftet sind, so bezeichnend ist, daß er ihnen sogleich eine konkrete Stoßrichtung gegeben hat. Es war der für sein gesamtes politisches Handeln durchgängig zu beobachtende Versuch, aus Utopien und Fiktionen Leben werden zu lassen. Alsbald hat er die neue Front im Zusammengehen mit rechten Jugendbünden und studentischen Korporationen zu verwirklichen gesucht und das Bild einer jugendlichen nationalen Glaubensgemeinschaft über alle trennenden Grenzen hinweg beschworen. „Das freundschaftliche Verhältnis des (Studenten-) Bundes zur Jugendbewegung", erklärte er, „hat seine Ursache in der Übereinstimmung, die im Wollen beider Teile beobachtet werden kann. Hier wie dort wendet man sich von den Redensarten der politischen Parteien ab und sucht die Tiefe. Auch das gemeinsame Bekenntnis zum deutschen Volkstum, das heißt zum innersten Kern unseres Seins, sowie der Glaube, daß alles Gute und Große nur aus ‚Blut und Boden' fließt (wie das schöne Wort der Artamanen heißt), hat dazu beigetragen. So kann man heute bereits von einer ‚nationalsozialistischen Jugendbewegung' oder besser von einer ‚neuen Front' sprechen, einer Front, die mit derselben Selbstverständlichkeit wie die graue des Weltkrieges für Deutschland den höchsten Einsatz bringen wird".[52]

Konsequent öffnete Schirach nun den Studentenbund der jugendlichen Rechten. Die Geusen, eine der bündischen Jugendorganisationen, stellten bald eine Reihe von Führern im NSDStB, so daß Schirach schon im Sommer 1929 „ein festes kameradschaftliches Verhältnis" zwischen ihnen und dem Studentenbund konstatieren konnte.[53] Ähnlich verhielt es sich mit der Freischar Schill, deren Führer Werner Laß von Schirach als Autor für den Akademischen Beobachter herangezogen wurde. Ein großer Teil der NS-Studenten gehörte zugleich studentischen Verbindungen an. In Erlangen etwa war der NSDStB in neun Verbindungen vertreten, in Würzburg in vierzehn, in München in zehn und in Berlin sogar in zweiundzwanzig.[54] Den Alleinvertretungsanspruch seines Vorgängers Tempel, der keinerlei Doppelmitgliedschaften duldete, verkehrte Schirach genau ins Gegenteil. Seine Absicht war offenkundig: die nationalsozialistischen Studenten sollten in ihren Verbindungen und Bünden Proselyten machen und seine Gefolgschaft vermehren helfen.

Unterdessen verfolgte die Hitlerjugend unter Kurt Gruber Schirachs Anstrengungen, die ihrem Monopolanspruch, die einzig legitime nationalsozialistische Jugendorganisation zu sein, zuwiderliefen, mit zunehmendem Argwohn. Schon Ende Dezember hatte Gruber alle HJ-Führer in die Zentrale nach Plauen zusammengerufen und im Beisein Schirachs nachdrücklich seine Rechte reklamiert. Schirach war klar geworden, daß die HJ allen Versuchen, die nationalsozialistische Jugendbewegung auf ihre Kosten zu verwirklichen, entschiedenen Widerstand entgegensetzen würde. Deshalb sann er auf Grubers Ablösung. Führer der NS-Jugendfront sollte Werner Laß werden, der weithin bei den

Bünden großes Ansehen genoß. Wiederholt versuchte Schirach in den ersten beiden Monaten des Jahres 1929, Hitler zu einer Entscheidung zu bewegen. Zwar zeigte sich der Parteiführer seinen Argumenten durchaus zugänglich, so daß Schirach am 13. Februar orakeln konnte: „Die Angelegenheit HJ wird morgen eine entscheidende Wendung nehmen". Doch dann schob Hitler die Entscheidung wieder auf. Schirach mußte die bündischen Führer vertrösten.[55]

Doch nur wenig später kam ihm eine neue Entwicklung entgegen. In mehreren Großstädten hatten sich Gymnasiasten zu nationalsozialistischen Schülerbünden formiert. Die ersten Gruppen waren in Hamburg und Berlin entstanden. Schirach hat die sich bietende Chance sogleich erkannt, der Hitlerjugend Konkurrenz zu machen, und forderte alle Hochschulgruppen auf, Schülerbünde zu gründen. Zahlreiche Gruppen entstanden in den nächsten Wochen und Monaten. Teils war der Zulauf gering, wie in Mannheim, wo nur sechs Schüler zur Gründungsversammlung kamen, teils schlossen sich auf Anhieb über fünfzig Jungen dem Schülerbund an, so in Leipzig. Gruber durchschaute Schirachs Absicht sofort und ergriff Gegenmaßnahmen. Die Schülerbünde wurden von der Hitlerjugend „direkt bekämpft".[56] Völlig zu Recht sah Gruber in ihnen eine elitäre Sonderorganisation, die mit dem von den Nationalsozialisten propagierten Volksgemeinschaftsgedanken nichts gemein hatte. Allerdings war auch die HJ, die nach wie vor als Arbeiterjugend firmierte, davon weit entfernt.

Die Rivalität zwischen Schirach und Gruber nahm nun immer offenere Formen an und wurde durch gegenseitige Loyalitätsbekundungen nur mühsam überdeckt. Schirach betrachtete die Entscheidung über die NS-Jugendfront nur als aufgeschoben und setzte auf den nach zweijähriger Pause für Anfang August in Nürnberg geplanten Parteitag, um sein Ziel zu verwirklichen. Zwischen beiden begann der Wettlauf um die stärkeren Bataillone. Gruber ließ die Propaganda für die HJ auf Hochtouren laufen, gründete eine neue Zeitung, Die junge Front, verstärkte die Kontakte zur Basis und zur Parteileitung, rief eine Reihe neuer HJ-Gruppen ins Leben und krönte seine Anstrengungen im Frühjahr mit einer Deutschlandrundfahrt durch zweiunddreißig Städte. Schirach hielt mit. Im Frühsommer startete er unter dem Motto „Der Kampf der Jugend" eine Vortragsreise an neunzehn Universitäten. Die NS-Studenten wies er an, ihm einen „möglichst großen Rahmen" zu verschaffen: „Zu der Veranstaltung sollen außer allen studentischen Vereinigungen die Professorenschaft, bekannte Persönlichkeiten des nationalen Lebens, Parteien und Bünde eingeladen werden. Auf Einladung der Jugendbünde (Geusen, Freischar Schill, HJ usw.) legt Herr von Schirach großen Wert".[57] Indessen war seine Anziehungskraft noch begrenzt, er vermochte keine großen Säle zu füllen. Die Hamburger Studenten rieten ihm zu, gemeinsam mit Goebbels aufzutreten, der sich für den nächsten Tag bei den Parteigenossen angesagt hatte. „Wenn die Versammlung mit dem Reichsführer (Schirach) doch am 1. Juli stattfindet, ist bestimmt mit einem großen Mißerfolg zu rechnen, da wir außer einer geringen Zahl von Altakademikern und einigen anderen an den Aufgaben des Studentenbundes Interessierten keine nennenswerte Anzahl von Parteigenossen und Anhängern der Bewegung zu der Veranstaltung des N.S.D.St.B. werden heranziehen können. Auch auf eine allzu große Beteiligung seitens der hiesigen Studentenschaft ist leider nicht zu rechnen".[58]

Die Goebbels-Versammlung vor 3.000 Zuhörern wurde Schirachs erster Massenauftritt. Gegen die zynische Demagogie des Berliner Gauleiters, der immer wieder Begeisterungsstürme erweckte, wirkte Schirachs akademische Rhetorik blaß und vergleichsweise harmlos. Nicht ohne bewundernden Unterton berichtete er im Akademischen Beobachter über ein „recht erheiterndes Nachspiel", das der Goebbelschen Rede folgte: „Ein sozialdemokratischer Pazifist, Mitglied des Vorstandes der ‚Friedensgesellschaft' und Schwerkriegsbeschädigter, meldete sich zu Wort und erklärte, daß der Krieg doch das Grundübel sei und Mensch Mensch sei, ganz gleich ob Jude oder Christ. Noch nie ist einem Aussprecheredner wohl so heimgeleuchtet worden wie diesem äußerlich germanischen Jüngling, der den Landesverrat als Ideal ansah. Schade, meinte Dr. Goebbels, daß die Friedensgesellschaft nicht durch ihre wirklichen Drahtzieher vertreten ist, sondern einen Kriegsbeschädigten vorschickt, um einer minderwertigen Idee ein großes Prä zu geben. Eine Welt von Waffen steht gegen uns, da wagt es der Pazifismus, die letzten deutschen Waffen an die Entente zu verraten!... Wenn Sie aber durchaus den Pazifismus predigen wollen, dann gehen Sie doch nach Paris. Sie sind – unbeschadet Ihres Kriegserlebnisses – ein Feigling, wenn Sie nicht den Mut haben, Ihre Gedanken dort zu predigen, wo es gefährlicher ist, in den besetzten Gebieten unter den Bajonetten der Franzosen! Jud oder Christ? Jawohl ein Judenchrist sind Sie! Wenn ich dabei Ihre blonden Haare und blauen Augen sehe, dann muß ich sagen: Es tut mir in der Seele weh, daß ich dich in dieser Gesellschaft seh! Die Abfertigung war so über alle Maßen gründlich, daß

Abb. 4: Schirachs rhetorisches Vermögen war begrenzt. Hitlers Blick verrät Skepsis.

eine mitleidvolle Stimme aus dem Rang meinte: Herr Doktor, lassen Sie ihn doch leben!"[59] Dagegen merkte man Schirachs ekstatisch-entrückten Ausbrüchen, wann immer er sich in ihnen versuchte, das bemühte Pathos an, und gewiß entsprach die blutleere Prosa seiner Vorträge über Literatur und bildende Kunst weit eher seinem Naturell. Doch wurde ihm die rhetorische Zurückhaltung, so hat der Hamburger Gauleiter Albert Krebs überliefert, der Schirach damals ebenfalls erlebte, von vielen Parteigenossen als „vornehme Schwäche oder gar als Unehrlichkeit" ausgelegt.[60] Trotzdem avancierte Schirach nach seinem Hamburger Auftritt zum Reichsredner der Partei.

Nach München zurückgekehrt, beauftragte Schirach den Führer der Berliner NS-Studenten, Adrian von Renteln, während des Parteitages ein Referat über die „Notwendigkeit eines n.s.Schülerbundes" zu halten, während Joachim Haupt, sein neuer Favorit als Führer der neuen Front, über den „Weg der bündnischen Jugend zum Nationalsozialismus" sprechen sollte.[61] Doch auch Gruber hatte vorgesorgt. Bei der Eröffnung des Parteitages am 1. August zogen 2.000 Jungen an Hitler vorbei, die in einem Sternmarsch aus allen Teilen des Reiches nach Nürnberg gekommen waren. Mit diesem für die Dimension früher Parteitage beachtlichen Aufmarsch konnte er der Parteiführung den Erfolg seiner Anstrengungen eindrucksvoll demonstrieren. Taktisch raffiniert unterlief Gruber auch noch Schirachs Bestrebungen, indem er sie kurzerhand als seine eigenen ausgab. Seit zwei Jahren schon, verkündete die Augustnummer der Jungen Front, bestehe die „Verbindung zwischen der Wehrjugend und dem Jugendbündler. Die Hitlerjugend trennte sich mehr und mehr von dem rein parteimäßigen Ziel. Es galt die gesamte Jugend zu erfassen".[62]

Schirachs Verhandlungen mit den Jugendbündlern standen deshalb unter ungünstigen Vorzeichen, zumal Gruber entschlossen war, sie konsequent zu torpedieren. Durch seinen Münchener Unterführer Emil Klein ließ er zwei Anträge einbringen, die verlangten, den „Zusammenschluß mit den ‚auch nationalsozialistischen Bünden'" abzulehnen und die Schülerbünde im „Rahmen der HJ" zu organisieren. Denn alle Kraft müsse der „einzigen nationalsozialistischen Jugendbewegung, der Hitlerjugend", gewidmet werden.[63] Damit wurde klar: gegen den Willen Grubers war keine Zusammenarbeit mit den rechten Jugendbünden möglich. Die Kluft zwischen den nationalsozialistischen Jugendorganisationen konnte den bündischen Führern kaum drastischer vor Augen geführt werden. Sie mußten erkennen, daß die HJ allein an ihrer völligen Selbstpreisgabe interessiert, Schirach aber keineswegs der kompetente Verhandlungspartner war, für den er sich ausgegeben hatte. Darauf zogen sich die Bünde zurück. Grubers Erfolg war jedoch nicht vollständig. Zwar versprach Hitler ihm, „lediglich ganz bestimmt nur die Hitlerjugend als nationalsozialistische Jugendbewegung“ anzuerkennen, doch dachte er keineswegs daran, das Risiko einzugehen, den sich in den Schülerbünden rekrutierenden nationalsozialistischen Nachwuchs durch Anschluß an die HJ wieder zu verlieren.[64] Sie blieben weiter unabhängig von der Hitlerjugend bestehen, ohne sich allerdings zu einer eigenen Organisation zusammenschließen zu dürfen. Der Kampf um die Schülergruppen wurde nach dem Parteitag unvermindert heftig fortgeführt. Erst im November entschied Hitler, als die Querelen kein Ende nehmen wollten, die Schülerbünde als eigenständige Organisation aufzubauen. Zum Führer wurde Adrian von Renteln ernannt. Damit hatte Schirach, wie es schien, doch noch einen Teilerfolg errungen. Die Zusammenarbeit zwischen NSDStB und Schülerbund unter dem „von mir vorgeschlagenen Adrian von Renteln“, versicherte er mit unverhohlenem Triumphgefühl, werde „naturgemäß“ sehr eng sein. Gruber versuchte in den folgenden Monaten wiederholt, Hitler zur Revision seiner Entscheidung zu bewegen, und offenbar hat sich der Parteiführer, wie es seine Art war, auch ihm gegenüber scheinbar einsichtig gegeben. Jedenfalls veröffentlichte Gruber bald im Völkischen Beobachter, Hitler habe nunmehr ihm den Schülerbund unterstellt. Doch mußte er die Bekanntmachung widerrufen.[65]

Zu diesem Zeitpunkt wurde Schirach bewußt, daß sich die nationalsozialistische Jugendfront nicht verwirklichen ließ. Zwar versuchte er kurz vor Jahresende noch einmal, HJ und Jugendbünde an einen Tisch zu bekommen, doch scheiterte auch dieser Versuch.[66] Auch von seinen kulturpolitischen Ambitionen mußte Schirach Abschied nehmen. Im Dezember war der Akademische Beobachter finanziell am Ende, er wurde eingestellt. Die Clubräume der Hochschulgruppe mußten ebenfalls aufgegeben werden. Aus seiner ehrgeizigen Absicht, hier den neuen Führertyp der NSDAP zu schaffen, der „Organisator, Redner, Wissenschaftler, Propagandist gleichzeitig“ sein sollte, wurde nichts.[67] Indessen hatten alle Mißerfolge dieselbe Ursache: Schirachs maßlose Überschätzung der eigenen Kräfte. Die Widerstände waren zu stark, Hitler hatte seine Unterstützung versagt. Am Ende fand Schirach sich da, wo er angefangen hatte: zurückgeworfen auf den NS-Studentenbund. Dabei hatte gerade der NSDStB in der Zwischenzeit beachtliche

Fortschritte gemacht. Bei den AStA-Wahlen im Wintersemester 1928/29, waren ihm an den fünfzehn Hochschulen, an denen er kandidierte, durchschnittlich dreizehn Prozent der Stimmen gegeben worden. Die Öffnung zu den Korporationen und die zunehmende Propaganda zeigten erste Erfolge. Neue Gruppen entstanden. Im November war der NSDStB an 38 Hochschulen vertreten, an fast allen im Reich. Das war die Basis für weitere Erfolge im Hochschulkampf. Von nun an konzentrierte Schirach sich ganz auf die nationalsozialistische Eroberung der Hochschulen. Vom Erfolg seiner Anstrengungen hing jetzt nichts weniger als seine Existenz ab. Denn inzwischen hatte Schirach sein Studium aufgegeben. Nun verschrieb er sich ganz der Politik. Er war Berufsfunktionär geworden.

Sturm auf die Hochschulen

Seit Ende 1929 setzte Schirach an den deutschen Hochschulen eine bisher nicht gekannte Propagandamaschinerie in Gang. Der schon beträchtliche propagandistische Aufwand wurde nochmals erheblich verstärkt. Der NSDStB müsse „jeden Pfennig", so verlangte Schirach nun im Völkischen Beobachter, in die Propaganda investieren.[68] Hochschulgruppen, die bei den Studentenschaftswahlen unter den Erwartungen blieben, wurden streng gemaßregelt. „Der sehr bescheidene Erfolg", ließ Schirach die NS-Studenten in Hannover wissen, „wäre ein ganz anderer gewesen, wenn mit großer Propaganda (Massenversammlungen, Verteilung von tausenden von Flugblättern) versucht worden wäre, der nationalsozialistischen Hochschulbewegung an dieser Stelle einen neuen starken Stützpunkt zu erkämpfen".[69] Anlaß zu Aufmärschen, Kundgebungen, Versammlungen und Flugblättern gab es genug: Versailles, die Kriegsschulddiskussion, der Young-Plan. Zudem zeichneten sich Schirachs lärmige Kampagnen jetzt durch eine neue, bisher ungekannte Qualität aus, die schrankenlos-radikale Hetze gegen Demokratie, Staat, Juden, Studenten, Professoren, kurz: gegen alles, was sich nicht vorbehaltlos zum Nationalsozialismus bekannte. Doch hat er stets sorgfältig darauf geachtet, daß er den schmalen Grat der Legalität nicht verließ. Es war genau der Kurs, dem sich Hitler auf dem Weg zur nationalsozialistischen Machteroberung verschrieben hatte: die Republik und ihre Institutionen zu zersetzen und auszuhöhlen, das Vertrauen in die demokratische Ordnung zu untergraben und immer stärkere Bataillone hinter sich zu sammeln, bis ihm der Staat wie eine reife Frucht von selbst in den Schoß fallen würde. Unterwanderung, Zersetzung, Verschmelzung lauteten die Codewörter für diese Strategie. „Unser Weg", erklärte Schirach im Oktober 1930, als die nationalsozialistischen Studenten bereits an vielen Universitäten die parlamentarische Mehrheit errungen hatten, „ist... immer der der Legalität, und genau so, wie aus den Wenigen, wie aus einer winzigen Hochschulorganisation eine Bewegung wurde, die heute über die Hälfte der Studentenschaft zu ihren Anhängern zählt, genau so wird aus diesen 50 % eines Tages fast unmerklich die Verschmelzung von der Deutschen Studentenschaft und (der) Nationalsozialistischen Studentenschaft hervorgehen".[70]

Immer häufiger kam es nun zu Auseinandersetzungen, Provokationen, Krawallen. Die Schilderung einer Studentenversammlung in der Kölner Universität mit dem späteren Leiter des Moselgaus, Gustav Simon, legt davon ein beredtes Zeugnis ab. „Schon zu Beginn der Versammlung", so der zynische Bericht des Kölner Studentenführers Ferdinand Bohlmann, „setzten die Störversuche ein, besonders als ich als Versammlungsleiter alle arischen deutschen Studenten und Studentinnen begrüßte. Selbst neutrale Besucher hatten den Eindruck, daß von gegnerischer Seite von vornherein die Absicht bestand, die Versammlung zu stören. Als nun der Referent mit Bezug auf den heutigen Staat und die derzeitigen Machthaber die Ausdrücke: Verbrecher, Zuhälter und Lumpengesindel gebrauchte und auch verschiedentlich die deutschen Universitätsprofessoren sinngemäß als Gesinnungsakrobaten bezeichnete, steigerte sich der Tumult. Der Höhepunkt des Tumultes war erreicht, als ich den Juden das Wort in der Aussprache verweigerte, und zwar stiegen die Wogen so hoch, daß vor lauter Empörung und Aufgeregtheit der Gegner selbst die Marxisten von ihren eigenen Anhängern am Reden gehindert wurden. Als der Tumult in eine Schlägerei auszuarten drohte, schloß ich kurzerhand die Versammlung mit großem Beifall unserer Anhänger und der neutralen Studenten".[71] – „Die von Akademikern in einem akademischen Raum abgehaltene Versammlung", vermerkte ein unbeteiligter Beobachter, „hinterließ als Ganzes betrachtet einen überaus schmachvollen, tiefbetrübenden Eindruck. Die zu tumultuarischen Szenen führenden beschimpfenden Ausführungen und Zwischenrufe mußten eine einfache Parteiversammlung auf das niedrigste Niveau herabziehen. Von akademischer Würde und Disziplin verschwand auch das letzte Restchen".[72]

Daraufhin wurde die Kölner Hochschulgruppe für ein Jahr verboten. Schirach war darüber keineswegs erbaut, denn das Verbot durchkreuzte seinen Legalitätskurs und erschwerte es dem Studentenbund, neue Anhänger für den Nationalsozialismus zu gewinnen. Er sei weit davon entfernt, schrieb er nach Köln, das Verbot „als Antwort für heldenhaftes Benehmen aufzufassen". Es stelle vielmehr eine „durchaus verständliche Bestrafung für eine große Torheit" dar. „Die Tatsache, daß in Köln der Rektor der Universität dem NSDStB einen Hörsaal zur Verfügung stellte, beweist, daß dort Möglichkeiten bestanden, die an nur ganz wenigen anderen Hochschulen zu finden sind. Es lag im Interesse des Bundes, daß bei dieser ersten Veranstaltung der Kölner Hochschulgruppe innerhalb der Universität durch Form und Inhalt der Rede die Möglichkeit für weitere Versammlungen am gleichen Ort gegeben wurde... Es steht hier nicht zur Debatte, ob die Ausdrücke ‚Verbrecher, Zuhälter und Lumpenesindel' in bezug auf die derzeitigen Machthaber richtig sind oder nicht, sondern es ist die Frage zu beantworten, ob es zweckmäßig ist und im Interesse der Bewegung liegt, daß derartige Äußerungen in einer Veranstaltung des NSDStB, die ja innerhalb der Studentenschaft werben soll, getan werden. Dies ist glatt zu verneinen. Vor allem ist es ganz töricht, die deutschen Universitätsprofessoren als ‚Gesinnungsakrobaten' zu bezeichnen, wenn man in einem Hause spricht, über das eben diese Professoren das Hausrecht haben".[73]

Indessen handelte sich Schirach fast zur gleichen Zeit an der Münchener Universität das Verbot ein, für zwei Jahre an allen Hochschulfeiern teilzunehmen. Bei der Reichsgründungsfeier am 18. Januar hatte er in der Aula einen Eklat um Gustav von Kahr provoziert, Hitlers Widersacher während des Novemberputsches. „Während die nationalsozialistischen Studenten auf das Kommando ‚Stillgestanden' der gesamten Hochschullehrerschaft und den Gästen, nach akademischer Sitte, ihre Ehrfurcht bezeugt hatten, gab Pg. von Schirach, als Exzellenz von Kahr durch das Spalier schritt, mit lauter Stimme den Befehl: ‚Rührt Euch!', was seine Exzellenz sichtlich peinlich berührte. Sobald Kahr den Saal verlassen hatte, wurde auf das Kommando ‚Stillgestanden' bewiesen, daß den nationalsozialistischen Studenten lediglich dieser eine Gast unsympathisch war, der hoffentlich aus dieser

Behandlung eine Lehre zieht und nicht wieder eine Studentenschaft besucht, deren aktivistische Vorkämpfer die Bannerträger jener Standarte sind, vor der seine Exzellenz erröten müßte, da sie ihn an einige sehr dunkle Tage seines Lebens erinnert".[74] Wissenschaft, Kultur und Schöngeisterei wurden nun konsequent abgestreift. Hatte Schirach noch im November 1929 auf die Vorhaltung eines Studenten, er mache aus dem NSDStB eine „Vereinigung politischer Ästheten" erklärt: „Auch Chamberlain, Adolf Bartels, Schultze-Naumburg gehören in das Arbeitsprogramm einer nationalsozialistischen Studentengruppe. Die bisher in unserer Bewegung nur schwach vertretenen kulturpolitischen Kräfte bedürfen sorgsamer Förderung", so schwenkte er nun ins Gegenteil um: „Während der revolutionären Periode ist unsere Aufgabe weniger eine der wissenschaftlichen Forschung als eine des fanatischen Kampfes. Später wird naturgemäß der NSDStB in erster Linie seine wissenschaftliche, theoretische Arbeit zu bewältigen haben. Mir fällt da ein, was mir vor kurzem Adolf Hitler von einer Begegnung erzählte, die er mit dem ehemaligen Führer des NSDStB, Tempel, in Plauen hatte. Tempel sagte zu Hitler, es sei doch bedauerlich, wie das geistige Niveau im NSDStB abgenommen habe, worauf Hitler kurz und schlagfertig erwiderte: ‚Mir ist es lieber, daß der NSDStB weniger geistiges Niveau hat, aber dafür umso mehr Mitkämpfer'".[75] Der Erfolg gab ihm recht: Im Wintersemester 1929/30 wählten in Erlangen und Greifswald mehr als die Hälfte der Studenten den NSDStB, in Gießen sechsunddreißig Prozent, in Würzburg und an der TH Berlin dreißig Prozent. In Leipzig, Jena, Breslau, Braunschweig und Heidelberg gab jeder vierte Student seine Stimme den Nationalsozialisten.

Indessen war der Studentenbund nicht mehr als ein nationalsozialistisches Propagandainstrument. Hochschulpolitik, erklärte Schirach mit abfälliger Geste, sei für ihn lediglich ein Problem „dritter Ordnung".[76] Die Fragen, die die studentische Politik bewegten und zumeist ebenso langwierige wie fruchtlose Debatten hervorriefen, betrachtete er allein unter dem Aspekt ihrer propagandistischen und parteipolitischen Verwertbarkeit, und je nachdem wie es die momentane Lage gerade erforderte, hat er seine Direktiven ausgegeben und wieder zurückgezogen, geändert oder ins Gegenteil verkehrt. Selbst die spezifisch nationalsozialistischen Forderungen des Studentenbundes, Deutschland wieder „wehrhaft" zu machen und den Numerus-Clausus für jüdische Studenten dem Anteil der Juden an der Bevölkerung gemäß einzuführen, um der „Zurückdrängung des deutschen Volkstums zugunsten des Judentums" in den akademischen Berufen zu begegnen, hatten auch wesentlich den taktischen Zweck, sich zu wahren Interessenvertretern aller Studenten aufzuwerfen und die Kluft zwischen ihnen und dem verhaßten Weimarer „System" weiter zu vertiefen.[77] Dafür war er sogar bereit, die demokratisch organisierte Dachorganisation der Studenten, die Deutsche Studentenschaft (DSt), zu stützen, um von ihr als Plattform aus die Republik bekämpfen zu können.

„Wir wünschen", erklärte er einem seiner Unterführer, „daß jenes Stück Selbständigkeit gegenüber (dem preußischen Kultusminister) Herrn Becker und Genossen, das die DSt vorläufig noch darstellt, erhalten bleibt. (Wir können dies umsomehr tun, als die DSt über kurz oder lang sowieso zerfällt, wir können aber unmöglich in der Öffentlichkeit an ihrer ‚Zerschlagung' mitwirken, abgesehen davon, daß ich das für verantwortungslos halte). Es wäre ein großer Erfolg, wenn wir als das Rückgrat der DSt erscheinen würden, als die, die parteipolitische Gesichtspunkte allgemein politischen opfern".[78] Und zu einem anderen Studentenfunktionär: „Wir sind die Stütze der DSt, indem wir sie durch unsere Numerus-Clausus-Anträge usw. in einen immer größeren Gegensatz zum heutigen Staat und damit in eine Kampf-Front zwingen. Nur im Kampf kann sie jene innere und äußere Geschlossenheit erlangen, die der deutschen Studentenschaft dienlich ist. Ob die staatliche Anerkennung dabei verloren geht, ist nicht so wichtig; auch an der Beitragsfrage kann sie nicht scheitern. Das alles sind Fragen, die von fähigen Organisatoren auch ohne den Staat gelöst werden können. Geht die DSt aber an einer so lächerlichen Angelegenheit zu Grunde, nun, dann hat sie ihren Untergang verdient – und – es lebe der NSDStB!!"[79]

Seinem Haß auf die Republik und ihre Repräsentanten ließ Schirach immer ungenierter freien Lauf. Seine Einstellung zum Staat von Weimar umriß er kurz und bündig: „Ich bescheiße dieses System, wo ich kann"; an dieser Haltung vermöge er nichts zu ändern.[80] Seine Zeitschrift Die Bewegung, die als Nachfolgeorgan des Akademischen Beobachters jetzt wöchentlich erschien und jeglichen literarischen und intellektuellen Anstrich abgelegt hatte, machte er zu einem Forum der vulgären Hetze, der antisemitischen wie antirepublikanischen Verleumdungen und Tiraden. Im „Judenspiegel" wurden vornehmlich Literaten und Künstler wie Hasenclever, Zuckmayer, Oskar von Miller, Kurt Tucholsky, Bruno Walter, Brigitte Helm, Fritz Kortner bespuckt und verhöhnt. Dem sozialdemokratischen Reichstagspräsidenten Paul

Löbe, der sich für das Recht auf Kriegsdienstverweigerung ausgesprochen hatte, wurde die Todesstrafe angedroht, wenn die Nationalsozialisten eines Tages die Macht erobert hätten, andere mißliebige Politiker und Wissenschaftler sollten mit Zuchthaus oder Prügeln bestraft werden.[81] Einen Kritiker seiner Hetzpropaganda beschied Schirach: „Wenn das, was Sie ‚negativen Antisemitismus'. . . und ‚marktschreierische Äußerungen' nennen, hundert Gebildete vor den Kopf gestoßen hat, aber dafür 1.000 Arbeiter vom Marxismus zu uns zog, dann waren dieser Antisemitismus und diese Äußerungen richtig". Schirachs rassenkämpferische Vorstellungen nahmen zu dieser Zeit, offenbar unter dem Einfluß Hitlers, zunehmend schärfere Konturen an. „Europa", belehrte er einen seiner Studenten, „ist keine Einheit, sondern ein vielgestaltiges Gebilde, das sich aus Rassen von durchaus ungleichem Wert zusammensetzt. Und wenn Sie den Kampf um Blut und Rassen führen wollen, so werden Sie diesen auch innerhalb Europas und gerade gegen manche Europäer führen müssen". Und über eine Unterredung mit Hitler über die nationalsozialistische Eroberung Wiens berichtete er dem dortigen Gauleiter Alfred Eduard Frauenfeld: „Die Wiener Bevölkerungszahl beträgt etwa 1.800.000 Menschen; unter diesen befinden sich etwa 800.000 Deutsche. Das übrige sind Tschechen, Juden und Polacken. Selbst wenn es Frauenfeld gelingt, unter diesen 800.000 die Majorität zu erringen, ist damit die Herrschaft über Wien noch keinesfalls erkämpft. An diesem Beispiel zeigt sich, daß eine Eroberung Wiens überhaupt nicht möglich ist. Dieser ‚Wasserkopf' ist nur dadurch zu erobern, daß man die Provinz in ihrem gutrassigen Bestandteil der Bewegung zuführt und dadurch die Lebensmittelzufuhr usw. in die Hand bekommt". Zehn Jahre später besorgte Schirach in Hitlers Auftrag die rassische Säuberung der Stadt.[82]

Die Öffnung zu den Verbindungen und Korporationen wurde weiter konsequent vorangetrieben. Der feudale Zug des Studentenbundes nahm immer deutlichere Konturen an. Schirach erließ sogar, um den Bund salonfähig und den Korps ebenbürtig zu machen, eine Ehrenordnung für die NS-Studenten. „Die Zustände im akademischen Leben", erklärte er, „sind nun einmal vorläufig nicht aus der Welt zu schaffen, und wir müssen uns wohl oder übel mit ihnen abfinden". Ohne Zweifel hat Schirachs geschickter psychologischer Schachzug, die überlebten Formen des korporierten Studententums weithin zu akzeptieren und damit das Bewußtsein zu schaffen, auch oder gerade wieder als Nationalsozialisten einen elitären Sonderstatus einnehmen zu können, seinen

Erfolg wesentlich mitbestimmt. Ganz gezielt hat er an das Überlegenheitsgefühl der Studenten appelliert. Die Dresdener Gruppe forderte er mit der Begründung auf, Mitglieder nicht nur in die SA sondern auch in die SS zu entsenden: „Gerade in der SS sind noch verhältnismäßig wenig Studenten vertreten; es wäre also gut, wenn dort die Arbeiter etwas von unseren Leuten beeindruckt werden". Der Nationalsozialismus wurde für die Studenten zur Droge, mit deren Hilfe sie die bittere Realität, die durch ihre zunehmende ökonomische und soziale Misere gekennzeichnet war, verdrängen konnten. Sorgfältig hat es Schirach denn auch vermieden, die krasse Diskrepanz zwischen Anspruch und Wirklichkeit auch nur zu berühren. „Warum", fragte ein Kritiker, „schreiben Sie so blutwenig über die Proletarisierung der Akademiker? Warum öffnen Sie die Spalten Ihrer Zeitung nicht Leuten, die Ihnen etwas über die Zukunftsaussichten der Akademiker schreiben? Warum schreiben Sie nichts gegen den Mißbrauch des Studiums zu reinen Brotzwecken? Das alles sind sehr dankbare Themen, die vielleicht für den heutigen Studenten unangenehm zu hören sind, aber wir haben nicht die Aufgabe, uns zu assimilieren, sondern dem Volk die Wahrheit zu sagen".[83]

Im Sommer 1930 setzte der Studentenbund seine Siegesserie fort. Aufmunternd schrieb Hitler in der Bewegung: „Nichts gibt mir mehr Glauben an den Sieg unserer Idee als die Erfolge des Nationalsozialismus auf der Hochschule". Auf der Regierungsseite wuchs dagegen die Besorgnis, die der Regierungsrat Kunze Ende April in der Deutschen Nachrichtenkonferenz so formulierte: „Diese Entwicklung der nationalsozialistischen Bewegung an den Hochschulen ist deshalb so bedenklich, weil sie der Partei eine Menge von Intelligenzen und von solchen Elementen zuführt, die später im Staatsdienste oder in gehobenen Berufen Unterkommen zu finden hoffen und dann Gelegenheit haben, ihre Anschauungen in entsprechenden Kreisen weiter zu verbreiten, so daß der Umfang der nationalsozialistisch eingestellten besseren Bevölkerungsteile ständig wächst".[84]

Doch mit den Erfolgen kamen auch Krisen und Rückschläge. Jetzt meldeten sich, wie so oft, die Unentschlossenen, die Zauderer, die Zuspätgekommenen zu Wort, die die sich eröffnenden Perspektiven zu erahnen begannen, sich noch rechtzeitig auf den Siegeswagen schwingen und ihr Glück machen wollten. Freilich hat Schirch es seinen Gegnern und Kritikern erleichtert, gegen ihn Front zu machen. Im Rausch der immer neuen, sich jetzt beinahe wie von selbst einstellenden Siege unterließ er es, die wachsende Bewegung straff zu organisieren, Ämter und Posten zu verteilen und den anwachsenden Apparat mit sich selbst zu beschäftigen. Nach wie vor bestand die Reichsleitung neben ihm selbst nur noch aus zwei weiteren Funktionären, die mehr schlecht als recht die Fäden in der Hand zu halten suchten. Es gab nicht einmal einen Kassenwart. Schirachs Lebens- und Arbeitsstil blieb weiterhin vom Zufall, von seinen Launen und persönlichen Bedürfnissen bestimmt, bohémehaft und intuitiv. Der Studentenbund wurde nicht nach festen Prinzipien und Programmen geführt, er war Schirachs Privatunternehmen. Erstmals formierte sich die Opposition während des dreizehnten Deutschen Studententages Ende Juli 1930 in Breslau. Fünfzehn Hochschulgruppen forderten bei der Parteileitung Schirachs Ablösung. Die Vorwürfe waren zahlreich und schwerwiegend. Schirach erteile nur selten klare Anweisungen, gebe er welche, verkehre er sie mitunter wenig später ins Gegenteil. Die Bundeszeitschrift entspreche in keiner Weise den an ein Hochschulblatt zu stellenden Anforderungen, das Plakat, auf dem nichts anderes über Die Bewegung gesagt werde, als daß sie „das Blatt der Zwanzigtausend" sei, erscheine als dürftig und kennzeichnend für den Inhalt. „Die Unterzeichneten bekunden übereinstimmend, daß organisatorische Maßnahmen des Pg. v. Schirach teils unterlassen, teils in völliger Verkennung örtlicher Verhältnisse getroffen werden. Es ist u.a. mehrfach vorgekommen, daß dringende Anfragen einzelner Hochschulgruppenführer (Einschreiben und Eilboten) gar nicht oder erst nach Monaten beantwortet worden sind und in der Art der Beantwortung auf die Fragen selbst nicht eingegangen, sondern nur der Ton der Anfragen beanstandet wurde. Hierdurch sind die einzelnen Hochschulgruppenführer verschiedentlich in die peinlichsten Lagen gekommen". Die Frondeure hatten auch einen Nachfolger zur Hand: den Erlanger Studentenführer Dr. Reinhard Sunkel.[85]

Doch es gelang Schirach, den Beschwerdebrief abzufangen. Er berief für Ende Oktober eine Führersitzung nach Halle ein, um zu den Vorwürfen Stellung zu nehmen. Die Mißstände in der Organisation versuchte er mit technischen und finanziellen Schwierigkeiten zu erklären. Auf die Fragen nach Inhalt und Form der künftigen Arbeit wußte er seinen Unterführern lediglich zu antworten, sie sollten „gehorchen und glauben", eine Auskunft mit der er sich stets jeglicher programmatischen Festlegung entzog. „Für mich", schrieb er einem seiner Führer, der sich gegen ihn auflehnte, dann aber hatte bekehren lassen, „sind Sie wieder eingereiht in die braune Armee der stillen Kämpfer, die nicht mehr fragen, sondern glauben"; und dem Bonner Studentenbund, der sich über Richtungskämpfen in verschiedene Fraktionen gespalten hatte, empfahl er als Rezept für die Beilegung des Streits eine „Gedächtnisstunde für Horst Wessel".[86] Erneut verlangten mehr als zwanzig Hochschulgruppen Schirachs Ablösung – und wieder konnte er ihren Angriff abwehren, diesmal mit einem überaus geschickten, freilich auch verzweifelt anmutenden Schachzug. In letzter Sekunde, als der Führer der Opposition, Reinhard Sunkel, schon auf die Audienz bei Hitler wartete, um die Denkschrift mit dem Ablösungsersuchen überreichen zu können, fing Schirach ihn ab und bot ihm an, sein Stellvertreter und Organisationsleiter des Studentenbundes zu werden. Sunkel nahm an und den Antrag zurück. Mochte er auch meinen, dem Studentenbund jetzt eine neue Richtung geben zu können – in Wahrheit hatte Schirach zunächst einmal Zeit und die Möglichkeit zum Gegenangriff gewonnen. Von nun an sabotierte er Sunkels Arbeit, wo immer er konnte, und Mitte Februar, gerade als das Semester zu Ende gegangen und die meisten Studentenführer nach Hause gefahren waren, schloß er ihn unter den fadenscheinigsten Vorwänden aus dem Bund aus.[87]

Indessen scheint es mehr als fraglich, ob Hitler damals, vor die Entscheidung gestellt, Schirach tatsächlich hätte fallenlassen. Denn die Auseinandersetzung rüttelte an einem Grundpfeiler nationalsozialistischen Selbstverständnisses: dem Führerprinzip, das von der Gefolgschaft bedingungslosen Gehorsam verlangte. Hitler hatte eben erst selbst einen schwerwiegenden Konflikt durchstehen müssen, in der sein absoluter, bindungsloser Führungsanspruch in Frage gestellt worden war. Die lange Zeit nur überdeckten ideologischen Gegensätze in der Partei waren zum Ausbruch gelangt. Immer lautstarker und heftiger hatte Otto Strasser, der Hauptrepräsentant des linken Flügels der NSDAP, in den von seinem Bruder Gregor, dem Organisationsleiter der Partei, herausgegebenen Zeitungen einen klaren „sozialistischen" Kurs gegen das Kapital sowie, entgegen dem von Hitler vertretenen Legalitätskurs, die radikale Konfrontation mit der Republik verlangt. Hitler konnte jetzt die Auseinandersetzung nicht mehr hinausschieben. Die Krise endete mit dem Austritt Otto Strassers und eines kleinen Häufleins von Gesinnungsgenossen aus der Partei. Unter diesen Vorzeichen mußte auch die Absetzung Schirachs wie ein Nachgeben und als Niederlage Hitlers empfunden werden, und so war die Opposition, die vergebens beteuerte, sie würde „die Methoden eines Saboteurs wie Otto Strasser aufs tiefste verabscheuen", von vornherein zum

Scheitern verurteilt. Schirach kam die Strasser-Krise des Jahres 1930 höchst gelegen. Jeder Gegner und Kritiker wurde von nun an bezichtigt, ein „Element Otto Strasserscher Richtung" zu sein. Im Juli distanzierte er sich mit einem scharfen Angriff in der Bewegung – „Schirach rechnet ab: Wir und Otto Strasser" – von den linken Nationalsozialisten und erteilte gleichzeitig die Anweisung, es sei „Aufgabe jedes nationalsozialistischen Hochschulgruppenführers, Jeden, der innerlich oder äußerlich zur Strasser-Sekte gehört, organisatorisch unschädlich zu machen". Indessen war Schirach mit dem Ausgang der Auseinandersetzung, der Ottos Bruder Gregor weiterhin im Amt sah, keineswegs zufrieden. Er sammelte eifrig Material und hat von Hitler auch „Gregors Kopf verlangt". Man könne nicht „1/4 Jahr lang als Herausgeber einer Zeitung zeichnen. . ., deren Tendenz gegen Hitler deutlich erkennbar war, ohne dafür zur Rechenschaft gezogen zu werden". Es hat den Anschein, als beruhte Schirachs Feindschaft gegen Gregor Strasser auch auf tiefwurzelnden persönlichen Motiven. Nach der Ermordung Strassers während der Röhmaffäre im Juni 1934 hat er sich, in offensichtlicher Anspielung auf die geheimen Verhandlungen Strassers mit Schleicher Ende 1932, wiederholt gebrüstet, er sei es gewesen, der Hitler auf Gregors „Verrat" aufmerksam gemacht habe. Doch gibt es sonst keinerlei Zeugnisse, die Licht in diese Angelegenheit zu bringen vermöchten.[88]

Unterdessen setzte der Studentenbund ungeachtet der Auseinandersetzungen und Querelen seinen Siegeszug an den Hochschulen weiter fort. In Erlangen und an der TH Berlin besaßen die NS-Studenten jetzt die Zwei-Drittel-Mehrheit, in Leipzig, Rostock, Jena, Greifswald und Gießen hatten jeweils über die Hälfte der Studenten nationalsozialistisch gewählt, und an vielen anderen Universitäten betrug der Stimmenanteil um vierzig Prozent. Trotzdem oder gerade deshalb formierte sich die Opposition erneut. „Hau den Lukas. Wir müssen das Schwein jetzt töten, sonst ersticken wir daran", lautete ihre Parole. Diesmal setzten Schirachs Gegner auf breiter Front zum Angriff an, fest entschlossen, nicht nachzugeben und keinerlei Zugeständnisse zu machen. Die umfangreiche, von 31 Gruppen unterzeichnete Denkschrift, die Hitler Ende April zugeleitet wurde, überhäufte Schirach nur so mit Vorwürfen. Sie reichten vom vergleichsweise harmlosen der „Unfähigkeit" über den der „Bonzenherrschaft" und des „Zarismus" bis hin zur „hundsföttische(n) Verleumdung", deren Schirach sich schuldig gemacht habe. Während die SA „in zäher Arbeit zur Armee des künftigen

Reiches formiert" worden sei, habe der Studentenbund „in Führung und Organisation versagt . . . Der Reichsführer ist verantwortlich für das völlige Versagen. In zweieinhalb Jahren hat er sich noch nicht als Führer durchgesetzt". Stattdessen sei der NSDStB „von einer Krise zur anderen" geschritten. Schirachs Anordnungen trügen „den Charakter der Halbheit und Unüberlegtheit", seine „von immer neuen Plänen und Entwürfen beherrschte Natur" lasse ihn stets „den zweiten vor dem ersten Schritt" tun. „Dies alles", lautete das Resümee, „führt uns notwendig zu der Erkenntnis, daß ein solcher Führer unmöglich der Gestalter der Studentengeneration des dritten Reiches sein kann".[89] Doch jetzt stellte sich Hitler mit seiner ganzen Autorität hinter Schirach. In einer Versammlung der Studentenführer und vor fast der gesamten Parteiprominenz verurteilte er die Angriffe aufs schärfste. Seine Rede war eine einzige Absage an Bildung und Akademikertum. „Was ich brauche, sind keine debattierenden, sich geistig aufpäppelnden jungen Menschen, sondern solche, die in die Masse hineinzugehen verstehen und lebendigen Anteil nehmen am Massenkampf . . . Seit Pg. von Schirach die Führung des Studentenbundes hat, hat er in diesem Sinne unschätzbare Dienste dadurch geleistet, daß in Zeiten allgemeiner Depression und Stagnation immer dieser große Antrieb hineinkam: Es geht vorwärts! Wenn der Theoretiker sagt, die NSDAP sei eine oberflächliche Partei, dann kann ich ihm nur antworten: Sie sind eben nur Theoretiker. Es handelt sich um eine Feldschlacht und nicht um das Betreiben kriegswissenschaftlicher Studien. Wir haben keine Zeit, Führer zu erziehen, die geistig hoch gebildet sind, denn wir befinden uns in einem Riesenschwung. Wir haben Tempo! Wir wollen die Überzeugung erwecken, daß der deutsche Freiheitsgedanke herrscht. Das ist unsere Aufgabe, nicht: Hinsetzen, um geistige Vertiefung zu betreiben. Später, ja, wenn wir im Besitz der Macht sind. . . Pg. von Schirach hat verstanden, auf was es ankommt: ausschließlich auf die grandiose Massenbewegung . . . Herr Sunkel, ich bin jetzt das alte Frontschwein, das für seinen Kameraden eintritt und ihn auf Hieb und Stich deckt". Das war der Lohn für Schirachs Erfolge und unbedingte Gefolgschaftstreue. Die Opposition aber fiel in sich zusammen.[90]

Zu diesem Zeitpunkt stand Schirach bereits kurz vor seinem Ziel, der Eroberung der Deutschen Studentenschaft. Im Juli wurde auf dem 14. deutschen Studententag in Graz der NS-Student Walter Lienau zum Vorsitzenden der DSt gewählt. Auch sein Stellvertreter kam aus dem NSDStB. Jetzt hatte Schirach gleichsam ein offizielles Mandat für den Kampf gegen die Republik. „Die Grundzüge des Nationalsozialismus“, wies Schirach seine beiden Abgesandten an, „müssen gerade an so exponierter Stelle demonstrativ und unerbittlich vertreten werden. Die Amtsführung des neuen Vorstandes muß – ohne Gelegenheit zum Einschreiten zu bieten – eine fortgesetzte Provokation und Kampfansage für dieses System bedeuten“. Indessen hatte sich für Schirach „das Interesse am Hochschulkampf erledigt“. Er hatte seinen Auftrag erfüllt und gleichsam in nuce bewiesen, daß die Machteroberung auf legalem Wege möglich war. Der eng gesteckte Rahmen der Studentenarbeit war perspektivlos geworden, in der seit den erfolgreichen Septemberwahlen anschwellenden nationalsozialistischen Massenbewegung verlor der NSDStB zunehmend die Avantgardestellung, die er für kurze Zeit hatte einnehmen können und wurde mehr und mehr zurückgeworfen auf das, was er war: eine eigentlich bedeutungslose Unterorganisation. Schirach hat diese Entwicklung deutlich erkannt und versuchte nun, die Studentenschaftsarbeit „bei der ersten besten Gelegenheit“ an den Nagel zu hängen. Er glaubte, daß es „in der Bewegung Arbeitsstellungen genug“ gäbe, in denen er sich besser ausfüllen könnte.[91]

Körperlich und seelisch war Schirach in diesen Tagen am Ende seiner Kräfte. Die schweren Krisen, die Aufregungen und Anstrengungen der letzten Monate, waren nicht spurlos an ihm vorübergegangen. Als die Last von ihm abfiel, fühlte er sich dem Zusammenbruch nahe. „Jeder Mensch“, klagte er einem Bekannten, „hat eine Grenze seiner Kraft“. Anfang Juli hatte ihn zudem ein schwerer Krawall während einer Anti-Versailles-Kundgebung vor der Universität in Köln ins Gefängnis gebracht. Zwar versuchte er, als die Polizei eingriff, mit Hilfe eines falschen Ausweises zu entkommen, doch war er trotzdem erkannt und festgenommen worden. Acht Tage lang wurde er in Einzelhaft gesteckt, in „nächster Nähe der Zelle des vor ein paar Tagen hingerichteten Lustmörders Kürten“, wie sich die nationalsozialistische Propaganda empörte. Die Verhandlung wurde, wie stets, wenn Nationalsozialisten vor Gericht standen, zu einem Tribunal gegen die Republik umgemünzt. Nachdem der Ankläger vier Monate Gefängnis ohne Bewährung gefordert hatte, ergriff Schirach das Wort: „Es steht in ihrer Macht, mich vier Monate festzuhalten und einzusperren; das wird aber an meinem Kampf, der gleichzeitig der Kampf des jungen Deutschland ist, nichts ändern können. Nach Ablauf dieser vier Monate werde ich von Neuem den Kampf gegen Versailles auf die Fahnen der deutschen Hochschulbewegung schreiben, und Nichts wird mich daran hindern können. Was aber bleiben wird von diesem Prozeß, was in Tausenden und Zehntausenden von jungen Deutschen fortleben wird, ist die erschütternde Erkenntnis, daß ein Deutscher von deutschen Richtern deswegen verurteilt wurde, weil der gegen Frankreich kämpfte. Die tiefe Tragik dieser Zeit offenbart sich an der Tatsache, daß derjenige, der heute aus Pflichtbewußtsein und innerster Überzeugung für Deutschland kämpft, zwangsläufig in Konflikt kommen muß mit den Gesetzen dieses Staates". Schirach wurde zu drei Monaten Gefängnis mit Bewährung verurteilt. Die Nationalsozialisten hatten einen Märtyrer mehr.[92]

Es war symptomatisch für die innere Zerrüttung des Bundes, daß alsbald auch Lienau Schirachs Ablösung forderte. Sein Auftreten in Graz, wo er eine Herrenmenschenvorstellung gegeben und, mit Reitpeitsche bewaffnet und von SS-Wächtern eskortiert, in grotesk-peinlicher Pose Hitler zu imitieren versucht hatte, veranlaßte Lienau zu diesem Schritt.[93] Doch der Erfolg blieb ihm versagt, Schirachs Stellung war zu diesem Zeitpunkt schon beinahe unantastbar geworden. Der Vorfall in Graz war nur einer der zahlreichen Beweise für Schirachs menschliche Unzulänglichkeiten und Schwächen, die ihn auch in der nationalsozialistischen Bewegung so umstritten machten. Sein Mühen um Stilisierung, seine Versuche, anderen und sich selbst sein Führertum zu beweisen, brachten seine Unfertigkeit nur umso drastischer ans Tageslicht. Zum gemeinen Parteivolk ging Schirach immer mehr auf Distanz. Seine Versammlungen wurden, ebenfalls nach dem Vorbild Hitlers, bis ins kleinste Detail vorbereitet. Die „Kanzlei des Reichsführers", wie er großspurig sein Büro in der Schellingstraße bezeichnete, mußte eigens „Bedingungen für Schirach-Versammlungen" ausarbeiten, die unter anderen diese Punkte enthielten: „Der Versammlungsleiter hat sich jeder überflüssigen Redensarten zu enthalten. Die Ankündigung ‚Herr von Schirach' ist verboten; es heißt ‚Parteigenosse von Schirach'. Nach Schluß der Versammlung sagt der Versammlungsleiter: ‚Die Versammlung ist geschlossen' und läßt das Wessel-Lied anstimmen. – Auf dem Podium muß sich ein Tisch befinden (kein Rednerpult!), auf diesem Tisch eine Karaffe mit Wasser und ein Wasserglas. – Es ist dafür zu sorgen, daß Pg. von Schirach nach der Rede nicht von jedem Pg., der hierzu Lust verspürt, befragt werden kann. Ein Redner hat seine Rede zu halten, nicht neugierigen Parteigenossen über die Halsweite Adolf Hitlers und die Länge der Vorhänge im Braunen Haus Auskunft zu geben. – Pg. von Schirach ist stets in einem Hotel unterzubringen. Unterkunft in Privatquartier bedarf ausdrücklicher vorheriger Zustimmung".[94]

Schirachs Absicht, eine Postkarte mit seinem Bild an die Studenten verkaufen zu lassen, stieß auf einen Sturm der Entrüstung bei seinen Unterführern. Man sei versucht, mokierte sich einer von ihnen, „an den Stil S.M. von Gottes Gnaden zu denken, obwohl doch in der Partei Byzantinismus und Beweihräucherung noch nie Platz hatten und auch nie Platz haben sollen".[95] Schirach blieb nichts anderes übrig, als sein Vorhaben als Mißverständnis zu deklarieren und auf den Verkauf zu verzichten. Der Hamburger Gauleiter Albert Krebs berichtet über ein Gespräch zwischen Schirach, ihm und einigen alten Frontsoldaten: „Er (Schirach), der nicht Soldat gewesen war und den Krieg nur aus den Büchern kannte, wußte weit besser Bescheid als jene, die Soldat-Sein und Krieg tatsächlich erlebt hatten. Als ich ihn auf seine Irrtümer aufmerksam machte, klopfte er mir wohlwollend auf die Schulter und sagte: ‚Glauben Sie mir nur, lieber Doktor Krebs! Es ist doch so gewesen, wie ich es sagte!' Als darauf der eine Teil der Anwesenden den Kopf schüttelte, der andere aber hell auflachte, sah er sich erstaunt im Kreise um. Er begriff gar nicht, wie sehr er sich mit dieser Bemerkung bloßgestellt hatte".[96] Noch nachdrücklicher desavouierte Schirach seine heldische Pose während einer Kundgebung in Jena. Als kommunistische Gegner in den Versammlungssaal eindrangen, ergriff er die Flucht und verbarg sich in einem Nebenraum. Die Kunde hiervon verbreitete sich in Windeseile, vergebens versuchte Schirach den Vorfall als verleumderische Hetze abzutun. Seine unbeherrschten Reaktionen, die Drohung, niemals wieder in Jena vor Studenten aufzutreten, und die Forderung, der Studentenführer von Jena, ein junger Adliger, der den Vorfall beeidigt hatte, müsse, weil „ein perfider Lügner", mit der „Hundepeitsche behandelt" werden, bestätigten nur sein Versagen.[97] Daß die Drohung mit der Peitsche nicht nur blutrünstige Rhetorik war, hat Schirach bei anderer Gelegenheit unter Beweis gestellt. Als er, schon zur Zeit des Dritten Reiches, erfuhr, der Rennfahrer Manfred von Brauchitsch habe sich abfällig über seine Frau Henriette geäußert, drang er in dessen Wohnung ein und verprügelte ihn mit der Reitpeitsche. Schirach mußte Schmerzensgeld bezahlen.[98]

Auch von seinen Weimarer Freunden und Gesinnungsgenossen, die inzwischen, nachdem die Nationalsozialisten durch zwei Minister in der thüringischen Landesregierung repräsentiert waren, ihre Kulturpolitik in die Tat umzusetzen und ein bilderstürmerisches Regiment einzurichten begannen, entfremdete sich Schirach mehr und mehr. Das Verhältnis zwischen Schirach und ihm, beklagte Hans Severus Ziegler in einem Brief an den obersten Parteirichter Buch, sei inzwischen durch „mancherlei Motive“ getrübt. Einer der Gründe dafür war ein Ehrenhandel zwischen Schirach und Hans Donndorf, dem Freund aus der Knappenschaft, mit dem er gemeinsam vor Hitlers Quartier Wache gestanden hatte und in die Partei eingetreten war. Der Streit ging um ein junges Mädchen, um Liebe, Unschuld und befleckte Ehre, mit all den trüben Begleiterscheinungen, den Beschuldigungen hin und her, unter denen sich solche Affären gemeinhin abzuspielen pflegen. Nach durchzechter Silvesternacht im Weimarer Künstlerverein war Schirach in das Zimmer des Mädchens, das bei der Mutter eines Freundes zur Untermiete wohnte und von Donndorf als Verlobte betrachtet wurde, eingedrungen und hatte mit ihm, offenbar ohne auf ernstlichen Widerstand zu stoßen, den Rest der Nacht verbracht. Donndorf blieb die Liaison nicht lange verborgen, er kündigte Schirach unter zahlreichen Anwürfen die Freundschaft auf. Schirach mochte indessen keine Verfehlung erkennen und schrieb zurück:

„Liebes Hänschen! Jetzt erhielt ich in einem prosaischen Wäschepaket von zu Hause ohne Begleitbrief eine meiner Photographien. Da mir Mutter John eine Andeutung gemacht hat, nehme ich wohl mit Recht an, daß es diejenige ist, die ich Dir zu Deinem Geburtstage geschenkt habe. Aber auch wenn das nicht zutreffen sollte, mag dieser Brief berechtigt sein. (Ich hätte schon früher geschrieben, doch läßt meine Arbeit so wenig Zeit, daß ich kaum zu Privatbriefen komme – ich mochte diesen auch nicht meiner Sekretärin diktieren!) Wie Mutter John andeutet, bist du scheinbar erzürnt, weil das kleine Mädchen, das Du als Madonna verehrt hast, eine höchst gewöhnliche kleine Katze ist. Daß Du diese Deine Enttäuschung so ungerecht in einen Groll gegen mich verwandelst, ist nun sehr töricht. Schließlich war es ihre Sache und Angelegenheit ihres Gewissens, ob sie Dir treu war oder nicht. Du warst mit ihr nicht verlobt, so war zwischen ihr und mir keine Schranke. Ich möchte nicht durch diesen Brief den Anschein erwecken, als legte ich der Episode irgendwelche tiefere Bedeutung bei. Für mich war das kleine Mädchen (ich habe sogar ihren Namen vergessen!) eine amüsante Nichtigkeit. Auch für Dich hoffe ich, daß Du so reif werden mögest, daß Du eines Tages über die ganze Angelegenheit so herzlich lachen kannst wie ich. Du kannst doch einfach dieses Gänschen nicht geliebt haben!! Das wäre doch eine nicht auszudenkende Unkenntnis der

Menschen und ihrer Wege, und ich kann Dich beim besten Willen nicht für so weltfremd halten".[99]

Donndorf warf Schirach vor, er habe gehandelt wie „irgendein Judenjüngling", Schirach forderte Donndorf zum Pistolenduell, Donndorf verweigerte, die Sache schien im Sande zu verlaufen. Doch nach Monaten veröffentlichte Schirach plötzlich in der Bewegung eine Verrufserklärung gegen seinen ehemaligen Freund: daß Donndorf keine Satisfaktion erhalte und gebe, ihm der Zutritt zu den Veranstaltungen des Studentenbundes verboten sei. Keineswegs zufällig stand die Erklärung in engem zeitlichen Zusammenhang mit den Vorgängen bei der Studentenversammlung in Jena. Schirachs Unterfangen, den Ruch der Feigheit abzustreifen und sein ramponiertes Ansehen wiederherzustellen, war offensichtlich. Der Handel endete schließlich mit einem Vergleich. Doch blieb es nicht das einzige Mal, daß Schirach, wie Ziegler vermerkte, in „abwegiger Weise seine Machtstellung in der Partei" ausnutzte.[100]

Die Berufung

In der Zwischenzeit waren Schirachs Verbindungen zu den rechten Jugendorganisationen keineswegs abgerissen. Jedoch hatte es sich bald gezeigt, daß er die Chancen, doch noch den Zusammenschluß zwischen ihnen und der HJ zustande zu bringen, richtig beurteilt hatte. Die Spannungen verstärkten sich, die Bünde gingen ihre eigenen Wege. Dafür mischte sich Schirach umso mehr in die Angelegenheiten von Hitlerjugend und Schülerbund ein. Nach Meinung des Regierungsrats Kunze, der im Berliner Innenministerium die nationalsozialistische Jugendarbeit weiter beobachtete, hatte Schirach es sich sogar zur „vornehmsten Aufgabe" gemacht, Einfluß auf die beiden Organisationen zu gewinnen.[101] So war das nicht. Denn Schirach hatte im krisengeschüttelten Studentenbund genug damit zu tun, sich selbst heil aus allen Affären zu ziehen und wieder Ruhe und Ordnung zu schaffen. Jetzt, nach der Eroberung der Deutschen Studentenschaft, traf Kunzes Erkenntnis weit besser zu. Hitlerjugend und Schülerbund hatten in der Zwischenzeit ebenfalls beträchtliche Fortschritte gemacht. Der Schülerbund zählte Ende 1930 rund 5.000 Mitglieder, im Juni 7.000 und im

September schon 9.000. Systematisch hetzte Renteln, ein ebenso befähigter Organisator wie skrupelloser Propagandist, im Aufmarsch, der Bundeszeitschrift, die er in 20.000 Exemplaren an den Schulen verteilen ließ, gegen die Republik, die Lehrer als ihre Repräsentanten und die Juden. Der „systematische Großangriff" auf Gymnasien und Realschulen verschaffte dem NSS soviel Zulauf, daß es bald, wie das sozialdemokratische Reichsbanner schon Ende 1930 wähnte, „viele höhere Schulen" gab, an denen der Bund „in den höheren Klassen 80 bis 100 Prozent der Schülerschaft" erfaßte. Ein genauer Überblick ließ sich jedoch nur schwer gewinnen, da die Schülergruppen wegen behördlicher Verbote häufig im Geheimen existierten. „Die nationalsozialistische Jugendbewegung", warnte Regierungsrat Kunze, „erfaßt mit zielsicherer Bestimmtheit alle Kreise, sie arbeitet auf lange Sicht".[102]

Mit dem raschen Aufschwung des Schülerbundes hatte die Hitlerjugend nicht Schritt halten können. Zwar war auch sie kontinuierlich gewachsen, hatte Anfang 1931 rund 14.000 und im Juli knapp 18.000 Jugendliche erfaßt, doch gemessen an ihrem potentiellen Mitgliederreservoir und den Zuwachsraten, die zur gleichen Zeit die Gesamtpartei zu verzeichnen hatte, war das Ergebnis mager.[103] Allerdings hatte Gruber die schwerste Aufgabe zu bewältigen. Während die Arbeitsbereiche seiner Konkurrenten eng begrenzt waren, sollte er mit bescheidensten Mitteln und ohne jede Unterstützung durch die Partei eine reichsweite Jugendorganisation aufbauen, von den Großstädten bis in die kleinsten Dörfer. Vergebens verlangte Gruber Geld von der Parteizentrale und beklagte sich bitter, daß seine Arbeit nicht genug gewürdigt, die Hitlerjugend „nicht für voll" genommen werde. In der Tat betrachteten Partei und SA sie vielfach nur als Anhängsel, gut genug für alle Arten von Hilfsdiensten. „Die Jungmädchengruppe", lautete etwa ein Hilfeersuchen des nationalsozialistischen Nachwuchses in Berlin, „ist nicht mehr in der Lage, Seife, Seifenpulver, Feuerung usw. für die allwöchentliche große SA-Wäsche aufzubringen und bittet um Spenden dieser Dinge. Außerdem sind Waschbretter sehr von Nöten". Das war nur ein Beispiel von vielen. Dazu kamen auch in der HJ Machtkämpfe und Querelen. Der Berliner HJ-Führer Robert Gadewoltz wollte, unterstützt von Goebbels – „Wenn jemand von Plauen kommt, schmeißen Sie ihn raus" –, Gruber aus dem Amt drängen. Gadewoltz richtete ein pompöses Büro ein und zahlte sich 400 Reichsmark Gehalt im Monat. Die Organisation war auf 4.000 Mitglieder berechnet, tatsächlich hatte die Berliner HJ aber nur 400. Gruber gelang es schließlich, seinen aufsässigen Unterführer wegen finanzieller Manipulationen abzusetzen; doch ging mit Gadewoltz auch sein starker Anhang.[104]

In der Münchener Parteizentrale machte sich zunehmend Unzufriedenheit über Grubers Arbeit breit. Ende April 1931 unterstellte Hitler die HJ der SA. Röhm hatte jetzt die Befehlsgewalt. Gruber und sein Stab mußten nach München umziehen. Die Streitigkeiten mit seinen Unterführern, von Schirach eifrig geschürt, wollten kein Ende nehmen. Dazu kam die Abneigung Röhms gegen Gruber. Er hatte an Schirach Gefallen gefunden. Gruber spürte an dem kalten Wind, der ihm ins Gesicht blies, daß er mehr und mehr ins Hintertreffen geriet. Er verstieg sich zu dem Versprechen, die Mitgliederzahl der HJ bis zum September auf 50.000 zu erhöhen. Freilich trug dieses Unternehmen schon den Charakter eines letzten verzweifelten Versuchs, das Blatt doch noch zu seinen Gunsten zu wenden. Gruber hatte sich übernommen. Am 1. Oktober zählte die HJ gerade halb so viele Mitglieder, 26.000.[105] Die Hintergründe der Entmachtung Grubers lassen sich heute nur noch erahnen. Alle Beteiligten haben sie mit dem Schleier des Schweigens überdeckt und sich nur gelegentlich in Andeutungen ergangen, die die Vorgänge jedoch eher noch mehr vernebeln. Die offizielle Version stammt von Schirach: „Sein nervöser Zustand war derart, daß er zur Weiterführung der Arbeit einfach physisch nicht mehr imstande war". Deshalb habe Gruber sich „nicht mehr mit voller Kraft seinen Aufgaben ... widmen können". Tatsächlich aber zeugte sein immenser Einsatz gerade vom Gegenteil. Sicher ist, daß Grubers Ablösung schon Mitte September beschlossene Sache war. Während einer SA-Führerbesprechung in München sickerte durch, demnächst sei „eine Neueinteilung beabsichtigt".[106] Am 30. Oktober war es soweit. Hitler verfügte die Zusammenfassung der drei nationalsozialistischen Jugendorganisationen, HJ, NSS, NSDStB, innerhalb der SA-Führung. Schirach wurde Reichsjugendführer:

„1. Im Rahmen der Obersten SA-Führung wird eine neue Dienststelle ‚Reichsjugendführer' (R.J.F.) errichtet.
2. Der Reichsjugendführer untersteht dem Chef des Stabes unmittelbar. Zum Reichsjugendführer ernenne ich den Pg. von Schirach.
3. In den Arbeitsbereich des Reichsjugendführers gehören:
   a) der Nationalsozialistische Studentenbund (Reichsführer Pg. von Schirach)
   b) die Hitlerjugend (mit der Führung beauftragt: Pg. von Renteln)
   c) der Nat.-soz. Schülerbund (Reichsführer Pg. von Renteln)

4. Der R.J.F. ist Referent für alle unter 3 genannten Gliederungen und bearbeitet im Stabe des Obersten SA-Führers die gesamten Jugendangelegenheiten. Er hält den Chef des Stabes über alle organisatorischen Fragen der Jugendgliederungen auf dem Laufenden und trägt insbesondere alle Angelegenheiten, welche die SA berühren, vor.
   Er steht im Range eines Gruppenführers; sein Dienstanzug wird noch gesondert festgesetzt.
5. In Fragen der inneren Organisation, der Stellenbesetzung und des Zusammenwirkens mit der SA hat der Reichsführer der Hitlerjugend unmittelbares Vortragsrecht beim Chef des Stabes. Er hat darüber dem R.J.F. vorher zu berichten".[107]

Schirach war am vorläufigen Ziel seiner Wünsche angelangt. Hitler hatte sich bei seiner Ernennung von verschiedenen Beweggründen leiten lassen. Da war zunächst der Wunsch, die heftig konkurrierenden Jugendorganisationen unter einem Dach zusammenzufassen. Da war die auch persönlich motivierte Ablehnung Grubers. „Der kleine Sachse", ließ Hitler sich gelegentlich vernehmen, bleibe „überhaupt am besten in Sachsen. Er hat einen zu sächsischen Dialekt, als daß er im übrigen Deutschland als Persönlichkeit anerkannt würde". Da waren Schirachs Erfolge und seine unbedingte Gefolgschaftstreue, verbunden mit der Gewähr, daß er Kursabweichler nicht dulden würde, sein Versprechen, die „größte Jugendbewegung" aufzubauen, die es „jemals in Deutschland" gegeben hatte. Schirach war mit 24 Jahren SA-Gruppenführer und damit in die Spitze der Parteiarmee aufgerückt. Seine steile Karriere weckte bei vielen alten Kämpen der SA Mißgunst und Neid. Zeitweise verweigerte ihm sogar ein Teil der Gruppenführer die Zusammenarbeit. Doch konnte Schirach mit Hitlers Rückendeckung alle Widerstände beseitigen. Indessen war Hitlers Erlaß nicht ohne Wermutstropfen für ihn. Sein neues Amt hatte deutlich repräsentativen Charakter, unmittelbare Befehlsgewalt erhielt er nach wie vor lediglich im Studentenbund. Der eigentliche Gewinner war Renteln, der als Führer von Hitlerjugend und Schülerbund über einen Anhang von 35.000 Jugendlichen gebot. Hitler hatte damit die Konsequenz aus Schirachs organisatorischem Versagen und aus seiner Führungsschwäche gezogen, die ihm keineswegs verborgen geblieben waren. Als Gallionsfigur mochte er immerhin die Gefühle der Jugend artikulieren. Schirachs Ehrgeiz war damit jedoch keineswegs zufriedenzustellen. Er wollte seine nur „formelle Verantwortung" für die HJ in eine „tat-

Abb. 5:
Reichsparteitag in Nürnberg 1929. Schirach mit dem italienischen Studentenführer Sandoni.

Abb. 6:
Schirach als Reichsjugendführer der NSDAP. Sein neues Amt hatte zunächst deutlich repräsentativen Charakter.

Abb. 7: Die Heirat mit Henriette Hoffmann sicherte endgültig Schirachs Platz im Gefolge des Führers.

sächliche" umwandeln, wie er unumwunden zugab. Im Moment fehlte ihm dafür der Hebel; er schien auf einem toten Gleis angelangt.[108]

Trotz der Berufung blickte er düster und pessimistisch in die Zukunft. Ihn bedrängte würgende Geldnot, „riesige Schulden".[109] Zu dieser Zeit konnte er kaum noch die Reisekosten aufbringen, um zu den Kundgebungen und Versammlungen zu fahren. Einen Kredit über 3.000 Reichsmark, der ihm von einem Professor für Rassenhygiene gewährt wurde, begrüßte er wie ein Geschenk des Himmels. „Ich kann Ihnen gar nicht sagen, wie dankbar ich Ihnen bin, daß Sie mir durch Ihre Hilfe die drückendsten Sorgen der nächsten Zeit abgenommen haben! Sie haben mir damit meine Arbeitsfreude und -kraft wieder zurückgegeben, denn ich dachte mit einem gewissen Grausen an die Versammlungstätigkeit der nächsten Monate. Wenn man reden muß und dabei immer unter dem dumpfen Druck der Geldsorgen steht, reibt man sich völlig auf. Um die Organisation vor Schaden zu bewahren, hatte ich alle Schulden privat übernommen, so daß ich stets befürchten mußte, daß in meinem, mir sehr ans Herz gewachsenen Münchener Heim eine Pfändung vorgenommen werden würde".[110]

Am 31. März 1932 heiratete Schirach in München Henriette Hoffmann. Hitler und Röhm waren Trauzeugen. Hitler schenkte dem Paar einen jungen Schäferhund. Zweifellos war es eine Heirat auch aus Liebe, obwohl Henriette auf Hitlers Frage: „Bist du noch glücklich?" zur Antwort gab: „Nein, ich hätte immer noch lieber Archäologie studiert".[111] Aus der Ehe gingen vier Kinder hervor, Klaus, Robert, Richard und, als ältestes, Angelika, die ihren Namen nach der „verstorbenen Nichte des Reichskanzlers" Geli Raubal erhielt, wie eine Presseverlautbarung mitteilte. Die Verbindung hatte für Schirach erhebliche Vorteile. Die Heirat mit der „Tochter eines der intimsten Freunde" Hitlers, so Schirachs parteioffizielle Vita, festigte nicht nur seine Stellung in der Hierarchie der NSDAP, sie knüpfte auch die Bindung an den Parteiführer noch enger.[112] In Hoffmann, der Hitler auf Schritt und Tritt begleitete, hatte er nun einen Interessenvertreter und Agenten, der ihn über alle Entwicklungen auf dem laufenden hielt und ihn vor Intrigen schützte. Gemeinsam mit Hoffmann gab Schirach jetzt auch eine Reihe der auflageträchtigen Bildbände heraus, die, zu hunderttausenden verkauft, Hitler „in seinen Bergen" zeigten oder „wie ihn keiner kennt". Dazu kamen Dokumentationen über den Aufstieg der NSDAP, die „Pioniere des Dritten Reiches", über Parteitage und die „Jugend um Hitler".[113] Stets hat Schirach dafür

Sorge getragen, daß er und seine HJ in den Bilderbüchern gebührend berücksichtigt wurden. Nach der Hochzeit verstummten schlagartig seine Klagen über Geldsorgen. Auf dem finanziellen Tiefpunkt angelangt, war die Verbindung zu dem „skrupellosen Geldschneider" Hoffmann, wie ihn Darré bündig charakterisierte, Schirachs Rettungsanker.[114]

Schirach schöpfte neuen Mut. Gemeinsam mit seiner Frau fuhr er nach Tirol, auf den Hinterduxer Hof bei Kufstein. Er schrieb, entwarf, plante: Fahnen, Abzeichen, Uniformen, ein neues Organisationsschema für die nationalsozialistische Jugend, Gedichte. Das Fahnenlied der HJ entstand.

Unsre Fahne flattert uns voran.
In die Zukunft ziehen wir Mann für Mann.
Wir marschieren für Hitler durch Nacht und Not
mit der Fahne der Jugend für Freiheit und Brot.
Unsre Fahne flattert uns voran.
Unsre Fahne ist die neue Zeit.
Und die Fahne führt uns in die Ewigkeit!
Ja, die Fahne ist mehr als der Tod![115]

Der Kult um Tod, Tragik, Opferbereitschaft und Heldentum, der fortan als düster-dumpfer Horizont die Hitlerjugend überschattete und ihr das bis zum Ende charakteristische Gepräge gab, entstand. Am 24. Januar war im Berliner Wedding der Hitlerjunge Herbert Norkus von Kommunisten ermordet worden. Goebbels hatte sogleich die Chance zur propagandistischen Ausschlachtung erkannt und die Emotionen weiter zynisch auf den Siedepunkt getrieben. „Herbert Norkus ist durch sechs tiefe Dolchstiche ermordet worden. Ein Stich davon ging in die Lunge, ein anderer in die Herzgegend. Als er niedergestochen war und in seinem Blute lag, bearbeiteten ihn die entmenschten Verbrecher noch mit den Stiefelabsätzen. Das beweisen mehrere Verletzungen am Körper und im Gesicht".[116] Jetzt stilisierte Schirach Herbert Norkus zum Horst Wessel der HJ. „Dieser kleine Kamerad", meditierte er, „ist zum Mythos der jungen Nation geworden, ist Symbol der Opferbereitschaft aller Jugend, die Hitlers Namen trägt. – Viele starben im Kampf der Jungen um das Reich; der Begriff ‚Norkus' umschließt sie alle in der unsterblichen Gefolgschaft der HJ. – Nichts bindet uns Hitlerjungen fester aneinander als das Bewußtsein der Kameradschaft zu diesem Toten, nichts ist lebendiger als dieser Gemordete, nichts unvergänglicher als dieser Vergangene. – Das ist der Stolz meines Lebens: das Herbert Norkus zu uns gehört".[117] Der Schriftsteller Karl Aloys Schenzinger arbeitete des kleinen Norkus Leben und Sterben zu einem Jugendroman um: Hitlerjunge Quex. Auf dem Hinterduxer Hof entstand in gemeinsamer Arbeit mit Schirach die Endfassung.[118]

In diesen Tagen gewann auch die Konzeption Gestalt, die Schirach nach der Machtübernahme zur Grundlage der Jugendführung machte: Jugend müsse von Jugend geführt werden, sie habe ihren Staat für sich: der Anspruch, die Jugend selbstverantwortlich zu führen. Die beiden Formeln wurden die unablässig wiederholten Leitworte seiner Politik. Auf Hitler selbst als ihren Schöpfer konnte er sich berufen, und wenn es auch als sicher gelten darf, daß der Parteiführer niemals das gemeint hatte, was Schirach aus ihnen machte, so wurden sie doch der Dreh- und Angelpunkt für die politische Existenz der HJ im Dritten Reich. Es war wie schon einmal vor Jahren als Studentenführer. Wiederum schuf Schirach zunächst einen propagandistisch-utopischen Prospekt, dann gab er ihm die konkrete politische Wendung.

Als er nach München zurückkehrte, hatte er bereits den Plan in der Tasche, um Renteln zu entmachten. Hitler hatte Mitte Mai die NS-Jugend aus der SA gelöst und Schirach zum Reichsleiter der NSDAP ernannt. Schirach war jetzt Hitler unmittelbar unterstellt. Röhm hatte der Jugend nichts mehr zu sagen, Rentelns Vortragsrecht beim SA-Stabschef entfiel. Jetzt konnte Schirach handeln. Den Hebel setzte er bei der Mädchenorganisation, seit dem Sommer 1930 der BDM, und dem Deutschen Jungvolk (DJ) an, einem ursprünglich selbständigen rechten Jugendbund mit Wurzeln in Österreich und dem Sudetenland, der sich im Reichsgebiet der Hitlerjugend korporativ angeschlossen hatte. Renteln hatte beide Verbände in die HJ eingegliedert. Der BDM, erklärte Schirach nun dagegen, sei selbständig und habe mit Renteln nichts zu tun, desgleichen das Jungvolk, das er sich selbst unterstellte. Als Organisation der 10–14jährigen sollte es den Unterbau der Hitlerjugend bilden, die sich allein auf die älteren Jungen zu beschränken habe. Renteln protestierte gegen die drastischen Kompetenzbeschränkungen. Doch Schirach setzte sich schließlich durch. Am 15. Juni 1932 trat Renteln zurück. Jetzt übernahm Schirach auch noch die HJ. Zwei Wochen später hat er vor seinen Unterführern die Entwicklung der vergangenen Monate rekapituliert und angesichts des endgültigen Sieges sein Intrigenspiel kaum mehr zu verhüllen versucht. Das Stenogramm seiner offenbar kurzfristig improvisierten Rede läßt die Strategie, die er seit der Amtsübernahme als Reichsjugendführer verfolgte, deutlich erkennen.

„Ich wollte zunächst einmal für die nationalsozialistische Jugend die Einstellung der Führer entschieden haben. Diese Stellung glaube ich der nationalsozialistischen Jugend geschaffen zu haben. Ich habe durchgesetzt, daß ich selbst die Leitung bekomme und damit eine mehr oder weniger führende Stellung geschaffen, die aber doch innerhalb der Partei außerordentlich wertvoll ist. Es war dies die erste Sicherung der Stellung der nationalsozialistischen Jugend. Es ist dies der erste große Erfolg gewesen, den diese Jugend innerhalb der Partei erkämpft hat. Ich habe das nicht für mich getan. Ich habe dann versucht, eine Anlehnung an die S.A. zu finden, und durch mein freundschaftliches Verhältnis zum Stabschef, das schon lange besteht, bestimmt, dem Reichsjugendführer den Rang eines Reichsgruppenführers zu geben, der innerhalb der S.A. steht, eine Doppelstellung, wie sie in der Partei keine andere Amtsleitung hat. Ich bin dadurch in der Lage, tatsächlich Dinge in der Hitlerjugend durchzusetzen, um die ich früher bitten mußte, über die ich (sic) früher antichambrieren mußte. Ich kann diese Dinge nun auf befehlsmäßigem Wege von oben durchsetzen. Und nun, das betrifft meine Position als Vertreter der Jugend, das andere: das ist die Zusammenarbeit mit dem Führer, das ist die Straffung innerhalb der verschiedenen Verbände in der nationalsozialistischen Jugend. Da war die Hitlerjugend, die früher mal unterstellt war dem Osaf, dem Führer direkt. Der konnte sich nicht drum kümmern, die Jugend verlotterte. Erst, als der Stabschef sich die Hitlerjugend unterstellen ließ, gab es eine Möglichkeit, wenigstens einigermaßen aufzuräumen. Damit aber, daß die Jugend der S.A. unterstellt wurde, war nicht das erreicht, was notwendig war. Dadurch, daß das Jungvolk eingegliedert wurde innerhalb der Hitlerjugend und nicht ein selbständiger Verband war, dadurch glaubte ich eine große Gefahr zu sehen, der Bund Deutscher Mädel, heute eine sehr große, mächtige Organisation über 10.000 Mitglieder, ist in Abhängigkeit der Hitlerjugend, und der Hitlerjugendführer war ein kleiner Diktator, der die Möglichkeit hatte, die Unbequemen auszuschalten und zu unterdrücken. Das alles lag in seiner Macht. Ich habe nun einen Plan ausgearbeitet, den der Führer gutgeheißen und genehmigt hat, und nach dem die nationalsozialistische Jugend folgendermaßen organisiert ist: Jede Organisation bleibt selbständig und unabhängig wie sie ist, das heißt jede Organisation hat ihre eigene Leitung. Es gibt einen Bundesführer für das Jungvolk, es gibt eine Bundesführerin für den Bund Deutscher Mädel, und alle diese Bundesführer unterstehen dem Reichsjugendführer direkt. Es untersteht nicht mehr die Leiterin des Bundes Deutscher Mädel der Hitlerjugend, es untersteht nicht mehr der Führer des Jungvolks dem Bundesführer. Nach meiner Meinung ist das Jungvolk eine Organisation, die die ganz Kleinen umfaßt vom 10. bis 14. Lebensjahr, und die Hitlerjugend nimmt die 16–20jährigen (sic) auf. Zwei ganz verschiedene Lebensalter, grundverschieden, weil sie es nach meiner Ansicht unmöglich machen, die Jüngsten mit den Jungen und Jüngeren zusammenzubringen. Außerdem ist die Hitlerjugend die Organisation, die bereits auf die S.A. hinzielt, die Organisation, die die Rekruten bestimmt für die S.A. Das Jungvolk hat ein eigenes Jungensleben, ist durchaus völkisch. Das Jungvolk wird nicht in dem Maß militärisch organisiert wie die Hitlerjugend, sondern im Sinne der Jugendbünde. Diese Vielfältigkeit der Organisation zwingt nun eine Zentrale, die es sich zur Aufgabe gemacht hat, die gesamten Organisationen zu leiten, sich zu entscheiden, ob sie lieber nachlässig werden will in der Zentralleitung und in der Überwachung der Gesamtorganisation, oder ob sie stattdessen ein oder zwei Organisationen fördert und sich der Leitung der Gesamtheit widmet. Ich habe mich für das Letztere entschieden. Das sind Aufgaben, die innerhalb der Hitlerjugend an mich gestellt sind.

Ich habe einen Stabsleiter eingesetzt, der den rein organisatorischen Teil erledigt, ich habe mir wie in der S.A. die Jungvolkführung vorbehalten. Wenn Sie sich vergegenwärtigen, daß 2.000 Jungvolkführer in Deutschland sind, so können Sie sehen, welche Riesenarbeit ich übernommen habe. Die Hitlerjugend braucht mehr wie alle anderen Organisationen eine richtige Führung. Die letzten drei Jahre war ein ewiges Kommen und Gehen bei den Führern. Der frühere Führer Gruber hat in einem halben Jahre 50 Führer gewechselt. Es ist dies selbstverständlich ein ganz unmöglicher Menschenverschleiß.

Dies wurde besser, als Dr. von Renteln die Führung übernahm. Dr. von Renteln hat rein organisatorisch gearbeitet, hat saubere Zustände geschaffen, hat von vornherein gesagt, daß er seine Aufgabe darin sieht, die Basis zu schaffen, auf der ein anderer Führer arbeiten kann. Er ist vor kurzer Zeit zurückgetreten, um sich ganz seiner wirtschaftlichen Arbeit zu widmen. Nun war für mich die Frage die, soll ich einem anderen die Führung der Hitlerjugend anvertrauen, oder soll ich sie selbst übernehmen. Ich habe selbst diese Führung übernommen, weil die Hitlerjugend in einem großen Vertrauensverhältnis zu mir steht, weil ich ganz genau weiß, daß mir diese Arbeit liegt mehr als 100%ig. Hochschulpolitisch bin ich kein Freund der studentischen Arbeit, das betone ich hier noch mal".[119]

Die Führung des Studentenbundes gab Schirach ab. Dafür übernahm er selbst die Rolle des „kleinen Diktators". Wenige Wochen später, nach der Reichstagswahl vom 31. Juli, aus der die NSDAP als stärkste Partei hervorging, zog er als jüngster Abgeordneter in den Reichstag ein. Die Nationalsozialisten fühlten sich jetzt kurz vor den Toren zur Macht. Als Hitlers Verhandlungen mit Schleicher jedoch scheiterten, wurde erneut die Straße mobilisiert. Wieder wurde geschossen, gab es zahlreiche Verletzte und Tote. Die Zahl der gefallenen Hitlerjungen erhöhte sich schließlich auf einundzwanzig. Schirach proklamierte: „Je mehr sterben für eine Bewegung, um so unsterblicher wird sie".[120] Die Zeit arbeitete jedoch gegen ihn. Die HJ hatte seit seiner Amtsübernahme nur geringe Fortschritte gemacht. Die von Gruber anvisierten 50.000 Mitglieder waren auch jetzt erst kaum erreicht. Die Hitlerjugend war nur eine und bei weitem nicht die größte Jugendorganisation im Konzert der zahllosen Gruppen, Bünde und Verbände. Ihr fehlten alle Voraussetzungen, um die Führung der gesamten Jugend reklamieren zu können, falls die Nationalsozialisten an die Macht kämen. Doch das war nicht die einzige Gefahr. Reichswehr und Regierung hatten eigene Pläne mit den Jugendverbänden. Schon seit Jahren suchten die Militärs nach Möglichkeiten, den Versailler Vertrag, der die Wehrpflicht verbot, zu umgehen und durch vormilitärische Ausbildung der Jugendlichen verborgene Reserven zu schaffen. Die Bestrebungen der Reichswehr reichten bis ins Jahr 1924 zurück. Doch blieben alle Versuche im Anfangsstadium stecken; das Innenministerium, auf dessen Unterstützung die Reichswehr angewiesen war, spielte jetzt und bei neuerlichen Vorstößen der Militärs in den Jahren 1926 und 1929 nicht mit.[121] In der Krise der Republik kamen die Pläne wieder auf den Tisch. Im März 1931 suchte Schleicher das Kabinett für die „Wehrhaftmachung der Jugend" zu gewinnen: sie erhalte die Volksgesundheit, erziehe zu Gehorsam und Selbstbeherrschung und garantiere brauchbare Reservisten für den Ernstfall.[122] Als Reichswehrminister Groener im Herbst auch das Innenministerium mit der erklärten Absicht übernahm, die „Jugend von der Straße wegzubringen, sie zu Zucht und Ordnung zu erziehen, sie körperlich zu ertüchtigen und in ihrer geistigen Haltung wehrhaft zu machen", schienen alle Voraussetzungen für die Verwirklichung von Schleichers Plänen gegeben.[123]

Doch erst am 13. September 1932 berief Hindenburg das „Reichskuratorium für Jugendertüchtigung“ unter General a.D. Edwin von Stülpnagel, um die Vorbereitungen für die vormilitärische Ausbildung zu lenken. Schirach war alarmiert. Er wußte, daß er die Hitlerjugend kurzfristig nicht mehr wesentlich vergrößern konnte. Er hatte weder den Organisationsapparat noch Geld, Führer und die Zeit. Er griff zu einem schon einmal ganz am Anfang seiner Karriere erfolgreich erprobten Mittel: der großen Massenversammlung, die durch Grandiosität und Getöse seine eigentliche Schwäche für einen kurzen, aber desto länger nachwirkenden Augenblick ins Gegenteil verkehren sollte. Er entschied sich für die Konzentration aller Kräfte auf einen Punkt. Der Reichsjugendtag in Potsdam wurde geplant. Schirach wählte Potsdam nicht ohne Berechnung aus. Hier, vor den Toren Berlins, sollte der gewaltige Massenaufmarsch der Jugend aller Welt demonstrieren, wem die Zukunft gehörte: nicht der Republik, sondern dem Nationalsozialismus. Unterkunft und Essen wurden für 40.000 Jugendliche organisiert; es kamen 70.000. Der ungeheure propagandistische Aufwand, die Tatsache, daß Schulferien waren und die magnetische, solidarisierende Anziehungskraft aller Massenveranstaltungen machten den Reichsjugendtag zu einem großen Erfolg; nicht etwa weil so viele junge Menschen für eine Idee demonstrierten, die die meisten nur dem Namen nach kannten, sondern weil die Nationalsozialisten beweisen konnten, daß sie und nur sie allein in der Lage waren, solche Massen zu mobilisieren. Alle Kritik, die sich über den Reichsjugendtag ergoß: die Jugendlichen seien schlecht oder gar nicht untergebracht worden, die Verpflegung nicht ausreichend, die abverlangten Strapazen verantwortungslos groß gewesen, vermochten diese Tatsache nicht wegzudiskutieren. Von Inhalt und Verlauf unterschied sich die Veranstaltung in nichts von vielen anderen nationalsozialistischen Kundgebungen. Der Stichwortzettel für Schirachs Rede, der überliefert ist, enthielt den kompletten Kanon seiner rhetorischen Phraseologie.

„Noch unterwegs: Lastwagen Züge – Warum Potsdam – Gegen Reaktion v. heute für Revolution v. morg. – Friedr. d. Gr., d. Preuß. Armee: Führertum, Sozialismus, Pflicht. – Wenn 14 Millionen wieder . . . Nicht Papen od. Herrenklub sondern A.H. – Darum Hitlerjugend – Darum Potsdam – Den Reichstag auflösen, Jugend nicht! – Aber: einmal wird Jugend dies. Reg. auflös. – Nicht jahrel. Terror ertragen, um vor Papen zu kapitul. – In dies. Stunde schwören wir bei Norkus – Nicht Idee stehlen, nicht Führer – Wir wollen an der Spitze

Abb. 8:
Reichsjugendtag in Potsdam. Stundenlang zogen die Kolonnen an Hitler vorbei.

Abb. 9:
Frühzeitig schuf Schirach der Jugend mythische Kultfiguren, die „unsterbliche Gefolgschaft“. Mahnwache in Berlin für Herbert Norkus.

nicht Kaste sondern Mann – Nicht parteipol. Forder. sondern 2 Millionen".[124] Nach einer kurzen Ansprache Hitlers zogen die Jugendlichen stundenlang an ihm vorbei. Der Reichsjugendtag wurde zum Symbol für den Formierungswillen der nationalsozialistischen Jugend und für Schirachs Anspruch, die Jugendführung im Dritten Reich zu übernehmen. „Potsdam stellte an unsere Jugend" erklärte er, „eine physisch ungeheure Anforderung. Die kleinste Wegstrecke, die von jedem Jungen am Samstag und Sonntag zurückgelegt werden mußte, betrug 16 Kilometer. Trotzdem hat dieser Tag mit allen seinen Strapazen unserer Jugend ungeheuren Aufschwung gegeben. Sie ist in dem Bewußtsein nach Hause gezogen, der wertvollste und wesentlichste Bestandteil des Nationalsozialismus zu sein. Die nationalsozialistische Jugend ist heute die Trägerin der nationalsozialistischen Idee. Frei von Bonzentum, Bürokratismus und Verdienertum, frei von bürgerlich-reaktionären Hemmungen geht heute die nationalsozialistische Jugend ihren eigenen Weg, erfüllt von jener reinen Leidenschaft des Sozialismus, die heute das zentrale Erlebnis der wirklich kämpfenden Deutschen ist".[125]

In Schirachs Rhetorik nahmen Sozialismus und bürgerliche Reaktion immer größeren Raum ein. Gewiß war darin auch die Stoßrichtung gegen Papen und seine Hintermänner erkennbar. Doch vor allem zeichnete sich hier die Abgrenzung gegen die bündischen Jugendorganisationen ab. Von den einstmals proklamierten Gemeinsamkeiten zwischen ihnen und der HJ wollte Schirach jetzt nichts mehr wissen. Indessen war es keineswegs so, daß Schirach eine ideologische Kehrtwendung vollzogen hatte. Der Sozialismus wurde vielmehr für ihn zum Vehikel, den Alleinanspruch der HJ auf die Jugendführung und die Gleichschaltung aller Jugendverbände zu verlangen. Allein in diesem Sinn hat er das Wort gebraucht und peinlich vermieden, es mit konkreten Inhalten zu füllen. Sozialismus wurde zur beliebig einsetzbaren Propagandaformel: „Jugend ist Sozialismus", lautete die platte, aber von Schirach am häufigsten verwendete Sentenz.[126]

Schirachs Emphase konnte nicht darüber hinwegtäuschen, daß der Tag von Potsdam vor allem eine Flucht nach vorn war. Seine Befürchtungen, von den Ereignissen überrollt zu werden, sollten sich nur allzubald bewahrheiten: den 30. Januar 1933 hat es für die HJ nie gegeben. In der NSDAP fehlte ihr weiterhin jeder Rückhalt. Grubers Klagen wurden nun von Schirach wortreich wiederholt: „Es ist eine traurige Tatsache, daß die nationalsozialistische Partei für ihre Jugend weder Geldmittel noch wesentlich ideelle Unterstützung übrig hat. Man kann sich mitunter des Gefühls nicht erwehren, daß die Jugend als fünftes Rad am Wagen betrachtet wird. Die Not der Banne und Gebiete ist grenzenlos, kaum ein HJ-Führer hat das Existenzminimum . . . In unwandelbarer Treue zu Adolf Hitler, aber in herber Enttäuschung über eine jugendfremde Clique, die unseren Kampf nicht verstehen will, wollen wir, Kameraden, dem Nationalsozialismus und seinem großen Führer die Jugend zum Instrument der deutschen Erhebung gestalten".[127] Die Vorwürfe waren gegen Gregor Strasser gerichtet, der die HJ, nicht zuletzt Schirachs wegen, kurzhielt. Was Schirach an Geld auftreiben konnte, wurde in die Propaganda gesteckt, um die Ausgangsposition für die Machtübernahme noch zu verbessern. „Der Versand der Jugend" beschwerte sich die zuständige Abteilung in der Parteizentrale im Dezember 1932, „ist überwältigend. Es ist keine Abteilung im ganzen Hause so fleißig und versandtüchtig wie gerade die HJ".[128] Zu diesem Zeitpunkt schien die Kanzlerschaft Hitlers nur noch eine Frage der Zeit. Schirach reiste durchs Reich, sprach auf Kundgebungen, veranstaltete Aufmärsche und Versammlungen. Am 29. Januar 1933, einen Tag vor Hitlers Machtübernahme, verkündete er das „Manifest der Jugend" und unterstrich noch einmal den Anspruch der HJ auf Übernahme der Jugendführung im Dritten Reich.[129] Schirach wollte die ganze Macht. Hitler sollte sie ihm als Reichskanzler verschaffen.

Hitlers Jugendführer

„Diese Zeit erfordert den Typus des heroischen Menschen. Und wir haben den festen Willen, mit dieser Zeit fertig zu werden und diese Zeit zu zwingen!
Darum marschiert die Hitlerjugend, darum muß die ganze deutsche Jugend marschieren, darum müßt ihr alle marschieren!“

Baldur von Schirach

Die Machtübernahme

Der 30. Januar 1933, der Tag, an dem Hitler Kanzler wurde, bedeutete noch nicht die Entscheidung zugunsten der Nationalsozialisten. Für den 5. März waren erneut Reichstagswahlen angesetzt. Von ihnen erhofften sich Hitler und sein Anhang die endgültige legale und zugleich unwiderrufliche Machteroberung. Die Propaganda wurde unter Aufbietung aller zur Verfügung stehenden Mittel ins Maßlose gesteigert, die bürgerkriegsähnlichen Zustände dauerten an. Neunundsechzig Menschen starben in den Wochen bis zur Wahl. Am 27. Februar brannte der Reichstag. Das Feuer lieferte den Vorwand, um den Notstand auszurufen und Kommunisten, Sozialisten, mißliebige

Künstler und Intellektuelle willkürlich zu verhaften. Die Jugendorganisationen der Linken wurden verboten. Unterdessen deklamierten Schirach und die HJ in Umzügen, Kundgebungen, Flugblättern und Plakaten lärmend ihren Machtanspruch. Bei den Wahlen verfehlte die NSDAP jedoch mit 43,9 Prozent deutlich die absolute Mehrheit. Hitler war weiter auf seine konservativen Regierungspartner angewiesen. Schirach waren deshalb im Kampf gegen die anderen Jugendorganisationen die Hände gebunden. Die bündische Jugend und die Wehrjugend verfügten über zahlreiche gute Verbindungen zu hohen Beamten, Ministern, zur Reichswehr und sogar zu Reichspräsident Hindenburg. Hindenburg aber hegte eine unüberwindliche Aversion gegen Schirach. Sie reichte so tief, daß Schirach von der Parteileitung am 21. März, dem Tag von Potsdam, den die Nationalsozialisten zum wirkungsmächtigen „Tag der nationalen Erhebung" deklarierten, als Rundfunkreporter eingesetzt wurde, um ihn aus dem Blickfeld Hindenburgs zu verbannen. Schirachs Reportage war eine einzige Propaganda für die HJ: „Kinder, Frauen, Greise, Arbeiter, Studenten, Bauern und Bürger strömen durch diese Straße. Außer dem kleinen abgesperrten Raum ist kein Platz mehr zum Stehen frei, aber unablässig drängen immer neue Menschen nach. Vor allem Jugend. Da sehe ich ein paar Wimpel meiner Hitlerjugend und vor mir steht plötzlich ein anderes Bild dieser Stadt. Ich denke an den 2. Oktober 1932, als über hunderttausend Hitlerjungen hier in Potsdam an meinem Führer vorbeimarschierten. Das war der größte Jugendaufmarsch, den die Welt je gesehen, und es ist mir jetzt so, als hätte dieses hinreißende Bekenntnis der deutschen Jugend zu Potsdam seine symbolische Bedeutung für diesen Tag. Denn hier erleben wir doch nichts anderes als den Aufbruch der ewigen Jugend unseres Volkes. Preußentum und Jugend sind dasselbe! Damals noch konnte eine Regierung anordnen, daß von dieser Jugend keine Trommeln gezeigt und keine Fahnen entfaltet werden durften. Und nun stehe ich hier, wie ich damals hier stand. Und Ihr, meine geliebten, tapferen Kameraden von der Hitlerjugend, hört mich sagen, daß die Fahnen unserer Bewegung auf Geheiß des Präsidenten des Deutschen Reiches feierlich entrollt sind und auch auf den Gebäuden der staatlichen Macht zusammen mit den schwarzweißroten Fahnen des Kampfes und der Ehre den Willen eines neuen Volkes künden. Nun sind auch unsere Toten gerächt, meine lieben Hitlerjungen, und Ihr könnt Euren Vätern und Müttern sagen, daß wir Dreihunderttausend auch unseren Anteil haben an diesem stolzen Tag".[1]

Freilich darf bezweifelt werden, daß die Hitlerjugend zu diesem Zeitpunkt bereits so viele Mitglieder hatte. Wahrscheinlich war die Zahl ebenso übertrieben wie die 100.000 Teilnehmer am Reichsjugendtag anstelle der tatsächlichen 70.000. Ende 1932 waren es jedenfalls erst 96.000 Jungen und 24.000 Mädchen. Schirachs Aufschneiderei konnte nicht darüber hinwegtäuschen, daß es ihm an wirklicher Macht fehlte. Seine einzige Waffe im Kampf gegen die anderen Jugendverbände waren Worte. Unterdessen setzte bei den Jugendbünden verstärkt der Prozeß des Umdenkens ein. Sie gelobten Hitler Loyalität und bekundeten ihre Bereitschaft zur Mitarbeit am Aufbau des neuen Staates, alles in der Hoffnung, ihre Selbständigkeit behalten zu dürfen.[2] Schirach mußte sogar mitansehen, wie selbst hohe Funktionäre der NSDAP den Bünden Bestandsgarantien gaben und sah sich genötigt, auch innerhalb der Partei seinen Führungsanspruch verteidigen zu müssen. Sein Rundschreiben an die anderen Parteileiter war eine einzige Denunziation der bündischen Jugendführer.

„In letzter Zeit mehren sich die Versuche solcher Gruppen, die jahrelang den Kampf der Hitlerjugend verhöhnten, durch persönliche Fühlungnahme mit einzelnen Parteiführern ihren ‚Bünden' Rückhalt zu geben. Unter Berufung auf dieses oder jenes anerkennende Wort stellen sich dann diese bündischen Führer den Hitlerjugendführern entgegen und bezeichnen sich als nationalsozialistisch usw. Zur Aufklärung möchte ich bemerken, daß ich in allen Bünden (mit Ausnahme der in der HJ zusammengeschlossenen) Feinde des Nationalsozialismus sehe. Es spielt dabei keine Rolle, ob der eine oder andere Parteigenosse in solchen Bünden tätig ist. Adolf Hitler sagte mir einmal: Wer nicht bereit ist, meinen Namen zu tragen (als Hitlerjunge), der wird auch nicht als Freund des Nationalsozialismus anerkannt! Eine liberale Einstellung einzelner Führer der Partei gegenüber den samt und sonders größenwahnsinnigen Bünden und Grüppchen der Jugendbewegung, die sich dünkelhaft als ‚Auslese' bezeichnen, ist verhängnisvoll für den Kampf der Hitlerjugend, die den Sprüchen der bürgerlichen Bünde eine Tatsache entgegenzustellen hat: ihren Einbruch in die marxistische Jungarbeiterschaft. (Von den 300.000 Mitgliedern der HJ sind rund 180.000 Jungarbeiter!!)

Neuerdings versuchen auch ehemalige Offiziere, die sich ‚Jugendführer' nennen, mit vollen Segeln in den Hafen des Staates zu kommen und begründen einen Anspruch auf Mitarbeit an der kommenden staatlichen Jugenderziehung mit einem ‚Auslesebund' von 150 Mitgliedern.

Meiner Auffassung nach wollen alle diese Herren weniger der Jugend dienen als sich selbst.

Wer auf anderen Gebieten versagte, glaubt in der Jugend ein Tätigkeitsfeld zu finden, wo er auch ohne Kenntnis vorwärtskommen kann. Es ist bezeichnend, daß erst seit 1932 diese seltsamen ‚Jugendführer' die Parteileitung von ihrem Wert zu überzeugen versuchen. In den schlimmsten Kampfjahren haben wir sie nie gesehen . . . Parteigenossen, die Jugendführer anderer Bünde sind, haben ihre Parteimitgliedschaft fast immer deshalb erworben, um sich und ihre Gefolgschaft nationalsozialistisch nennen zu können . . . Die Bünde sind Feinde des Nationalsozialismus . . . Auszunehmen ist der ‚Bund der Artamanen', ein nationalsozialistischer Siedlerbund, mit dem Sitz in Severin-Dansühl in Mecklenburg. Nicht auszunehmen sind die ‚Geusen', die ich nach wie vor als Otto-Strasser-Gruppe bezeichnen muß".[3]

Fraglos hätte Schirach auch die Artamanen gern zu Feinden des Nationalsozialismus gestempelt; doch sie genossen die Rückendeckung einflußreicher Parteigenossen wie Walter Darré und Heinrich Himmler.[4] Schon zwei Tage später zeigte sich, daß Schirachs Warnungen nur allzu berechtigt waren. Am 30. März verkündete der pensionierte Vizeadmiral Adolf von Trotha, der schon zu Zeiten der Republik seine Liebe für die Jugendarbeit entdeckt hatte, Schirmherr verschiedener bündischer Jugendvereinigungen gewesen war und sich besonders guter Beziehungen zu Hindenburg erfreute, die Gründung des Großdeutschen Bundes, den Zusammenschluß von 70.000 Jugendlichen, die im Deutschen Pfadfinderbund, der Reichsschaft Deutscher Pfadfinder, dem Jungsturm, der Deutschen Freischar und der Freischar Junger Nation organisiert waren. Der Zeitpunkt war geschickt und offenbar nicht ohne Absprache gewählt. Die Reichswehr wollte endlich ihre langgehegten Pläne verwirklichen, die vormilitärische Ausbildung in Angriff nehmen und ein „Ministerium für die deutsche Jugend" schaffen. Reichswehrminister Blomberg hatte eine Denkschrift verfaßt, die Schleichers Vorstellungen nur in Nuancen variierte. Blomberg machte die Angelegenheit dringend und forderte die „unverzügliche Inangriffnahme eines Vierjahresplanes der nationalen Jugenderziehung". Neben den Jungen sollten auch die Mädchen in die Planungen einbezogen werden. Die Mädchenerziehung sei „unbedingt erforderlich und zeitlich nicht minder dringend". Die Zuständigkeit sollte in Seldtes Arbeitsministerium fallen, das demnach zum „Reichsministerium für Arbeit und Jugend" erweitert wurde, das Kuratorium für Jugendertüchtigung als Bindeglied zwischen Ministerium und Reichswehr dienen. Die Vorarbeiten wollte Blomberg einem Organisationsausschuß übertragen, bestehend aus Ministerialbeamten, je drei Vertretern der NSDAP, des Stahlhelms und der bündischen Jugend.[5]

Die Zielrichtung lag ganz auf der politischen Linie von Hitlers konservativen Partnern: die Nationalsozialisten sollten eingerahmt und an der Alleinherrschaft gehindert werden. Zudem verfügte Seldte mit der Scharnhorst-Jugend, der Nachwuchsorganisation des Stahlhelm, über eine der größten Wehrjugendorganisationen. Die Beratungen über das Jugendministerium wurden für die Kabinettssitzung am 4. April angesetzt. Einen Tag vorher präsentierte sich Trotha in der Reichskanzlei als Führer der Großdeutschen Jugend und damit, wie er erklärte, der bündischen Jugend insgesamt. Die bündische Jugend bekenne sich, so stand es im Grundsatzprogramm des Großdeutschen Bundes, zum „kraftvoll geführten Staat und ist überzeugt, daß ihm gedient ist, wenn sich überall im Reich schöpferische Kräfte regen, die dem Führertum Möglichkeiten geben. – Im Großdeutschen Bund ist sie zusammengeschlossen, um unter der autoritären Führerschaft des Vizeadmirals von Trotha am Neubau des Reiches mitzuschaffen".[6] Am Vormittag des 4. April, kurz nach elf Uhr, unterbreitete Seldte dem Kabinett die Pläne für das Jugendministerium. Die Entscheidung wurde jedoch vertagt, Seldte lediglich zum Vorsitzenden des Reichskuratoriums für Jugendertüchtigung berufen.[7]

Schirach war wie gelähmt. Die Gefahr wuchs, daß er und die Hitlerjugend an die Wand gespielt wurden. Seine Unterführer drängten zum Handeln. Doch erst nach langem Zureden konnten sie ihn in seiner Münchener Wohnung zu einer Aktion bewegen. Noch am Abend befahl er, die Geschäftsstelle des Reichsausschusses der deutschen Jugendverbände in Berlin zu besetzen. Am 5. April drang sein Unterführer Carl Nabersberg, der sich schon als Funktionär des NS-Studentenbundes in Köln und Berlin bewährt und den Reichsjugendtag in Potsdam organisiert hatte, mit fünfzig Hitlerjungen in die Geschäftsräume in der Alsenstraße ein, beschlagnahmte alle Akten, die das gesamte Material über die deutschen Jugendverbände enthielten, und erklärte den Vorsitzenden des Reichsausschusses, Hermann Maaß, für abgesetzt. Unmittelbar danach ernannte sich Schirach selbst zum Vorsitzenden. Der „kleine Gewaltstreich" entsprach genau seinem bewährten Rezept, mit geringem Aufwand möglichst große Wirkung zu erzielen. Mit einem Schlag hatte er die Verbindungsstelle zwischen Jugendorganisationen und Regierung ausgeschaltet, die drohende Erfassung der Jungen und Mädchen unter der Regie Seldtes konterkariert und sich seiner nach Taten dürstenden HJ als Revolutionär präsentiert. Doch konnte dies kaum darüber hinwegtäuschen, daß die Besetzung des Reichsausschusses im Grunde eine Verlegenheitslösung mit sogar defensivem Charakter bedeutete. Denn die HJ war, wie Schirach später offen zugab, noch „nicht stark genug", um die anderen Verbände zerschlagen und gleichschalten zu können. Auch aus Gründen der politischen Opportunität waren Schirach die Hände gebunden. Die Koalitionspartner und Hindenburg durften noch nicht offen düpiert werden. Bezeichnend genug wurde die Aktion gegen den Reichsausschuß mit „jüdisch-marxistischen Umtrieben" gerechtfertigt.[8]

In den nächsten Wochen entlud sich der revolutionäre Elan der HJ in zahlreichen Einzelaktionen gegen Bünde und Verbände. Heime wurden besetzt, zahlreiche Wohnungen durchsucht, Lager überfallen, Unterlagen beschlagnahmt. Alle diese Aktionen hatten gleichermaßen den Zweck, die gegnerischen Jugendverbände zu verunsichern und einzuschüchtern wie auch die eigene Gefolgschaft von der Tatsache abzulenken, daß die erstrebte Alleinherrschaft nach wie vor in weiter Ferne lag. Die Proteste einflußreicher Schirmherren der Jugendorganisationen zwangen Hitler immer noch zur Rücksichtnahme und Schirachs Machtgelüsten Grenzen auf. Es erfülle ihn, schrieb etwa der Vorsitzende der bayerischen Bischofskonferenz, der Münchener Kardinal Faulhaber, an Hitler, mit „Trauer und Sorge, daß von örtlichen Stellen bereits Eingriffe in die Vereinstätigkeit und das Vereinsvermögen unserer Jugendorganisationen vorgenommen wurden, die nur als Vergewaltigung und widerrechtliche Enteignung bezeichnet werden können. Dazu werden diese Organisationen dadurch aufs schwerste geschädigt, daß in die Polizei, in die Reichswehr, in das Reichsausbesserungswerk und in den freiwilligen Arbeitsdienst nur noch Jugendliche aufgenommen werden sollen, die Mitglieder eines sog. nationalen Wehrverbandes sind. Wir können nicht annehmen, daß es der Wille Eurer Excellenz ist, auf diese Weise unsere katholischen Jugendorganisationen zu vernichten und den Staat selbst einer seiner besten und treuesten Stützen zu berauben".[9]

Für Schirach und seine Unterführer erschöpfte sich die nationalsozialistische Revolution deshalb zunächst weiterhin in Demonstrationen, Aufmärschen und rhetorischem Wortgeklingel. Ihre Angriffe richteten sich in erster Linie gegen die Bünde, das schwächste Glied in der Kette. Sie wurden zur Verkörperung der Reaktion stilisiert, die es ebenso zu vernichten gelte wie die „Begriffe der alternden Zeit: die ‚gute Gesellschaft‘, die ‚Oberen Zehntausend‘ “. Die Hitlerjugend aber erhob Schirach zum „sozialistischen Gewissen der Nation“ und das bedeutete: wer nicht in ihren Reihen marschierte, war antisozialistisch.[10] Doch die Lage verschlechterte sich in den nächsten Wochen sogar noch für Schirach. Am 28. April ernannte Hitler Hans von Tschammer und Osten zum Reichssportkommissar. Röhm und Innenminister Frick wollten ihm die gesamte Jugendarbeit übertragen. Frick, ohnehin kein Freund Schirachs, rief Anfang Juni zu Sommerwend-Wettkämpfen aller Jugendlichen unter der Leitung Tschammers auf. Die HJ war dabei nur als eine Organisation neben den Turn- und Sportverbänden, den Wehrverbänden und der bündischen Jugend genannt.[11] Schirach verstärkte die Agitation. Mit gewaltigen Kundgebungen unterstrich er erneut seinen Machtanspruch. 50.000 Jugendliche kamen ins Berliner Grunewald-Stadion, 60.000 versammelten sich in Hannover. Es waren wie schon in Potsdam zugleich Demonstrationen der Stärke wie auch heimliche Eingeständnisse der Machtlosigkeit.

Doch inzwischen hatten die Nationalsozialisten ihre Position in der Regierung verbessern können. Papen war bereits Anfang April an die Wand gespielt worden. Stahlhelmführer Seldte hatte Ende des Monats seinen widerspenstigen Stellvertreter Duesterberg ausgeschaltet, war in die NSDAP eingetreten und unterstand nun Hitler unmittelbar. Mit der Eingliederung des Stahlhelms in die SA wurde zugleich seine Nachwuchsorganisation, die Scharnhorst-Jugend, in die HJ übergeführt. Auch Hugenbergs Stellung wurde immer schwächer. Im Juni trat er schließlich zurück. Jetzt war der ersehnte Moment für Schirach gekommen. Am 17. Juni 1933 wurde er von Hitler „per Handschlag“ zum Jugendführer des Deutschen Reiches ernannt. Zwar war mit dem Titel offiziell wenigstens keinerlei Handhabe gegen andere Jugendorganisationen verbunden. Doch ohne Verzug, „10 Minuten nach seiner Ernennung“, wie sich Trotha empörte, ordnete Schirach die Auflösung des Großdeutschen Bundes an.[12] Überall im Reich schwärmten, zum Teil mitten in der Nacht, HJ-Kommandos aus, nahmen Hausdurchsuchungen vor, beschlagnahmten Heime, Fahnen, Akten, Fahrtausrüstungen. Die Behörden duldeten das illegale Vorgehen häufig. Aus dem Bericht eines Betroffenen: „Da eine polizeiliche Genehmigung für das Vorgehen der Hitlerjugend nicht vorlag, habe ich bei den Polizeipräsidenten von Magdeburg und Halle nach den gesetzlichen Grundlagen gefragt. Der Polizeipräsident von Halle hat mitgeteilt, daß er den Wunsch der dortigen Hitlerjugend auf Vorgehen gegen den Großdeutschen Jugendverband für die Polizei abgelehnt und auch der Hitlerjugend untersagt habe, solange ihm keine Regierungsverfügung zugegangen sei. Vom Vertreter des Polizeipräsidenten von Magdeburg hingegen wurde mir geantwortet, daß ihm zwar auch kein Regierungsbefehl bisher vorliege, er aber nicht in der Lage sei, gegen das Vorgehen der Hitlerjugend etwas zu unternehmen. Bei der Besetzung der Gewerkschaften sei auch so verfahren worden".[13]

In Jena ordnete die HJ-Führung an, die Mitglieder des Großdeutschen Bundes „wie Kommunisten" zu behandeln, und in Rudolstadt wurde das Haus eines Jugendführers „von 200 Mann HJ und SS umstellt. Es ertönten Rufe nach dem Gruppenführer: ‚Der Hund soll rauskommen'. Der Gruppenführer Ferdinand Schweder, der krank zu Bett lag, und die Gruppenführerin, seine Schwester Barbara Schweder, erschienen daraufhin vor dem Haus. Die Schwester wurde von einem SS-Mann in eine Ecke geworfen und mit Fäusten bearbeitet, der Bruder wurde von der johlenden Menge in Empfang genommen. Es erschien Polizei, die ihn in Schutzhaft nahm und zur Wache führte. Es folgte eine Menge von etwa 300 Mann, die dauernd Drohrufe ausstieß. Ein 12jähriger Junge der Gruppe, der vorbeikam, seinen Gruppenführer erkannte und grüßte, wurde von der Menge verprügelt. Man forderte, den Schweder in den Marktbrunnen zu werfen. Vor der Wache verharrte die Menge noch eine Weile. Schweder wurde von einem Staatsanwalt vernommen. Schweder gab eine sachliche Klarstellung und wurde um 12 Uhr nachts entlassen".[14] Trotha gab sich jedoch noch nicht geschlagen. Er beschwerte sich bei Hindenburg, und der greise Präsident schrieb an Hitler, er empfinde „das Vorgehen des jugendlichen Herrn von Schirach gegen den in Frieden und Krieg um das Vaterland hochverdienten alten Admiral von Trotha . . . als eine schwere Kränkung". Doch Hitler deckte Schirach.[15]

„Hochverehrter Herr Reichspräsident!
Entsprechend Ihrem Wunsch, Herr Reichspräsident, habe ich Herrn von Schirach die Anweisung zustellen lassen, sich mit Herrn Admiral von Trotha in Verbindung zu setzen und um eine Unterredung nachzusuchen. Die Vorfälle selbst werden von mir aufrichtig bedauert. Mir ist bekannt, daß ihnen auch Herr von Schirach persönlich vollständig fernesteht. In der deutschen Jugend ist aber eine so große Sehnsucht nach Einigkeit, daß aus ihrer überwältigenden Masse heraus kein Ver-

ständnis für eine weitere Aufrechterhaltung der Zersplitterung der Jugendbewegung aufgebracht wird. Ich denke, Herr Reichspräsident, daß man darüber nur glücklich sein kann. Denn von all den einzelnen bedauerlichen Zwischenfällen und Taktlosigkeiten abgesehen, dokumentiert sich darin doch ein Wille, der, wenn er dem deutschen Volk immer zu eigen gewesen wäre, uns manches Leid erspart hätte. Die unselige deutsche Zersplitterung und Zerrissenheit, das Erbübel unserer ewigen Uneinigkeit, hätten dann nicht solche Schäden anzurichten vermocht, wie wir an den zahllosen traurigen Beispielen unserer Geschichte feststellen können.

In dankbarer und tiefster Verehrung
Adolf Hitler"[16]

Im Sommer 1933 gab es gewichtigere Probleme als die Jugendfragen zu lösen. Die große Politik verlor alsbald wieder das Interesse am Konflikt zwischen Schirach und Trotha; alle weiteren Proteste des Admirals verhallten ungehört; das Schicksal des Großdeutschen Bundes war besiegelt. Zum Teil traten die bündischen Jugendlichen in die Hitlerjugend ein. Die Nationalsozialisten wachten jedoch sorgfältig darüber, daß sie nicht unter dem Deckmantel der HJ ihre Arbeit fortsetzen konnten. Trotha machte schließlich seinen Frieden mit Schirach und ließ sich später sogar von ihm zum Ehrenführer der Marine-HJ ernennen.

Innenminister Frick war über Schirach, der sich bedenkenlos über seine Kompetenzen hinweggesetzt hatte, erbost und schickte eine geharnischte Zurechtweisung: die Auflösung des Großdeutschen Bundes sei „weder formell nach sachlich" zulässig gewesen. Schirach gelobte zwar Besserung, doch war er fest entschlossen, die Gunst der Stunde zu nutzen.[17] Schon bereitete er die Zerschlagung der katholischen Jugendverbände vor, die anderthalb Millionen Mitglieder hatten. Doch sein Ehrgeiz kreuzte sich mit den Konkordatsverhandlungen, die mittlerweile zwischen Hitler und dem Vatikan in Gang gekommen waren. Offenbar auf Fricks Protest hin und um seinen Eifer unter Kontrolle zu behalten, wurde Schirach am 8. Juli dem Innenminister unterstellt, das schon angeordnete Verbot der katholischen Jugendverbände mußte rückgängig gemacht werden. Frick bestimmte, daß die Jugendorganisationen „nicht angetastet" werden durften, und gab Anweisung, den von Schirach usurpierten Reichsausschuß der Jugendverbände aufzulösen und einen Führerrat einzuberufen, mit Vertretern der konfessionellen, der bündischen und der berufsständischen Jugend sowie der Wehr- und der Sportjugendorganisationen.[18] Das war zugleich

Abb. 10: Der organisatorische Aufbau der HJ oblag weitgehend Schirachs Unterführern. Schirach mit seinem späteren Stellvertreter Hartmann Lauterbacher (rechts).

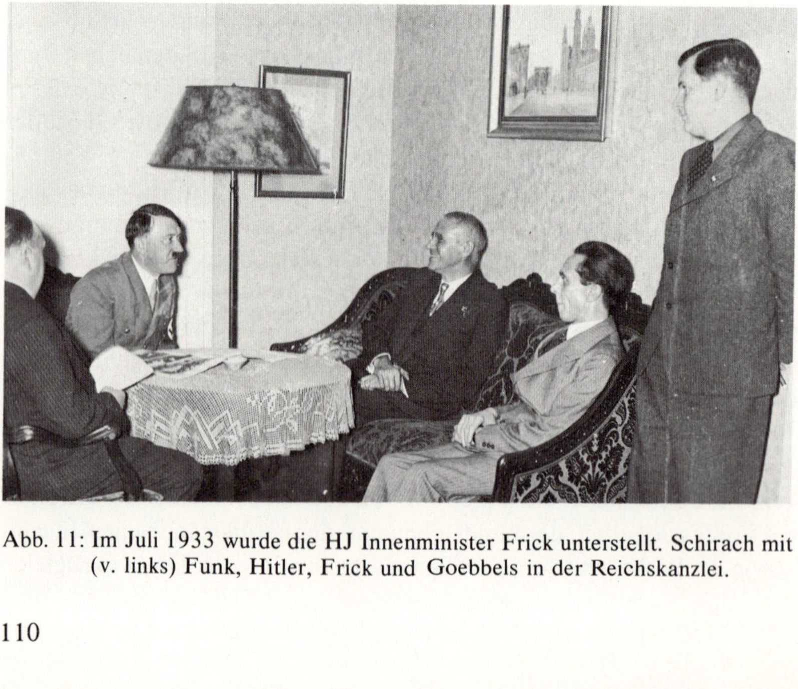

Abb. 11: Im Juli 1933 wurde die HJ Innenminister Frick unterstellt. Schirach mit (v. links) Funk, Hitler, Frick und Goebbels in der Reichskanzlei.

Abb. 12: Die nationalsozialistische Revolution erschöpfte sich für die HJ zunächst vorwiegend in Demonstrationen, Aufmärschen und rhetorischem Wortgeklingel.

Abb. 13: Aufmarsch zum 1. Mai 1933. Hitlerjugend in Berlin.

eine Bestandsgarantie für diese Verbände. Zwar trat der Führerrat niemals zusammen, doch waren Schirach deutlich die Grenzen seiner Macht signalisiert worden. Weitere Gruppen konnten jetzt nur noch über Verhandlungen in die HJ eingegliedert werden. Im Sommer war die erste Phase der Gleichschaltung abgeschlossen.

Der organisatorische Aufbau der Hitlerjugend wurde in diesen Monaten stürmisch vorangetrieben. Die HJ gewann tausende Jungen und Mädchen. Doch es fehlte an Führern, Heimen, Schulungsmaterial, Sportgerät und, vor allem, an Geld. Die Improvisationskunst war das wichtigste Hilfsmittel. Bald entstanden erste Führerschulen. 1933 wurden dort 7.000 junge Leute in Kurzlehrgängen ausgebildet, ein Jahr später waren es bereits dreimal so viele. Doch reichten diese Zahlen bei weitem nicht aus, um den Bedarf zu decken. Wenn auch die für Ende 1933 offiziell angegebene Zahl von knapp 2,3 Millionen Mitgliedern erheblich übertrieben sein dürfte, so war die HJ den gleichwohl rapiden Zuwachsraten keineswegs gewachsen. Die Folge war neben dem organisatorischen auch ein erhebliches ideologisches Chaos. Die ohnehin dürftige weltanschauliche Grundlegung wurde noch mehr verwässert. Allein im BDM, kritisierte Schirach, gebe es „50 verschiedene Auffassungen". Allerdings hat er wenig dazu beigetragen, hier Klarheit zu schaffen. Stets blieben seine theoretischen Ausführungen blaß, phrasenhaft, ohne Konturen. „Die HJ", definierte einer dieser mühsamen Versuche im November 1933, „ist die Organisation des harten körperlichen Einsatzes der Jugend. Eine Korporation, betont männlich in der Art der Uniformierung, männlich auch in ihrer Bedingungslosigkeit, Brutalität und ganzen Härte der Auffassung. Ganz anders beim BDM. Der BDM ist derjenige Teil der großen nationalsozialistischen Front, der in erster Linie versucht, eine ganz allgemein weltanschauliche Plattform für junge, weibliche Generationen in Deutschland zu schaffen. Wohl verlangt er von der ganzen weiblichen Jugend Deutschlands Einsatz und Bekenntnis, aber darüber hinaus hat er Ziele, die spezifisch weibliche Ziele sein müssen. Er ist nicht eine soldatische Organisation wie die HJ, sondern eine kulturelle Organisation. Kultur ist zwar nicht eine absolut weibliche Erscheinung, aber doch eine Erscheinung, die im Wesentlichen immer von Frauen getragen wird".[19] Schirach war sich allem Anschein nach der Dürftigkeit seiner Programmatik durchaus bewußt. Jedenfalls wurden seine Definitionsversuche bald seltener und verloren sich mehr und mehr hinter nebulosen Wortschwaden. Schließlich fand er einen Ausweg aus dem Dilemma: er erklärte die Hitlerjugend kurzerhand zum Kunstwerk. Ihre Form, ihre Organisation, behauptete er nun, sei zugleich der höchste Ausdruck ihrer Weltanschauung und enthob sich damit der Sinnfrage.

„Unsere Organisation steht zur Weltanschauung in demselben Verhältnis wie eine künstlerische Idee zu ihrer Form, d.h. genau so, wie man ein Kunstwerk nur betrachten kann als Übereinstimmung einer Idee mit ihrer Form, genau so kann man das, was wir Bewegung nennen, im Nationalsozialismus nur sehen als Gestaltung einer Weltanschauung. Die Bewegung ist nicht Idee an sich, ebensowenig wie sie Organisation an sich ist. Sie ist die Harmonie von Idee und Organisation. Die Organisation ist nichts anderes als die Ausdrucksgestalt der Weltanschauung, die in ihr liegt. Wenn man das so auffasst, dann ist die Organisation nichts Zufälliges und nichts Hinzugefügtes, sondern bedingt durch die Weltanschauung. Und die Weltanschauung kann nur eine einzige Organisationsform, nämlich die ihr entsprechende, besitzen. Es wäre dann auch theoretisch möglich, eine Weltanschauung aus der Organisation zu rekonstruieren und wiederzugewinnen.

Wenn z.B. die marxistische Weltanschauung ausradiert werden könnte aus dem Leben der Völker und es bliebe nur bestehen die marxistische Organisation, dann wäre es möglich, aus dieser Organisation eine Vorstellung zu gewinnen von der Weltanschauung und Idee, die diese Organisation geschaffen hat. Jedes weltanschauliche Prinzip beginnt sich sofort organisatorisch auszudrücken. Zu dem chaotischen Zustand des Marxismus ist zu sagen, daß hier eine kollektivistische Weltanschauung herrscht, die anstelle der einzelnen Persönlichkeit ein Viel setzen möchte, eine demokratische Gruppe. Daraus ergibt sich die Arbeitsgemeinschaft, das Parlament.

Wir können aus der Gliederung der nationalsozialistischen Organisation sofort ableiten, welche Weltanschauung sie geboren hat. Das Führerprinzip ist an sich eine Übersetzung des Nationalsozialismus als Weltanschauung auf organisatorisches Gebiet. Das Problem der Organisation ist also ein Problem des ständigen Übersetzens weltanschaulicher Dinge auf das Gebiet der praktischen Politik und des praktischen Lebens".[20] Schirachs 1934 veröffentlichtes Buch Die Hitlerjugend. Idee und Gestalt spiegelt diese programmatische Grundlegung bereits im Titel wider und ist denn auch in der Tat weithin nichts anderes als ein Organisationshandbuch der HJ. Die Wirklichkeit sah indessen häufig so aus, wie sie der NSDAP-Ortsgruppenleiter von Wolfsee in heller Empörung beschrieb. „Sonnabend, den 4., hatte die HJ in Wolfsee einen Werbeabend, zu dem eine große Anzahl Russeer und Kieler HJ erschienen waren. Auf dieser Veranstaltung hielt der Unterbannführer der HJ, Verdiek, eine zündende Ansprache, bei der Äußerungen fielen, die bei der anwesenden Elternschaft und den anwesenden Lehrern die schärfste Mißbilligung fanden und auch finden mußten. U.a. sagte Verdiek: ‚Welcher richtige Junge geht wohl gern zur Schule oder macht gern Schularbeiten.‘ – ‚Wer möchte wohl in der Schule mit gefalteten Händen still sitzen‘ – ‚Wenn dem Lehrer ein Streich gespielt werden soll, dann gehen wir Führer mit und lassen unsere Jungens nicht allein. Wir passen dann nur auf, daß nicht gerade die Fensterscheiben eingeworfen werden.‘ – ‚Ist denn was dabei, wenn die Hitlerjugend Äpfel klaut, seid doch mal ehrlich, Ihr habt in der Jugend doch auch alle Äpfel geklaut.‘ Er sprach dann noch davon, daß die Jugend auch junge Führer haben müßte und nicht Leute mit Krampfadern.

Ich sagte, daß die Lehrer heute doch schon Führer der Jugend seien und daß die Kinder in den Schulen nicht mehr mit gefalteten Händen sitzen müßten. Auch ginge es doch nicht, daß ganze Trupps HJ, wie es vor kurzem hier in der Gegend passiert ist, in verschiedene Gärten eindringen und die Obstbäume plündern. Jedenfalls würden die Bauern und auch ich sich das nicht gefallen lassen. Ich stände auf dem Standpunkt, die HJ müsse unbedingt Disziplin üben, damit sie mal brauchbare SA-Leute würden. Eltern, Schule und HJ müßten nicht gegeneinander, sondern Hand in Hand arbeiten. Kurz darauf kam dann Verdiek mit einer Anzahl Hitlerjungens an und stellte mich förmlich zur Rede. Ich hätte mit meiner Ansprache der HJ sehr geschadet und er müsse das seiner vorgesetzten Dienststelle melden. Es gab dann einen kurzen Wortwechsel, wobei mich die Jungens einfach niederbrüllten. Als ich mir schließlich Ruhe verschafft hatte, um einige aufklärende Worte zur Versammlung zu sprechen, entzog mir Verdiek das Wort mit der Begründung, es sei Werbeabend der HJ und wenn ich sprechen wollte, solle ich mir von ihm die Erlaubnis holen. Worauf wiederum ein großes Bravogeschrei der HJ einsetzte.

Mit Rücksicht auf die anwesenden Nichtparteigenossen habe ich nichts weiter unternommen, weil es sonst wohl eine allgemeine Hauerei gegeben hätte. Diese Zustände reihen sich würdig an das, was wir in der letzten Zeit hier in der Gegend erleben. Bei der Äpfelklauerei hier am Mielkendorferweg ist ein größerer Trupp HJ in Uniform am 24.9. in Hohenhude, in Mielkendorf und Wolfsee nachmittags in Gärten eingedrungen und hat Äpfel gestohlen. Zur Rede gestellt, waren sie zu feige, ihren Namen zu nennen und gaben an, keinen Führer zu haben. Nach langen Vorhaltungen hat schließlich ein Ernst Lempel, Kiel, seine Adresse angegeben und gesagt, daß der Gefolgschaftsführer Schulz hieße. Dieselben Jungens haben am gleichen Tag einige junge Mädels umstellt, abgeküßt und ihnen die Luft aus den Fahrrädern gelassen, sie ferner aufgefordert mit in den Wald zu kommen . . .

In der benachbarten Ortsgruppe Mielkendorf hat vor kurzem die Frauenschaftsleiterin gegen den Führer der HJ Albers das Kieler Überfallkommando holen müssen. Nach der Rede von Verdiek wundern mich die zuletzt geschilderten Vorkommnisse nicht mehr. Nach der Veranstaltung am Sonnabend sind dann noch von der HJ Äußerungen gefallen, sie wollten bei mir die Speisekammer ausräumen und nächstes Jahr würden sie mir alles Obst wegholen".[21] Im erzgebirgischen Frohnau, ein anderes Beispiel, hatte sich die HJ den „neu zu gründenden BDM eingeladen in sein (sic) abseits gelegenes Heim. Ein Mädel gab zu, daß ihr die Höschens von den Jungen ausgezogen worden sind usw. Die BDM-Gründung ist durch diese Vorkommnisse ins Wasser gefallen".[22]

Kurz vor Weihnachten konnte Schirach noch einmal einen kaum mehr erwarteten grandiosen Erfolg verbuchen: die Eingliederung der evangelischen Jugendverbände in die HJ. Der evangelische „Reichsbischof" Müller, der dem nationalsozialistischen Regime in beispielloser Verblendung ergeben war, lieferte nach kurzen Verhandlungen mit Schirach rund 700.000 Jungen und Mädchen der Hitlerjugend aus. Vergebens hatten sich die Jugendorganisationen Ende Juli zum Evangelischen Jugendwerk Deutschlands zusammengeschlossen, um alle Angriffe auf ihre Unabhängigkeit abwehren zu können; die Vereinigung erleichterte jetzt ihre Überführung in die nationalsozialistische Jugend. Am 19. Dezember vereinbarten Schirach und Müller ein vier Punkte umfassendes Abkommen, das nur denjenigen Jungen und Mädchen erlaubte, in der evangelischen Jugend zu bleiben, die Mitglied in der Hitlerjugend wurden. Sport und Politik wurden ausschließlich der HJ überantwortet, dafür durfte die Kirche an zwei Sonn- und zwei Wochentagen im Monat die Jugend für sich beanspruchen. Die gleiche Zeit stand der HJ zur Verfügung. Das Abkommen sollte innerhalb von zwei Monaten vollzogen werden.[23] Müller behielt es sich selbst vor, Hitler sofort telegrafisch zu unterrichten: „Gott segne diese Stunde für unser Volk und unsere Kirche. Gott lasse sein heiliges Wort mächtig werden in der nationalsozialistischen Erziehung des kommenden Geschlechts".[24] Nie ist Schirach ein Erfolg leichter gemacht worden. Jedoch regte sich vielerorts Widerstand, und nach Ablauf der Frist war die Eingliederung noch längst nicht überall durchgeführt. Aus einem Bericht der Geheimen Staatspolizei: „Die Agitation gegen die Eingliederung des evangelischen Jugendwerks in die Hitlerjugend ist außerordentlich rege. Sie hat eine gewisse Stütze in einer vor kurzem erschienenen Pressemeldung gefunden, nach der Verhandlungen im Reichsinnenministerium über die Durchführung der Eingliederung geführt werden; in den Kreisen des evangelischen Jugendwerks wird daran die Erwartung geknüpft, daß die Vereinbarungen zwischen dem Reichsbischof und Reichsjugendführer grundsätzlich geändert werden könnten.

Der ‚Ostbund evangelischer Jungmännervereine' in Berlin hatte die Absicht, eine Versammlung seiner Anhänger nach dem Sportpalast einzuberufen, um dort gegen die Vereinbarung Stellung zu nehmen. Die Versammlung wurde aus sicherheits-polizeilichen Gründen verboten.

Im Bezirk der Staatspolizeistelle Kassel ist noch von keiner Seite mit der Durchführung der Eingliederung begonnen worden. Gelegentlich eines Aufmarsches einer kleineren Gruppe der evangelischen Jugend kam es zu Streitigkeiten mit der Hitlerjugend, in deren Verlauf die Hitlerjugend der evangelischen Gruppe die Fahrtenmesser abnahm, die sie dem Polizeipräsidenten übergab.

In der Wuppertaler Stadthalle hielt am 5.2.34 der Pastor Zahn eine Versammlung der HJ ab, in der die Überführung der evangelischen Jugend in die HJ stattfinden sollte. In den Kreisen der evangelischen Jugendverbände, insbesondere dem Christlichen Jungmännerverband (CVJM), begegnete die Veranstaltung scharfer Ablehnung. Anläßlich eines Jahresfestes des CVJM in Barmen am 2.2.34 hatte einer der dortigen Pastoren erklärt, wer noch einen Funken Ehre im Leibe habe, gehe nicht zu der Veranstaltung des Pastors Zahn.

Die Versammlung war von etwa 2.500 Personen besucht, die sich aus Angehörigen der HJ und evangelischen Eltern zusammensetzten. Die Mitglieder der evangelischen Jugendverbände waren der Veranstaltung ferngeblieben. Nach Schluß der Versammlung wurden zwei 18jährige Schüler festgenommen, die geäußert haben sollten, der Gebietsführer der HJ sei ein Dickbalg und zähle zum Pöbel, wie überhaupt die ganze HJ Pöbel sei.

Im Bereich der Staatspolizeidienststelle Dortmund, in deren Bereich die Pfarrer von vornherein jede Mithilfe an der Eingliederung des evangelischen Jugendwerkes in die Hitlerjugend ablehnten, wird jetzt erwogen, die jetzt zur evangelischen Kirche gehörenden Jungscharen und Jungmännervereine aufzulösen, um so die Eingliederung dieser Verbände in die Hitlerjugend zu umgehen. Später sollten die Angehörigen dieser Vereine in Bibel-Kreisen zusammengefaßt werden".[25]

Die „starke(n) Strömungen" gegen die Eingliederung in die HJ waren auch durch eine Stellungnahme des evangelischen Pfarrer-Notbundes hervorgerufen worden, der das Abkommen scharf kritisiert hatte. Doch alle Proteste, auch vom Leiter des evangelischen Jugendwerks, der Müller vorwarf, eigenmächtig und trotz der Tatsache, daß ihm das Amt als Schirmherr des Jugendwerks entzogen worden war, verhandelt zu haben, vermochten jetzt die Zerschlagung der evangelischen Jugendorganisationen allenfalls noch zu verzögern, nicht aber sie zu verhindern. Das Kapitel evangelische Jugend war für Schirach bereits abgeschlossen. Er entfaltete jetzt eine großangelegte Propagandakampagne gegen die katholische Jugend. Ihre Gleichschaltung war das „aktuellste und wichtigste Problem" für ihn. „Auch die katholischen Jugendverbände müssen in die HJ", proklamierte der Reichsjugendpressedienst. Mit allen Mitteln wurde den katholischen Gruppen die Arbeit schwergemacht, das bereits bewährte Register der Schikanen und Drangsalierungen mit noch größerer Intensität als bisher ausgespielt. Erneut häuften sich die Übergriffe. Nationalsozialistische Gesinnung sollte auch in den Kirchen demonstriert werden. Die Jugendführung forderte katholische Jugendliche auf, in Uniform zur Firmung zu gehen. „Wirtschaftliche Gründe" machten dies angeblich erforderlich.[26]

Doch die katholische Kirche widerstand. Zwar konnte die HJ auch hier Einbrüche verzeichnen; aber ihre Erfolge waren verhältnismäßig gering. Zum Teil konnte die katholische Kirche sogar die Jugendlichen der HJ wieder abspenstig machen: „Durch die intensive Werbearbeit der katholischen Verbände war die Werbung von Mitgliedern für die HJ vielerorts kaum noch von Erfolg. Aus zahlreichen Bezirken des Westens wird gemeldet, daß eine starke Belebung der katholischen Jugendbewegung festzustellen sei. Mehrfach gelang es katholischen Jugendvereinen, Mitglieder der HJ zu sich hinüberzuziehen. In einzelnen Fällen schieden die katholischen Jungen geschlossen aus der HJ aus. . . Wo es der Propaganda der katholischen Vereine nicht gelang, in die Reihen der HJ einzubrechen, hat sie mindestens den weiteren Zustrom der Jugend zur HJ aufgehalten".[27]

Schirachs hektische Unrast beim Aufbau der HJ zur umfassenden Massenorganisation steigerte sich gleichwohl in diesen Wochen und Monaten. Von der Machtposition, die er sich jetzt, in der Frühphase des Dritten Reiches eroberte, hing entscheidend seine politische Zukunft ab. Immer deutlicher wurde, daß sich die Periode der revolutionären Gleichschaltungen und Machtusurpationen ihrem Ende entgegenneigte. Zunehmend stieß er auf konkurrierende Ansprüche anderer nationalsozialistischer Funktionäre und Apparate, die seinen Handlungsspielraum einengten.[28] Das Machtgefüge des NS-Staates begann sich mehr und mehr zu verfestigen. Allein die SA, auf die sich Hitler in der Phase der Machtübernahme als Instrument zur Durchsetzung seiner Ansprüche gestützt hatte, bildete jetzt noch unter Röhm ein gefährliches und unberechenbares Element der revolutionären Gärung. Sie fühlte sich um den Lohn für ihre Opfer und Leistungen betrogen. Der Umsturz ging ihr nicht weit genug, für die hohen SA-Führer waren nicht im erhofften Ausmaß Pfründe abgefallen, und der Wunschtraum, daß aus der Parteitruppe die Armee des Dritten Reiches werden würde, schien sich nicht zu erfüllen. In der Tat war Hitlers Entscheidung gegen die SA und für die Reichswehr schon gefallen, und er entschloß sich, Röhm und seine höchsten Chargen durch eine Mordaktion zu beseitigen. Am 30. Juni 1934 wurden Röhm und seine Unterführer, die sich in Bad Wiessee versammelt hatten, verhaftet, ins Zuchthaus München-Stadelheim abtransportiert und dort liquidiert. Zugleich wurde im ganzen Reich eine großangelegte Säuberungsaktion gegen die SA durchgeführt, die von der Parteiführung dazu genutzt wurde, um mit zahlreichen anderen mißliebigen Personen abzurechnen, darunter Schleicher, Gregor Strasser und Gustav von Kahr, dem „Verräter“ vom 9. November 1923.

Schirach hat stets beteuert, in die Pläne zur Zerschlagung der SA-Führung nicht eingeweiht gewesen zu sein. Doch sind daran Zweifel angebracht. Sicher scheint jedenfalls, daß ihm mehr oder weniger deutliche Hinweise auf die bevorstehende Aktion zugespielt worden sind. Denn als SA-Gruppenführer war auch er aufs höchste gefährdet. Er hatte genug Feinde, die ein Interesse daran besaßen, ihn gleich mit zu beseitigen. Drei Tage vor Beginn der Säuberungswelle kündigte er seinen Gefolgsleuten in einem geheimen Rundschreiben an, daß künftig die Zusammenarbeit mit der SS verstärkt werde. In den folgenden Tagen und Wochen blieb er dann wie vom Erdboden verschwunden. Schon keimten im In- und Ausland die Gerüchte, auch er sei ein Opfer der Hitlerschen Schergen geworden. Doch bald darauf zeigte er sich wieder auf der politischen Bühne, trat allen „Lügenmeldungen“ über seine angebliche Kaltstellung entgegen und stellte demonstrativ sein nach wie vor ungetrübtes Verhältnis zu Hitler zur Schau. Ohne Zweifel hat Hitler seinen treuen Gefolgsmann aus allen Händeln herausgehalten. Einmal mehr machte es sich für Schirach bezahlt, daß er allein auf seinen Führer setzte, während er, stets auf die Autonomie der HJ bedacht, keine engere Bindung mit der SA eingegangen war. Doch hielt Hitler es offenbar für das beste, Schirach solange aus dem Verkehr zu ziehen, bis sich die Emotionen in der Hitlerjugend, in der die SA viele Sympathien besaß, beruhigt hatten und sich nicht gegen Schirach wenden konnten.[29]

Erneut hatte sein Gespür für Macht Schirach Recht gegeben. Mehr noch freilich als ihr rücksichtsloser Einsatz, der ihn durch nichts von anderen nationalsozialistischen Führern unterschied, bestimmte eine hohe, aus der früh und eindringlich gewonnenen Erfahrung eigener Unzulänglichkeit und Schwäche rührende Sensibilität für fremde Macht, die er feinnervig zu wittern, abzuschätzen und für sich nutzbar zu machen wußte, entscheidend seine politische Laufbahn. Macht war für ihn der oberste Glaubenssatz; erst in weitem Abstand dahinter folgte die nationalsozialistische Ideologie. Schirachs Karriere wird denn auch entscheidend begreiflich aus seinem Verhältnis zum Machtzentrum der Partei und des Dritten Reiches schlechthin, in seiner Beziehung zu Hitler, die durchweg Verwandtschaft zu feudalzeitlicher Vasallität mit ihren wechselseitigen Verpflichtungsverhältnissen von Dienst und Lehen, herrschaftlichem Schutz und Treupflicht aufweist, und es heißt durchaus ihren Wesenskern, und das bedeutet, ihren Machtkern, verkennen, wollte man sie, wie in der historischen Beurteilung geschehen, allein auf emotionale Grundlagen reduzieren, auf Freundschaft, gläubiges Vertrauen oder gar väterliche Nachsicht.

Tatsächlich trifft sich solche Schau eben mit der Absicht, die nur plakativ-propagandistische Fassade, die Hitler als Teil dieses Verhältnisses seinem Gefolgsmann als Gegengabe für geleistete Dienste und unbedingte Ergebenheit zugestand, als das Verhältnis selbst auszugeben, und Schirach hat denn auch, aus der Gewißheit, in der engen personalen Bindung an seinen Führer die alleinige Garantie für seine Stellung zu besitzen, unablässig und mit nicht geringem Aufwand dafür Sorge getragen, daß das Bild von den einander treuverschworenen Kampfgefährten weithin im Bewußtsein, von den Funktionären hinab bis zur Masse der Parteigenossen und Pimpfe, lebendig blieb, sicher nicht ohne den Hintergedanken, daß so die Gefolgschaft durch Hitler um so schwerer aufkündbar würde. Hitler selbst hat im Mai 1931, als er Schirachs Sturz als Führer des Studentenbundes verhinderte, diese Beziehung überaus deutlich charakterisiert: „Sachlich vertritt Schirach das, was ich ihm einst aufgetragen habe und heute noch als einzige Aufgabe ansehe. Praktisch hat er unerhört gearbeitet und sich redlich dafür abgerackert. Sein Erfolg geht weit über meine Erwartungen hinaus. . . Ich habe keinen verständigeren und treueren Mitarbeiter als diesen jungen Kameraden, der stets in meinem Sinn gehandelt hat und stets das tat, was ich ihm auftrug. Ich würde mich lieber in Stücke hauen lassen, als Schirach im Stich zu lassen".[30] Die letzte Sentenz hat Schirach als Mahnung für seine Unteren und sichtbare Erinnerung an die Einlösung des Versprechens für Hitler, in Bronze gegossen, in der Eingangshalle der Reichsführerschule in Potsdam anbringen lassen. Von Anbeginn an übernahm Schirach konsequent die Rolle des allerhöchsten Sachwalters mit dem gleichermaßen bescheidenen wie jede Kritik verbietenden Anspruch, nichts anderes als die Wünsche und Weisungen seines Herrn zu vollstrecken. Dies galt für die großen Linien der Politik gleichermaßen wie für Alltagsentscheidungen. „Auf den ausdrücklichen Wunsch des Führers" oder Hitler habe „ein für alle Mal verboten" waren so oder ähnlich nachgerade topische Wendungen Schirachs, die jeden Zweifel an seinen Befehlen und auch nur den Versuch ihrer Diskussion im Keim erstickten und zugleich den Parteiführer selbst seiner unbedingten Verläßlichkeit versichern sollten.[31] Noch in den Niederungen der alltäglichen Nebensächlichkeiten ließ er es sich mit bisweilen grotesk anmutendem Eifer angelegen sein, Hitlers Autorität zum Maß der Dinge zu machen. „Ausmerzung von Fremdwörtern", so begegnete er gelegentlich der Kritik eines völkischen Sprachpuristen an seinem Stil, „wird vorgenommen, doch bitte ich Sie zu bedenken, daß es viele Worte gibt, die man nicht ohne weiteres übersetzen kann, (z.B. Subjektivität!), auch Hitler gebraucht solche Worte!" [32]

Das Bewußtsein, daß seine Stellung und seine Autorität allein aus Hitler abgeleitet waren, hat Schirach zur immer neuen Erhöhung, ja, pseudoreligiösen Verehrung seines Führers Veranlassung gegeben. Seine Lyrik gibt davon ebenso Zeugnis wie seine Reden und Verlautbarungen. Das Verhältnis zu Hitler erklärte Schirach kurzerhand zur Glaubensfrage. Einen seiner Kreisleiter im Studentenbund, der an Hitlers Entscheidungswillkür irre geworden war, mahnte er: „Keinesfalls aber, lieber Kamerad Lüer, würde ich durch eine mir unverständliche und scheinbar ungerechte Entscheidung des Führers in meinem Glauben an diesen wankend werden. Er hat sich die Frage bestimmt täglich durchdacht, und seine Entscheidung muß auch dann als selbstverständlich hingenommen werden, wenn sie der eigenen Auffassung und der persönlichen Meinung widerspricht . . . Wir folgen unserem Führer nicht deswegen, weil er das uns richtig Erscheinende anordnet, sondern weil wir von ihm glauben, daß er aus schöpferischer Intuition das objektiv für Deutschland Richtige veranlaßt. Dieser Glauben aber verpflichtet uns zu bedingungsloser Anerkennung, zu blindem Gehorsam und zu schweigender Hinnahme seiner Befehle".[33]

Nach Schirachs Vorstellung sollte Hitler in späteren Jahren die Rolle eines Religionsführers übernehmen und nach japanischem Vorbild göttliche Verehrung genießen. „So wie die Schintovorstellung die Verehrung des Kaisers und der Ahnen und des Volkes fordert, so könnte die nationalsozialistische Vorstellung, der nationalsozialistische Glaube, sagen wir einmal fordern: erstens: die Verehrung des Führers, zweitens: die Verehrung des Volkes und der Ahnen. Wenn dann diese beiden Grundgesetze von jedem Staatsbürger als erste und als vornehmste anerkannt sind, könnte ja jeder darüber hinaus noch einem katholischen oder evangelischen oder buddhistischen Glaubenskreis angehören. Wenn das für ihn das Primäre ist, das Bekenntnis zum Führer, das Bekenntnis zu der Lehre, die sein Volk groß gemacht hat, und wenn dann erst die verschiedenen Religionsgemeinschaften kommen, dann wäre meinem Gefühl nach eine ganz erträgliche Lösung gefunden".[34]

Mit demselben Nachdruck wie für Hitler forderte Schirach absolute Autorität auch für sich. Das nationalsozialistiche Führerprinzip, das eigenständiges Handeln, ja, Denken der Gefolgschaft verneinte, suchte er bedingungslos durchzusetzen. „Jeder in dieser Bewegung", erklärte er vor seinen Unterführern im Studentenbund, „muß sich sagen, daß es Aufgabe der Führung ist, daß ihre Entscheidungen unanfechtbar anerkannt werden (sic), und daß es nicht angängig ist, über (sic) diese Entscheidungen dann später zu kritisieren. Sonst hätte keine Führung Sinn. Dann müßte man ja durch eine Abstimmungsmehrheit entscheiden. Eine Führung hat nur dann Sinn, wenn sie auch in ihren unangenehmsten und auch sachlich ganz falsch zu sein scheinenden Entscheidungen restlos anerkannt wird".[35] Und, schärfer, im April 1939, vor HJ-Funktionären: „Eine Führung, die erst durch eine positive Kritik auf

Fehler aufmerksam gemacht wird, ist gar nichts Wert. Ich bin eigentlich nie auf etwas aufmerksam gemacht worden, was ich nicht schon selbst gefühlt hätte. Kritik an Befehlen und Maßnahmen ist kein positiver Beitrag. Sie ist verbrecherisch, weil sie Autorität zu untergraben beginnt".[36] Die Sorge um seine Autorität, an der er allem Anschein nach heimliche Zweifel hegte, plagte ihn ohne Unterlaß. Bezeichnend begegnete er Angriffen gegen sich, indem er sie als in Wahrheit gegen Hitler selbst gerichtet ausgab. Seinen Gegenspieler Anrich etwa forderte er wegen „Versuch des Betruges am Führer der NSDAP" auszuschließen. Die gelegentliche Kritik des SA-Gruppenführers Schneidhuber an seiner Person wies er als „Kränkung für unseren Führer Adolf Hitler" zurück.[37]

Schirachs Maxime, alles, was er tat, ja, seine Existenz selbst allein aus Hitler abzuleiten, machte viele Jahre die Unangreifbarkeit seiner Position aus. Doch zugleich bedeutete dies die vollkommene Abhängigkeit von seinem Führer. Eine seiner Hauptanstrengungen war denn auch auf die physische Nähe zu Hitler gerichtet. Sie ermöglichte es ihm, Entscheidungen unmittelbar und in seinem Sinn einzuholen sowie Intrigen seiner Gegner frühzeitig zu erkennen und abzuwehren. Seine stete Präsenz in Hitlers Umgebung hat Schirach durchaus planvoll von Beginn seiner Studentenzeit an organisiert. Er unterhielt Büros im Braunen Haus und später in der Reichskanzlei. Sein Feriensitz befand sich, zunächst in Urfeld, dann in Kochel, nicht allzu entfernt von Hitlers Berghof, so daß er auch von hier aus seinen Führer stets rasch erreichen konnte. In derselben Absicht hatte er die Reichsjugendführung schon kurz nach der Machtergreifung von München nach Berlin verlegt. Als Hitler 1938 verlangte, die Jugendführung wieder in München anzusiedeln, wehrte sich Schirach mit allen Mitteln. Und als er 1940 nach Wien ging, galt seine erste Sorge einem Büro in der Reichskanzlei.

Zugleich bemühte sich Schirach demonstrativ, durch einen möglichst kleinen Apparat Hitler seine Ungefährlichkeit unter Beweis zu stellen. Gern präsentierte der nationalsozialistische Führer Gästen Schirachs Arbeitszimmer in der Reichskanzlei mit dem Bemerken, daß die größte Jugendorganisation der Welt von einem unscheinbaren Büro aus geführt werde. Natürlich wußte Hitler um den zunehmend wuchernden Organisationsapparat der HJ und Schirachs Gier nach mehr Macht und Einfluß blieb ihm keineswegs verborgen. Alle Gesten der Bescheidenheit konnten ihn darüber nicht hinwegtäuschen. Es war jedoch ausge-

Abb. 14: Eine von Schirachs Hauptanstrengungen war auf die physische Nähe zu Hitler gerichtet.

Abb. 15:
Auf dem Obersalzberg.

Abb. 16: Besichtigung der Baustelle für das neue Braune Haus.

Abb. 17: Mit Heß und Hitler auf dem Reichsparteitag 1936.

schlossen, daß Schirach und die HJ jemals zuviel Macht auf sich vereinen konnten, es sei denn im engen Bündnis etwa mit der SS, der SA oder der Wehrmacht. Doch jeder Pakt, mit wem auch immer, hätte die Zerschlagung der HJ durch die vereinte Phalanx der Gegner und Schirachs politisches Ende zur Folge gehabt. Schirach konnte die Existenz der Hitlerjugend nur sichern, wenn er sie nach allen Seiten gegen jeden Zugriff absicherte und auf strikte Unabhängigkeit bedacht war. Allein Hitler konnte sie garantieren, und beide wußten dies. Für Hitler bot die Neutralität der HJ die Gewähr, daß auf lange Sicht das Gleichgewicht der konkurrierenden Kräfte im NS-Staat gewahrt bleiben würde. Das Gefolgschaftsverhältnis zwischen ihm und Schirach war deshalb zuerst und vor allem eine politische Lebensformel, für Schirach die allein mögliche Überlebenschance.[38]

Staat im Staate

Es wäre ohne Zweifel verfehlt, in den beiden von Schirach unablässig verkündeten Leitsätzen: die Jugend müsse sich selbst führen und habe ihren eigenen Staat für sich, die er gleichsam leitmotivisch seiner politischen Programmatik voranstellte, nichts anderes zu sehen als propagandistische Rattenfängerei mit dem Ziel, die totalitäre Erfassung und Durchdringung der Jugendlichen durch den Nationalsozialismus hinter einer romantizistischen Fata Morgana zu verschleiern und der Jugend die Verwirklichung eines insbesondere von den Bündischen stets vergeblich geträumten Traums suggerieren zu wollen. Vielmehr verkörperten die beiden Maximen geradezu Schirachs Strategie, die er mit unbeirrbarer Beharrlichkeit verfolgte. In der Konsequenz bedeuteten sie nichts anderes als die Unterstellung der gesamten Jugend unter seine Führung und die Schaffung eines gleichsam souveränen Abbildes des nationalsozialistischen Staates: ein Liliput im Dritten Reich. Schon vor der Machtübernahme hatte Schirach zielstrebig damit begonnen, parallel zu den Ämtern der Partei, die ihrerseits einen konkurrierenden Schattenriß der staatlichen Behörden und Ministerien bildeten, Abteilungen in der Hitlerjugend aufzubauen, die die gesamte Jugendarbeit in eigene Regie übernehmen und jeden Einfluß von außen kanalisieren sollten. Es gehörte auch zu dieser Strategie des Abschottens, daß Schirach von Anfang an die regionale Gliederung der Hitlerjugend von den staatlichen Verwaltungsgrenzen ebenso wie von den Gauen und Kreisen der Partei abweichen ließ und dafür Sorge trug, daß seine Unterführer ihre Dienstgeschäfte möglichst weit entfernt von den Parteibüros versahen. Bereits 1932 war es zwischen Parteiämtern und HJ-Abteilungen zu heftigen Kompetenzstreitigkeiten gekommen. Einmal entzündete sich der Konflikt, weil in der Auslandsabteilung der Jugendführung der Anspruch laut geworden war, daß „die Auslandsarbeit für die gesamte Bewegung nur von uns geleistet" werde; ein anderes Mal stritten sich Schirach und die Führung der Nationalsozialistischen Betriebszellenorganisation (NSBO) um die Zuständigkeit für die Jugendbetriebszellen. Ebenso stieß der Ende 1932 von der NS-Frauenschaft unternommene Versuch, eine Nachwuchsorganisation aufzubauen, auf Schirachs heftigen Widerstand. Im Gegenzug versuchte er, die Altersgrenze für den BDM auf fünfundzwanzig Jahre heraufzusetzen. Schließlich wurden alle Mädchen bis zu einundzwanzig Jahren der Jugendführung unterstellt.[39] Dieses Beispiel verdeutlicht, daß Schirach den Jugendbegriff durchaus extensiv auszulegen bereit war, wenn er hoffen konnte, dadurch seine Einflußsphäre zu erweitern. Die bewährten Topoi von den greisenhaften Jungen und den jugendlichen Alten, der ewigen Jugend zumal, die der Nationalsozialismus verkörperte, mußten ohnedies bald dazu herhalten, der Kritik an dem zunehmenden Alter der Jugendführer, die nicht von Amt und Würden lassen wollten, zu begegnen. 1938 betrug das Durchschnittsalter in den höchsten Rängen der HJ bereits über dreißig Jahre.[40]

Das Netz der Ämter und Abteilungen wurde umfassend ausgebaut. Es gab ein Sozialamt, ein Gesundheitsamt, Ämter für Jugendverbände, für Sport und für Weltanschauung, ein Kulturamt, ein Rechtsamt, ein Rundfunkamt und so weiter. Bis Kriegsbeginn entstanden insgesamt neunzehn Abteilungen. Freilich gelang die Usurpation der Jugendarbeit nur Schritt für Schritt und unter immerwährenden zähen Auseinandersetzungen innerhalb der Partei und, nach der Machtübernahme, mit den staatlichen Behörden. Vor allem die katastrophale Finanzlage der Jugendführung zwang Schirach immer wieder zu Zugeständnissen. Er war noch lange Zeit auf fremdes Geld angewiesen, das gerade von denen kam, die er bekämpfte. Mit den bereits vielfach bewährten Methoden des Tarnens, Täuschens und Taktierens versuchte Schirach gleichwohl seinen Machtanspruch durchzusetzen. Gewöhnlich arbeitete er mit konkurrierenden Organisationen nur solange zusammen, wie er auf sie angewiesen war. Dann ging er zur Konfrontation über. Anschaulich wird seine Konzeption an einem Beispiel: der Gründung des Kulturamts im September 1935.

Entsprechend seinen kulturpolitischen Ambitionen hatte Schirach es schon viel früher einrichten wollen. Doch Hitlers Stellvertreter Heß verweigerte seine Zustimmung, nachdem Parteischatzmeister Schwarz Bedenken angemeldet hatte. Schirach ließ sich dadurch nicht beirren. Das nötige Geld suchte er sich von der NS-Kulturgemeinde zu beschaffen, einer Theaterbesucherorganisation, die Rosenberg unterstand, aber von der Deutschen Arbeitsfront finanziert wurde. Hitlerjugend und Kulturgemeinde arbeiteten schon länger zusammen. Zwar war auch der Leiter der Kulturgemeinde, Dr. Stang, gegen das Kulturamt, doch gelang es Schirach, ihn zu einem Abkommen zu überreden. Heß wünsche, so überrumpelte Schirach den Ahnungslosen, daß die „Frage möglichst bald geklärt" werde. Stang verpflichtete sich, sämtliche Personalausgaben zu übernehmen und alle zusätzlichen Mittel möglichst „von Fall zu Fall" bereitzustellen. Schon zwei Tage später flog der Schwindel auf. Doch Schirach hatte richtig spekuliert. Für Rosenberg, im Kirchenkampf auf Schirachs Unterstützung angewiesen, war „die Sache abgemacht". Falls auch Heß seine Meinung ändere, solle das Abkommen gültig bleiben. Daraufhin gab auch Heß nach. Jetzt begann die Phase der Obstruktion. Die Jugendführung inszenierte immer neue Kontroversen mit der Kulturgemeinde und scheute auch vor der öffentlichen Austragung des Konflikts nicht zurück. Als Stang schließlich mit der Sperrung aller Gelder drohte, mußte Schirach zunächst einen Zurückzieher machen. Langfristig gelang es ihm jedoch, das Kulturamt aus der finanziellen Abhängigkeit zu befreien und den Einfluß der Kulturgemeinde auszuschalten.[41]

Die heftigsten Auseinandersetzungen wurden mit dem Erziehungsministerium ausgetragen. Denn das Selbstführungsprinzip der Jugend wollte Schirach auch auf die Schulen ausgedehnt wissen. Die Idee vom Jugendstaat konnte nur Wirklichkeit werden, wenn die HJ den gesamten Erziehungssektor unter ihre Kontrolle bekam. Schirach hatte nicht einmal ein Jahr der Aufsicht Fricks unterstanden. Als im Mai 1934 Bernhard Rust vom Preußischen zum Reichserziehungsminister avancierte, übernahm er zugleich die Zuständigkeit für die Jugendführung. Rust, ein phlegmatisch-pedantischer Schulmeister, nörglerisch und häufig kränkelnd, der nichts in die Kultusverwaltung einzubringen wußte als einen ausgeprägt antiintellektuellen Affekt, war dem Elan Schirachs und der Hitlerjugend von Anfang an hoffnungslos preisgegeben. Wie jede Bewegung mit revolutionärem Anspruch ihren reaktionären Gegenpart braucht, um sich selbst zu legitimieren und ihren Anspruch anschaulich unter Beweis stellen zu können, so wies die HJ alsbald Rust, seinen Verwaltungsbeamten und den Lehrern diese Rolle zu, aus der sie im Dritten Reich nicht wieder herausfanden.

Der unüberbrückbare Gegensatz zwischen Hitlerjugend und Schule bildete, solange es überhaupt ein geordnetes Schulwesen gab, die durchgängige Grundkonstante im Erziehungsraum des nationalsozialistischen Staates. Das Bewußtsein bei der Jugend weithin, in verstaubten, unzeitgemäßen Paukschulen ein sinnloses Dasein zu fristen, während sich draußen, in den Heimen und Lagern der Hitlerjugend, bei Sport, Spiel, Fahrt und all den anderen Aktionen das eigentliche Leben abspielte, hat erheblich zu dem bald überall beobachteten raschen Verfall des Bildungsniveaus an den Schulen beigetragen. Während die Jungen und Mädchen in den Schulen noch für das Leben lernten, wurde in der HJ, die Sechzehn-, Siebzehn- und Achtzehnjährigen zum Teil beträchtliche Führerverantwortung übertrug, dieses Leben vermeintlich bereits gelebt. Dieser Zwiespalt zwang den Jugendlichen eine paradoxe Doppelexistenz auf, die sie halbtags zu Schülern mit vielen Pflichten und wenig Rechten, halbtags zu vollwertigen Gliedern des Schirachschen Jugendstaats machte. In der HJ aber konnten sie lernen, daß „Kerle von tadellosem Charakter . . . auch ohne Schulwissen durch das Leben kommen werden".[42] Im Grunde wiederholte sich jetzt noch einmal die Situation, wie sie schon in der Kampfzeit während der Weimarer Republik bestanden hatte. Wieder traten Jugend, Fortschritt, Sozialismus und was der positiv besetzten Vokabeln sonst noch waren, gegen Alter, Reaktion und Greisentum an, und wieder zogen Schirach und die HJ aus diesem Gegensatz ihre eigentliche Dynamik. Solange sie den Gegner vor Augen hatten, waren sie vom Beweis für die Richtigkeit ihrer Konzeption befreit.

Als ersten Erfolg konnte Schirach die Einführung des Staatsjugendtages verbuchen. Ein Tag in der Woche sollte der HJ gehören. Nach längerem Bemühen gelang es Schirach im Frühjahr 1934, Hitler für seinen Plan zu gewinnen. Der Führer erklärte seinen Wunsch, für die „deutsche Jugend den schulfreien sogenannten ‚Deutschen Tag'" einzuführen und die Schuljugend körperlich wie politisch zu erziehen.[43] Indessen hatte Hitlers Erklärung, so wie sie formuliert war, einen Haken. Mit der Jugend waren ausschließlich die Schüler, nicht aber die

Lehrlinge, die Angestellten und Jungarbeiter in Handwerk, Handel und Industrie gemeint. Mit der vorgeblichen „sozialistischen" Aufhebung aller Unterschiede und der Verschmelzung der Stände in der Hitlerjugend hatte das Projekt nicht viel gemein. Hitlers eingeschränktes Ja war jedoch von guten Gründen diktiert. Millionen Jugendliche wären sonst Woche für Woche einen Tag lang aus dem Arbeitsprozeß ausgegliedert worden. Dazu kam die Lohnfrage. Die wirtschaftlichen Interessenverbände kündigten deshalb entschiedenen Widerstand an, der sich nur durch einen „Machtspruch" Hitlers hätte beseitigen lassen.[44] Doch dazu war Hitler, der die Wirtschaft wieder in Gang bringen wollte und für seine Aufrüstungspläne auf alle verfügbaren Arbeitskräfte angewiesen war, nicht bereit. Schirach gab sich mit dem Staatsjugendtag für alle Schüler und Schülerinnen zwischen zehn und vierzehn Jahren zufrieden. Der Samstag war schulfrei, dazu kam der Mittwochabend als Heimabend. Alle Jungen und Mädchen, die nicht der nationalsozialistischen Jugend angehörten, mußten samstags weiterhin zur Schule gehen und wurden in „mindestens zwei Unterrichtsstunden" nationalsozialistisch indoktriniert.[45]

Jedoch verzögerte sich, obwohl das Abkommen bereits Ende April ausgearbeitet worden war, die Einführung des Staatsjugendtages um Monate. Schirach, um Erfolge verlegen, gab die Vereinbarung am 9. Juni, Rust erst am 1. August bekannt. In der Tat türmten sich beinahe unüberwindliche Schwierigkeiten auf. Denn jetzt mußte der Unterricht praktisch auf fünf Tage aufgeteilt werden, weil samstags nur noch wenige Nebenfächer gegeben werden durften. Doch waren auch die höheren Klassen vom Staatsjugendtag betroffen. Zum Teil fehlte samstags ein Viertel der Schüler, weil sie als Jungvolkführer im Dienst waren. Ohne Zweifel hat der Staatsjugendtag, der Wandern, Sport und Spiele als Alternative zum Schulunterricht bot, auf viele Jungen und Mädchen einige Anziehungskraft ausgeübt, ohne allerdings auf Anhieb durchschlagenden Erfolg zu erzielen, wie zeitgenössische Situationsberichte erkennen lassen. „Für den Staatsjugendtag wird die größte Propaganda entfaltet. Trotzdem beteiligen sich nicht alle Schulkinder an ihm. In Chemnitz wurden Kinder dreier verschiedener Schulen über die Teilnahme am Staatsjugendtag gefragt. Das Ergebnis war folgendes: Ein Mädel aus der... Schule berichtete, daß 3 Klassen (eine Normalklasse setzt sich aus 34 bis 36 Schülerinnen zusammen) am Staatsjugendtag zu einer Klasse vereinigt werden. In ihrer vereinigten Klasse sind 42 Schülerinnen, demzufolge feiern nur 55 Prozent der Schülerinnen der in Frage kommenden drei Klassen den Staatsjugendtag. Das Mädel hat sonnabends vier Stunden Schule, und zwar eine Stunde Turnen, eine Stunde Handarbeiten und zwei Stunden staatspolitischen Unterricht. Bis jetzt waren alle vierzehn Tage bis drei Wochen am Staatsjugendtag Wanderungen".[46] Ähnlich verhielt es sich an vielen anderen Schulen. Der hereinbrechende Winter erschwerte die Durchführung des Staatsjugendtages noch. Der katastrophale Mangel an Heimen und Turnhallen machte sich jetzt besonders gravierend bemerkbar. Doch Schirach hielt unbeirrt am HJ-Samstag fest.

Tatsächlich gelang es im Lauf der Zeit, Jungvolk und Jungmädeln immer mehr Schüler zuzuführen. Aus Bayern wurde ein Jahr nach Einführung des Staatsjugendtages gemeldet, daß in vielen Klassen nur noch drei bis vier Kinder am Unterricht teilnähmen; ähnliche Berichte kamen aus der Pfalz und aus Mitteldeutschland. Die organisatorischen Probleme wurden dadurch jedoch nur noch vergrößert. Auch der Schulbetrieb wurde weiter beeinträchtigt. Rust entschloß sich schließlich dazu, an Realschulen und Gymnasien einen „gleitenden Sechstageplan" einzuführen. Der auf sechs Tage verteilte Stundenplan galt jetzt jeweils von Montag bis Montag, von Dienstag bis Dienstag undsofort. Offenbar ist der HJ-Tag damals allein aus Prestigegründen nicht abgeschafft worden. Bezeichnend genug verschwand er am 4. Dezember 1936, nur drei Tage, nachdem das Gesetz über die Hitlerjugend verkündet worden war und Schirach einen großen Erfolg verbuchen konnte, sang- und klanglos von der Tagesordnung.[47]

Neben dem Staatsjugendtag hatte die HJ die Jugendlichen am intensivsten in den Zeltlagern während der Ferienmonate unter ihrem Einfluß. Das Lager wurde bald zur entscheidenden Stätte der Indoktrinierung, und rasch bildete die Führung ein umfängliches Ritual für das Gemeinschaftsleben aus. Ohnehin stellte das Lager den idealen Schauplatz für die Verwirklichung der nationalsozialistischen Volksgemeinschaftsideologie dar, und Schirach verkündete, bald werde es keinen Hitlerjungen geben, der nicht „wenigstens drei Wochen" im Jahr in einem Lager verlebe.[48] Im HJ-Gebiet Westfalen etwa wurden im Sommer 1935 zweiunddreißig Zeltlager für jeweils hundert Jungen eingerichtet. Jede Woche kam eine neue Gruppe, so daß insgesamt 32.000 Jugendliche erfaßt wurden, knapp ein Fünftel aller Jungen im Gebiet.[49] Jeder Tag in den Lagern wurde mit einem Kennwort, einem Tagesspruch, Lied, Morgenfeier und einer Gemeinschaftsstunde begonnen. Zum Beispiel: „Kennwort: Langemarck. Tagesspruch: Ihr seid

Abb. 18: Fahrt und Lager dienten der Disziplinierung und Indoktrinierung.

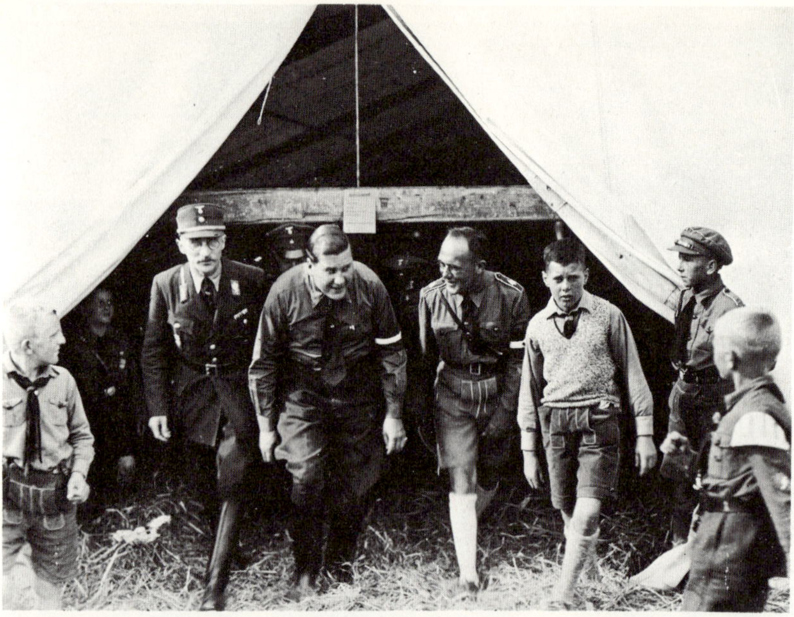

Abb. 19: Lagerbesichtigung. Schirach schlief lieber im Hotel.

Abb. 20: Jeder Jugendliche sollte wenigstens drei Wochen im Jahr in einem Zeltlager verbringen.

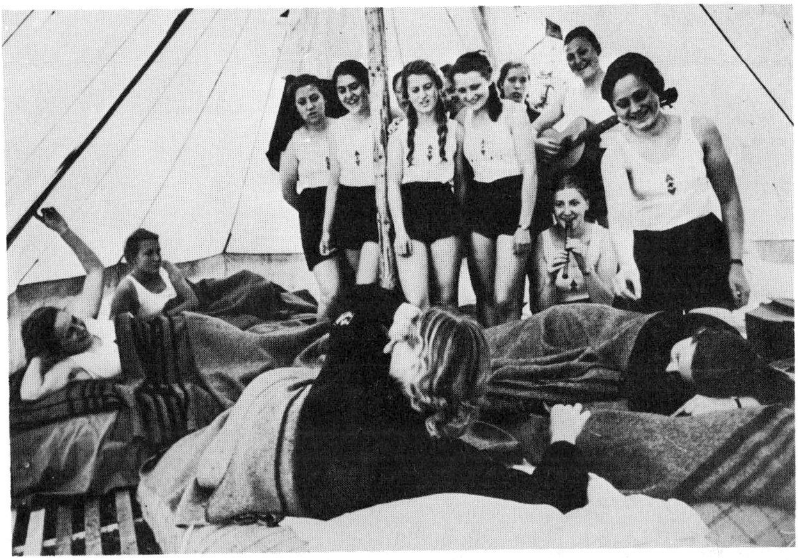

Abb. 21–24: Mädchen und Jungen wurden gleichermaßen erfaßt.

Deutschland ist da, wo starke Herzen sind

nicht umsonst gefallen! Worte: Der Lagerführer spricht von der Ehrfurcht, die die ganze Jugend vor den zwei Millionen Toten haben muß, die im Weltkrieg gefallen sind. Sie fielen für Deutschland, wir stählen uns ebenfalls für Deutschland. Wir sind damit die Erben der Front. Einmal zog man die Soldaten des Großen Krieges in den Dreck (man nannte sie Mörder); heute pilgert die ganze deutsche Jugend zu den Stätten der Gefallenen und neigt ihre Fahnen im Gedenken an ihr heiliges Opfer. Lied: Wildgänse rauschen durch die Nacht. . . Gemeinschaftsstunde: Aus dem Weltkrieg wuchs das Dritte Reich (Mappe der RJF)". Arminius, Geiserich, Theodor Körner, 9. November, Feldherrnhalle, Herbert Norkus, Blut, Heinrich der Löwe, Nürnberg: das Reservoire der Tagesparolen war unerschöpflich. Selbstverständlich war eine von ihnen auch Baldur von Schirach gewidmet.[50]

Dazu kamen die Heimabende, einmal wöchentlich eine Rundfunksendung, die „Stunde der jungen Nation", der Reichssportwettkampf und der Reichsberufswettkampf. Am Sportkampf nahmen 1934 nach offiziellen Angaben 2,3 Millionen Jugendliche teil, zwei Jahre später bereits fünf Millionen. Der Berufswettbewerb begann 1934 mit 500.000 Jungen und Mädchen, 1936 waren es eine Million Jugendliche.[51] Keineswegs darf die integrative Kraft dieser Gemeinschaftsveranstaltungen unterschätzt werden, und die von Hitler selbst als Schirmherr und Namenspatron zur Schau gestellte Zuneigung zu seiner Jugend bestärkte ihr Selbstwertgefühl wie das Bewußtsein, ein eigenständiger und anerkannter Teil der nationalsozialistischen Volksgemeinschaft zu sein. Mit der positiven Ansprache der Jugendlichen gingen die repressiven Maßnahmen, der Druck mit mehr oder minder sanfter Gewalt Hand in Hand. Heß etwa forderte wiederholt alle Beamten auf, ihre Kinder in die HJ zu schicken. Der Regierungspräsident von Düsseldorf drohte den Lehrern Disziplinarmaßnahmen an, falls sie die Schüler nicht nachdrücklich genug zum Eintritt in die NS-Jugend drängten.[52] Allein die jüdischen Kinder blieben von solcherart Werben verschont. Sie durften nicht in die Hitlerjugend eintreten. Schirach verfolgte weiterhin konsequent seine antisemitische Politik. Die Nürnberger Gesetze, mit denen die Diskriminierung der Juden rechtlich zementiert wurde, gingen auch auf seine Initiative zurück. Im November 1938 wurde jüdischen Jungen und Mädchen schließlich die bis dahin noch erlaubte Teilnahme am Reichsberufswettkampf verwehrt.[53]

Der Prozeß der zunehmenden Identifizierung der Jugend mit dem NS-Staat setzte sich fort. Wo die Eltern dem System ablehnend gegenüberstanden, entfremdeten sich die Kinder in immer stärkerem Maß: „In der Hitlerjugend ist großer Betrieb. Die Jungen sind eben leicht zu begeistern und sind mit dem ganzen Herzen bei der Sache. Das große Turnerheim des Arbeiterturn- und Sportbundes ist jetzt das Heim der Hitlerjugend; es ist dort immer großer Betrieb. Wer nicht bei der Hitlerjugend ist, hat wenig Aussicht, in irgendeinem Beruf einmal unterzukommen. So kommt es, daß fast die ganze Jugend bei der HJ ist. Dort wird sie ideologisch vollständig faschistisch erzogen und zwar mit großem Erfolg. Es muß einem grauen, wenn man daran denkt, daß diese Generation schon vielleicht in fünf Jahren Politik macht. Dann allerdings bekäme das Regime eine neue große Kraft. Die meisten Jungen unserer alten Genossen sind heute alle bei der HJ. Was treibt diese Jugend in ihren Übungsabenden? Man spielt eigentlich nicht Soldaten, sondern legt alles auf das Sportliche. Heroismus und Heldentum, das sind die Worte, die immer wiederkehren. Der Junge eines Genossen in meinem Haus, der bei der HJ ist – er ist 13 Jahre – kommt neulich vom Übungsabend heim und fragt seinen Vater: ‚Warum habt Ihr Euch denn damals nicht gewehrt? Ich verachte Euch, weil Ihr keinen Funken Heroismus gehabt habt. Eure Sozialdemokratie ist nichts anderes wert gewesen, als daß sie zusammengehaun worden ist, denn Ihr habt ja keinen einzigen Helden gehabt‘. Der Vater sagte ihm: ‚Das verstehst Du nicht‘. Der Junge aber lacht, er glaubt, was ihm sein Führer erzählt“.[54] Und ein anderer Bericht: „Der Gen. S. . ., Du wirst es kaum glauben, ist nach einem halbjährigen Widerstand als Nazijugendführer aufgetreten. Er ist heute von seiner Mission so begeistert und redet dauernd in mich hinein, ich möchte das unnötige Beiseitestehen aufgeben und wieder ein für die Gesellschaft wertvoller Mensch werden. Es müssen große Dinge über Deutschland kommen, ehe diese Jugend wieder eine andere Gesinnung bekommt. Auf unserem Turnplatz haben sie sich flott eingerichtet. Tag für Tag Übungen, Exerzieren und sportliche Ausbildung. Das solltest Du sehen, wie die Kinder in der Schule bearbeitet werden. Ein ganz neues Geschlecht wächst da heran. Was haben wir Alten da noch auszurichten? Ich glaube, daß wir diese Jugend gar nicht mehr verstehen können und sie uns nicht. Denke doch, daß schon jetzt die Jungen heranwachsen, die keinen Begriff von einer Arbeiterbewegung haben, die nichts hören, wie immer wieder ‚Heroismus und Heldentum‘. Muß da wieder ein Stahlbad kommen, bis diese Jugend im Dreck der Schützengräben oder in den Gaskellern der Großstädte einen Begriff von Freiheit bekommt? Diese Jugend will von uns nichts mehr wissen, für sie ist das Wort Republik gleichbedeutend mit Geschichte und Vergangenheit, die man überwunden hat. Manchmal kommt mir das alles vor wie ein irrer wüster Traum".[55]

Inzwischen wurde die Kritik am Selbstführungsprinzip lauter. Meldungen, wie zum Beispiel aus Ostpreußen, daß „innerhalb der örtlichen Führung des Jungvolks Mißstände herrschten und die Jungvolkführer ihrer Aufgabe in keiner Weise gewachsen" seien, mehrten sich. Die Geheime Staatspolizei registrierte zunehmend „Fälle, in denen angesichts des Verhaltens von HJ-Führern Bedenken geäußert werden, ob überhaupt Jugend durch Jugend geführt werden könne. Man weist darauf hin, daß die Unterführer in der HJ häufig zur Erziehung und Führung der Jugend nicht in der Lage seien; sie seien z.T. selbst noch Kinder, denen jede Führerfähigkeit fehlte, und die selbst noch der Erziehung bedürften".[56] Auch in der Reichsjugendführung herrschten in den frühen Aufbaujahren chaotische Zustände, von einer geordneten Verwaltung konnte keine Rede sein. Die Klagen über Schlendrian und Schlamperei häuften sich. Schirach selbst entrüstete sich nach einer gelegentlichen Kontrolle darüber, daß ein „großer Teil der für die Reichsjugendführung verpflichteten Referenten fehlte und daß in einzelnen Räumen nicht gearbeitet wurde".[57] Dienstzeiten wurden nicht eingehalten, Anordnungen nicht oder falsch weitergegeben, die wenigen Finanzmittel oft sinnlos verschwendet. Nachdem Anfang 1935 die Finanzverwaltung der Jugendführung auf Anordnung der Parteileitung einer Revision unterzogen worden war, gelang es, „gewaltige Einsparungen" zu erzielen und „auf der anderen Seite trotz dieser Einsparungen in gewissen Dingen für die Erfüllung der politischen Aufgaben Beträge bis zur 10-fachen Höhe gegenüber vorher zur Verfügung zu stellen".[58]

Freilich war Schirach das schlechteste Vorbild für seine Gefolgschaft. Unfähig zu geregelter Arbeit, ließ er die Zügel schleifen und den Dingen ihren Lauf. Seinen Platz sah er zuerst in Hitlers Hofstaat, bei grandiosen Massenaufmärschen, vor Fahnen und Spalieren. Daß die Jugendführung in dieser Zeit nicht im Chaos versank, hatte er vor allem seinem Stellvertreter Hartmann Lauterbacher zu verdanken, von Wesen, Auftreten und Erscheinung das genaue Gegenbild zu Schirach. Der zwei Jahre jüngere Lauterbacher war schon früh zur völkischen Jugendbewegung gestoßen, hatte in Kufstein einen eigenen Jugendbund gegründet und sich bald darauf der Hitlerjugend angeschlossen. Noch vor der Machtübernahme war er als erfolgreicher Organisator aufgefallen und rasch in der HJ-Hierarchie aufgestiegen. In der Berliner Zentrale nahm Lauterbacher nun Schirach das leidige Alltagsgeschäft ab und führte nach und nach eine straffe Reorganisation durch.[59] Schirach hatte unterdessen guten Grund, für sein Ansehen Sorge zu tragen. Denn weder bei seinen Unterführern noch bei der breiten Masse der Jugendlichen war er populär. Die unablässig gespielte Doppelrolle, die von ihm staatsmännischen Gestus im Kreis der Minister und hohen Parteifunktionäre ebenso verlangte wie dem Ideal des schneidigen Jugendführers zu entsprechen, hinterließ zunehmend ihre Spuren in seinem Wesen. Die Verstellung wurde ein Teil seiner selbst. Seine weichliche Erscheinung wirkte eher wie das Gegenteil des von ihm propagierten soldatischen Typs. Er wurde zunehmend füllig und rund. Erst als er von Hitlerjungen spöttische Bemerkungen über seine Figur aufschnappte, so das Zeugnis eines HJ-Führers, verdammte er sich zeitweilig zu strenger Diät. Auch sportlich war Schirach kein Vorbild und statt während der HJ-Lager im Zelt zu schlafen zog er die Übernachtung im Hotel vor. Die über Schirach kursierenden Gerüchte waren ebenfalls Ausdruck seiner Unbeliebtheit. Sie reichten von dem Vorwurf, er sei Jude und heiße in Wahrheit Baruch Meyer, bis zu seinem angeblich mädchenhaften weißen Schlafzimmer. Wiederholt sah sich Schirach veranlaßt, den Mutmaßungen über seine Person entgegenzutreten, und als alles nichts helfen wollte, ließ er schließlich den Erlebnisbericht eines Mitglieds seiner Begleitwache veröffentlichen, der den vornehmlichen Zweck hatte, die Gerüchte zu zerstreuen.[60]

Dazu erschütterten heftige Auseinandersetzungen die Jugendführung. Intrigen und Mißgunst, gegenseitige Verdächtigungen, die bis zum Vorwurf der Unterschlagung reichten, schufen ein Klima der Zerrissenheit und Illoyalität. Im Sozialamt etwa zeigten sich die HJ-Führer gegenseitig wegen der Veruntreuung von Geldern aus dem Berufswettkampf bei der Staatsanwaltschaft an.[61] Die Stimmung verschlechterte sich obendrein, weil Hitler nach der Einführung der Wehrpflicht im März 1935 und der Arbeitsdienstpflicht kurze Zeit später offensichtlich zögerte, das von der HJ-Führung als nächstes erwartete Jugenddienstgesetz zu erlassen. Zwar hatte Schirach sofort Verhandlungen mit der Parteikanzlei aufgenommen, um die Dienstpflicht für alle Jugendlichen durchzusetzen. Doch ein Erfolg war auch im Spätsommer 1935 noch nicht in Sicht. Schirachs Stellung wurde dadurch geschwächt. Auf dem Parteitag im September traten die Risse in der HJ-Führung offen zutage.

„Er (Schirach) betonte, daß es notwendig sei, daß sich Verwaltungsführer und politische Führer verstehen und ergänzen, und er richtete einen Appell an alle anwesenden Führer und Führerinnen der Hitlerjugend, doch um Gottes Willen in kameradschaftlicher Eintracht den neuen Abschnitt der HJ-Arbeit nach dem Parteitage durchzukämpfen. Es solle unter alle Mißhelligkeiten und Gegensätzlichkeiten ein Schlußstrich gezogen werden, weil ja die Front, wenn sie von Uneinigkeit in der Obersten Führung etwas merkt, den schweren Kampf nicht durchhalten könne. Seine Rede war im allgemeinen eine Entschuldigung gegenüber der Front für die immerhin auch unten bekannte Uneinigkeit in der Reichsjugendführung... Im Gegensatz zu der Erklärung des Pg. Berger, daß die politischen Führer sehr oft seine Anordnungen durchbrochen und das Gegenteil davon ausgeführt hätten, erklärte der Reichsjugendführer, daß die Verwaltungsführer sehr oft Anordnungen der politischen Führer gebrochen und nicht befolgt hätten. Dieser Widerspruch ist für den Wissenden mit ein Beispiel für den kolossalen Gegensatz innerhalb der Reichsjugendführung, der auch in dieser Tagung und überhaupt schon während des ganzen Parteitages dem Eingeweihten sehr stark auffällt. Die Spannungen, die zwischen einzelnen Gruppen innerhalb der Reichsjugendführung vorherrschen und sich zu einem Teil bereits auf die Gebietsführer übertragen haben, sind wohl auch der Grund für die kolossale Kühle, ich möchte fast sagen, eisig teilnahmslose Stimmung auf dieser Tagung... Zusammenfassend möchte ich bemerken, daß ich den Eindruck habe, daß die Rede des Reichsjugendführers auf dieser Tagung getragen war von seiner persönlichen Energielosigkeit und Angst, daß ihm seine Mitarbeiter in Folge seiner persönlichen Mißgriffe, die ich an anderer Stelle schildern werde, Mitarbeit und Vertrauen versagen".[62]

Tatsächlich ist ein solcher Bericht auch angefertigt worden. Doch in den Akten fehlt heute davon jede Spur.[63] Um seine weiterhin unangefochtene Stellung zu dokumentieren, preschte Schirach auf dem Parteitag vor. Obwohl er versprochen hatte, „keinem Menschen" etwas zu sagen, kündigte er vor dem breiten Parteiforum das Hitlerjugendgesetz als so gut wie beschlossen an.[64] Weitere öffentliche Erklärungen folgten in den nächsten Wochen und Monaten mit der deutlichen Absicht, Hitler unter Zugzwang zu setzen. Schirach verlangte nicht ohne Grund „möglichste Beschleunigung der Angelegenheit", denn die Wehrmacht hatte ihm erhebliche finanzielle Unterstützung zugesagt.[65] Das Geld stand jedoch nur bis Ende März 1936 zur Verfügung. Im Reichskriegs-

Abb. 25: Jugendkundgebung beim Reichsparteitag. Schirach sitzt hinten in Hitlers Wagen. Die Machtkämpfe in der Jugendführung spielten sich hinter den Kulissen ab.

Abb. 26: Hitler wirkte im Umgang mit Jugendlichen eher gehemmt. In die Jugendführung mischte er sich kaum ein.

ministerium waren die alten Pläne, die Jugend vormilitärisch auszubilden, nie aufgegeben worden. Auch nach der Wiedereinführung der Wehrpflicht glaubten die Militärs nicht ohne die Vorschulung auskommen zu können. Deshalb suchten sie die Zusammenarbeit mit der HJ. Schirach erkannte die Chance, auf diese Weise die totale Erfassung der Jugend durchsetzen zu können, und obendrein war er nach wie vor auf jede finanzielle Hilfe angewiesen.

Doch kann kein Zweifel daran bestehen, daß er nie daran dachte, sich in die Abhängigkeit der Wehrmacht zu begeben. Er wollte sie lediglich benutzen, ohne sich an sie zu binden. Mit der Vorbereitung des Jugenddienstgesetzes hatte Schirach seinen Unterführer Helmut Stellrecht betraut, der bereits unter Konstantin Hierl den Arbeitsdienst mit aufgebaut hatte.[66] Stellrechts erster Entwurf für den Aufbau der Reichsjugend trug den Erwartungen der Wehrmacht Rechnung. Die Formung zum „Reichsbürger und Soldaten" verlange die „systematische weltanschauliche und körperliche Erziehung der gesamten deutschen Jugend, d.h. eine Erziehung zum Dienen aus der nationalsozialistischen Idee heraus, eine allgemeine körperliche Ertüchtigung, eine geländesportliche Ausbildung, eine Ausbildung im Schießdienst, eine Vorbereitung des Ersatzes der technischen Truppen".[67] HJ und BDM sollten als Ausleseorganisationen nur einem Teil der Jugendlichen offenstehen und das Reservoir für den Parteinachwuchs bilden. Der Finanzbedarf für die Reichsjugend war auf zunächst gut acht Millionen Mark veranschlagt und sollte sich auf durchschnittlich 76 Millionen Mark von 1939 an steigern. Doch dann verzögerte sich die Verkündung des Gesetzes mehr und mehr. Hitler selbst war die bremsende Kraft. Die Pläne waren ihm nicht geheuer. Er fürchtete, daß die Wehrmacht zu großen Einfluß gewinnen und die Jugend der Kontrolle durch die Partei entzogen werden könnte. Doch war dies nicht das einzige Motiv. Entscheidend spielten offenbar auch außenpolitische Überlegungen eine Rolle. Die vormilitärische Ausbildung mußte die Zweifel an Hitlers Friedenswillen bestärken. Die ungestörte Aufrüstung konnte dadurch gefährdet werden. Außerdem stand die Besetzung des Rheinlandes durch deutsche Truppen bevor. In das Bild vom friedliebenden Dritten Reich, das seine Bereitschaft zur Völkerverständigung bei jeder Gelegenheit, am eindrucksvollsten bei den Olympischen Spielen 1936 in Berlin, demonstrierte, paßte die offenkundige Militarisierung der Jugend nicht hinein.

Auch Parteiführer und Minister wandten sich gegen das Gesetz, das die Jugendführung zu einer selbständigen Behörde machen sollte. Am entschiedensten protestierte Rust. An dem „Dasein" seiner Behörde, kritisierte er ebenso ungelenk wie treffend, „ihren Aufgaben und dem ihr unterstellten Schul- und Erziehungswesen geht der Entwurf völlig vorbei". Mit dem Gesetz werde ihm „ein großer Teil der Kraft zur Durchführung der mir vom Führer übertragenen Erziehungsaufgabe genommen und meine verantwortliche Stellung gegenüber Elternschaft und Erzieherschaft aufs stärkste berührt".[68] Stattdessen reichte er einen Gegenentwurf ein, der die erzieherische Aufgabe der Schulen betonte und weiterhin die Unterstellung Schirachs unter sein Ministerium verlangte. Schirach gab sich einmal mehr unschuldig. Schließlich wolle er nur den Willen Hitlers vollziehen. Rusts Gesetzentwurf widerspreche der Absicht Hitlers, die „gesamte Jugend sich selbst zu unterstellen". Die von Hitler geplante „bahnbrechende Tat" solle durch eine Konstruktion ersetzt werden, die „weder praktisch noch originell ist und in Wirklichkeit nichts anderes darstellt als eine schwache Imitation des italienischen Erziehungssystems".[69] Außerdem, so versprach er heuchlerisch, werde er die pädagogische Aufgabe der Schulen in keiner Weise beeinträchtigen. Rusts Widerstand war nur zu verständlich. Denn Schirach ging zunehmend auf Konfrontationskurs. Auf seine Anordnung durfte sich die HJ nicht mehr an Arbeitsgemeinschaften für Jugenderziehung beteiligen. Bei Veranstaltungen und Aufmärschen nach der Schulzeit kam es immer wieder zu Konflikten, weil die Jungen und Mädchen nicht nach ihren Schulen, sondern nach ihren HJ-Einheiten gegliedert werden sollten. Doch damit begnügte sich Schirach nicht. Er trug die Auseinandersetzung auch in die Schulen hinein. Der Kompetenzstreit führte dabei zu teilweise grotesken Erscheinungen. Während auf der einen Seite die Einführung des HJ-Liederbuches in den Gesangsunterricht verlangt wurde, verbot er auf der anderen Seite, das Fahnenlied während der Musikstunde einzuüben, mit der Begründung, dies sei ausschließlich Angelegenheit der Hitlerjugend. Frühzeitig versuchte Schirach, den Schulfunk in seine Hand zu bekommen,um über ihn Einfluß auf den Unterricht nehmen zu können. Es kam auch hierüber zu erbitterten Auseinandersetzungen zwischen Reichsjugendführung und Kultusministerium. Schirachs Absicht, den gesamten Erziehungsbereich unter seine Kontrolle zu bekommen, offenbarte sich immer deutlicher. Bitter beklagte sich Ministerialdirektor Kunisch aus dem Rust-Ministerium im Januar 1936 bei Heß: „Auf Seiten der Hitlerjugend besteht unverkennbar die Neigung, den gesamten Erziehungsbereich zu beanspruchen und den Bereich des

Schulischen möglichst einzuengen. Indessen sind die Aufgaben des Reichsministeriums für Wissenschaft, Erziehung und Volksbildung und der ihm unterstehenden staatlichen Verwaltungsstellen keineswegs nur unterrichtlicher, sondern in umfassendem Sinne erziehlicher Art. Die Schule, der nicht ohne Grund in früherer Zeit der Vorwurf gemacht wurde, zu viel bloße Lernarbeit betrieben zu haben, muß nunmehr im nationalsozialistischen Staate mitten hinein in die lebendige Arbeit der allseitigen Erziehung der deutschen Jugend gestellt werden. Sie darf nicht zur bloßen Paukanstalt erniedrigt werden".[70] Am deutlichsten formulierte man die Befürchtungen gegenüber Schirachs Expansionsdrang im Wirtschaftsministerium. Die Übertragung von Erziehungsaufgaben an die HJ werde „einen Zwiespalt in das gesamte Erziehungswerk bringen, der sich nur zum Schaden der Jugend auswirken kann. Wird aus dem Bau des staatlichen Erziehungswerkes von einer Stelle erst eine Ecke herausgebrochen, dann werden bald andere Interessenten sich finden, die ihrerseits ebenfalls an dem Bau rütteln zu können glauben und unter Berufung auf den Präzedenzfall ihre Ansprüche. . . anmelden".[71] Der Widerstand verzögerte die Verkündung des Gesetzes weiter. Auch der Sommer verstrich, ohne daß sich etwas tat. Jetzt erwies es sich für Schirach als nachteilig, daß er schon so frühzeitig mit der Ankündigung des Gesetzes vorgeprescht war. Mehr und mehr schien es, als habe Hitler ihm seine Gunst entzogen. Seine Kritiker in der HJ, nach wie vor gab es von ihnen genug, sahen sich in ihrer Einstellung bestärkt. Im November 1936 beklagte sich Schirach, es sei für seine Autorität „alles andere als zuträglich", daß Hitler noch immer keine Anstalten mache, das Gesetz in Kraft zu setzen.[72] Aber dann entschloß sich Hitler doch zur Unterschrift. Am 1. Dezember 1936 war es soweit. In der Kabinettssitzung, einer der wenigen, die überhaupt noch stattfanden, begründete Hitler seinen Entschluß. Goebbels hielt die Erklärung in seinem Tagebuch stichwortartig fest: „Frage der Kirchen akut. Religiosität von ihnen trennen, da sonst mit ihnen die ganze Gottgläubigkeit in Gefahr. Den Gottesglauben ganz tief, vor allem in der Jugend verankern. Hier Einheit und Klarheit schaffen. Darum neues Jugendgesetz, das HJ zur Staatsjugend erhebt. Direkt dem Führer unterstellt. Kirchen müssen entweder scharf an unsere Seite treten, oder sie sind zum Untergang reif. . . Eltz erhebt noch einige Einsprüche gegen das Jugendgesetz, aber er dringt nicht durch".[73] Das HJ-Gesetz löste weithin Überraschung aus. Allgemein war angenommen worden, Schirachs Bestrebungen seien längst vom Tisch. Hitlers

Ausführungen machen deutlich, daß es ihm vor allem um die nationalsozialistische Indoktrinierung der Jugend ging und er den Einfluß der Kirchen, und das hieß in erster Linie: des Katholizismus, zurückdrängen wollte. Er wollte die HJ jedoch nicht zu einer einseitigen militärischen Vorschule der Wehrmacht machen. Auch von Schirachs langfristig viel weiter gehenden Absichten, die ihm eines Tages das Erziehungsmonopol zuschanzen sollten, war keine Rede.

Das Gesetz hatte schließlich diesen Wortlaut:

„Von der Jugend hängt die Zukunft des deutschen Volkes ab. Die gesamte deutsche Jugend muß deshalb auf ihre künftigen Pflichten vorbereitet werden.
Die Reichsregierung hat daher das folgende Gesetz beschlossen, das hiermit verkündet wird.

§ 1

Die gesamte deutsche Jugend innerhalb des Reichsgebietes ist in der Hitlerjugend zusammengefaßt.

§ 2

Die gesamte deutsche Jugend ist außer in Elternhaus und Schule in der Hitlerjugend körperlich, geistig und sittlich im Geiste des Nationalsozialismus zum Dienst am Volk und zur Volksgemeinschaft zu erziehen.

§ 3

Die Aufgabe der Erziehung der gesamten deutschen Jugend in der Hitlerjugend wird dem Reichsjugendführer der NSDAP übertragen. Er ist damit ‚Jugendführer des Deutschen Reiches.' Er hat die Stellung einer Obersten Reichsbehörde mit dem Sitz in Berlin und ist dem Führer und Reichskanzler unmittelbar unterstellt.

§ 4

Die zur Durchführung und Ergänzung dieses Gesetzes erforderlichen Rechtsverordnungen und allgemeinen Verwaltungsvorschriften erläßt der Führer und Reichskanzler."

Im Grunde hatte sich seit dem Beginn der Verhandlungen vor über einem Jahr nicht viel verändert. Schirach beklagte sich denn auch verbittert: „Wir befinden uns also praktisch genau an derselben Stelle, an der wir damals standen".[74] Und doch: Jetzt war die Hitlerjugend neben Schule und Elternhaus endlich als dritter eigenständiger Erziehungsfaktor im nationalsozialistischen Staat anerkannt. Schirach wurde von der Unterstellung unter Rust befreit und erhielt den Rang eines Staatssekretärs. Auch einige seiner Unterführer wurden nun mit hohen Beamtenrängen bedacht.[75] Schirach hatte eine sichere Plattform erreicht, von der aus er seine Machtposition erweitern und verstärken konnte. Allerdings hatte Hitler dafür Sorge getragen, daß die HJ weiter eine Gliederung der NSDAP blieb. Nicht im Gesetz ausgesprochen war der Beitrittszwang in die HJ. Schirach betonte immer wieder, der freiwillige Zulauf sei so groß, daß es keiner Verpflichtung bedürfe. Im „Jahr des Jungvolks" seien fünfundneunzig Prozent aller zehnjährigen Jungen und Mädchen in die Hitlerjugend eingetreten. Doch in Wahrheit war die HJ personell und organisatorisch immer noch nicht in der Lage, alle Jugendlichen zu erfassen. Ausführungsbestimmungen zum HJ-Gesetz, die den zwangsweisen Eintritt zu einem späteren Zeitpunkt vorsahen, waren denn auch schon in Vorbereitung.[76] Daß viele Jugendliche noch nicht der HJ angehörten, macht etwa das Beispiel des Regierungsbezirks Aachen deutlich. In den oberen vier Klassen der Volksschulen waren 95,9 Prozent der Jungen und 91,3 Prozent der Mädchen in der HJ. In den Realschulen waren es 45,1 bzw. 91,6 Prozent, bei den Berufsschulen 74,2 und 54,5 Prozent, auf den höheren Schulen 93 und 88 Prozent. Auf alle Schüler und Schülerinnen bezogen lauteten die Prozentsätze 87 und 85. Auffällig ist besonders der schwache Anteil bei den berufstätigen Jugendlichen, der ganz im Gegensatz zum Anspruch der Hitlerjugend stand. Im ganzen Reich waren Ende 1936 nur knapp 60 Prozent der Jugendlichen in der HJ. Trotzdem jedoch näherte sich Schirach mehr und mehr der totalen Erfassung der gesamten deutschen Jugend.[77]

Die Revolution der Erziehung

Noch am Abend des 1. Dezember 1936 hat Schirach den „Kampf um die Einigung der deutschen Jugend" für beendet erklärt. In einer langen, mit den bewährten Mythen durchsetzten Rundfunkansprache an die Eltern, die einmal mehr den Geist der „unsterblichen Gefolgschaft" beschwor, interpretierte er das Gesetz über die Hitlerjugend als logischen Abschluß einer Entwicklung, in der die HJ, auf sich allein gestellt, trotz mancher Fehler und Mängel die Fähigkeit zur Selbstführung bewiesen und sich als eigenständiger Erziehungsfaktor bewährt habe. Er versprach, die Kirchen zu respektieren, wenn sie sich auf die religiöse Erziehung beschränkten, und zog einen Trennungsstrich zwischen HJ und Schule. „Die Hitlerjugend ist keine Schule und will auch keine werden. Niemals darf der Dienst in der Jugendbewegung des Führers die Fortsetzung des Unterrichts mit anderen Mitteln werden. Das bedeutet keine Herabsetzung der Schule und der wissensmäßigen Erziehung, die notwendig ist. Es soll nur eine klare Abgrenzung zwischen Unterricht und Jugendführung im Sinne des Nationalsozialismus sein". In ihrem ganzen Tenor war die Rede auf Beruhigung und Beschwichtigung der verunsicherten Eltern angelegt. Sie war zugleich aber auch eine Demonstration des Selbstbewußtseins und der neugewonnenen Stärke.[78]

Nach außen hin schien jetzt tatsächlich der Abschluß im stürmischen Aufbau der HJ erreicht. Diesen Eindruck versuchten auch Schirach und seine Unterführer in zahllosen Verlautbarungen zu erwecken. In Wahrheit jedoch sah Schirach nun endlich die Voraussetzungen gegeben, um, mit fast vierjähriger Verspätung, die entscheidende und ehrgeizigste Phase seiner Karriere einzuleiten: den Kampf um die Vorherrschaft in der Erziehung. Das Ziel, auch die Schulen unter seine Kontrolle zu bekommen, hatte er zu keiner Zeit aus den Augen verloren. In aller Heimlichkeit, um das HJ-Gesetz nicht noch in letzter Minute zu gefährden, hatte er Vorbereitungen getroffen, um auf den Schulsektor vorzudringen. Aus eigener Kraft war er dazu allerdings nicht imstande. Es fehlte, wie so oft, an Geld. Doch hatte er in Robert Ley, dem Organisationsleiter der Partei, einen Bundesgenossen gefunden. Ley verfügte nicht nur als Führer der Deutschen Arbeitsfront über gewaltige Finanzreserven, er gebot auch bereits über ein noch im Aufbau begriffenes Schul- und Schulungssystem für das Funktionärskorps der Partei, das aus drei Ordensburgen in Crössinsee, Vogelsang und Sonthofen bestand. Sie waren erst im April 1936 von Hitler eingeweiht worden. Die Gründung von HJ-Schulen als erste Erziehungsstufe für den Parteinachwuchs kam Ley deshalb gelegen. Schirach schlug den Namen Adolf-Hitler-Schulen vor. Am 15. Januar 1937 stimmte Hitler dem Projekt zu. Zwei Tage später veröffentlichten Schirach und Ley sechs Grundsätze, nach denen die Adolf-Hitler-Schulen aufgebaut werden sollten.

„1. Die Adolf-Hitler-Schulen sind Einheiten der Hitlerjugend und werden von dieser verantwortlich geführt. Lehrstoff, Lehrplan und Lehrkörper werden von den unterzeichneten Reichsleitern reichseinheitlich bestimmt.
2. Die Adolf-Hitler-Schule umfaßt 6 Klassen. Die Aufnahme erfolgt im allgemeinen mit dem vollendeten 12. Lebensjahr.
3. Aufnahme in die Adolf-Hitler-Schule finden solche Jungen, die sich im Deutschen Jungvolk hervorragend bewährt haben und von den zuständigen Hoheitsträgern in Vorschlag gebracht werden.
4. Die Schulausbildung in den Adolf-Hitler-Schulen ist unentgeltlich.
5. Die Schulaufsicht gehört zu den Hoheitsrechten des Gauleiters der NSDAP. Er übt sie entweder selbst aus, oder er übergibt die Ausübung dem Gauschulungsamt.
6. Nach erfolgter Reifeprüfung steht dem Adolf-Hitler-Schüler jede Laufbahn der Partei und des Staates offen“.[79]

Schirach triumphierte über den „neuen gewaltigen Auftrag“, der „weit über diese Zeit hinaus in die ferne Zukunft“ reiche.[80] Rust war wie vom Schlag getroffen. Er wollte nicht glauben, daß sich alle Zusicherungen Hitlers, er allein sei für das Schulwesen verantwortlich, als leere Versprechungen erwiesen hatten. Wütend protestierte er, mit dem „Willen des Führers“ werde „unverantwortlicher Mißbrauch“ getrieben. „Die Veröffentlichung dieser Grundsätze ohne meine als des für das Schulwesen nach dem Willen des Führers allein verantwortlichen Reichsministers Kenntnis in der Presse ist eine grobe Illoyalität“. Er verlangte, die sechs Punkte zu widerrufen und die Schulen, wenn sie denn schon gegründet werden sollten, seiner Aufsicht zu unterstellen. Doch Ley erwiderte ungerührt, die Schulen gingen Rust „gar nichts“ an.[81] Der Minister hatte allen Grund, besorgt zu sein. Schirach und Ley wollten zweiunddreißig Adolf-Hitler-Schulen bauen, in jedem Gau eine. Im Herbst 1937 war sogar von fünfzig Schulen mit 15.000 Schülern die Rede.[82] Da sie nicht nur zur Vorbereitung auf Parteikarrieren eingerichtet wurden, war die Absicht, sie als Konkurrenz zu den öffentlichen Schulen aufzubauen, offensichtlich. Rust überlegte Gegenmaßnahmen. Er schlug Schirach vor, die Aufsicht über die neuen Schulen „Zug um Zug“ gegen die Zuständigkeit für das Landjahr zu tauschen, die noch bei seinem Ministerium lag, jedoch seit dem Erlaß des HJ-Gesetzes von der Jugendführung reklamiert wurde.[83] Schirach ließ sich darauf jedoch nicht ein. Die Schulen waren ihm wichtiger. 1939 wurde ihm auch noch die Komptenz für das Landjahr zugesprochen. Hitler war über die neuerlichen Auseinandersetzungen zwischen Erziehungsministerium und Jugendführung erbost. Der ewigen Wehklagen überdrüssig, erwog er Rusts Ablösung. Als Nachfolger zog er, wie Goebbels in seinem Tagebuch vermerkte, Schirach oder den Münchener Gauleiter Adolf Wagner in Betracht. Dann ließ er aber doch alles beim alten.[84]

Anfang 1938 wurden die Grundsteine für die ersten HJ-Schulen gelegt. Die nationalsozialistische Revolution der Erziehung sollte jetzt beginnen. Schirachs Programmatik zeichnete sich jedoch auch weiterhin durch ihren fragmentarischen Charakter aus. Um überhaupt eine Antwort auf die Frage nach seiner pädagogischen Konzeption geben zu können, hat Schirach im selben Jahr eine Sammlung seiner Reden herausgegeben, die seinen umwälzlerischen Anspruch im Titel aufnahm: Revolution der Erziehung. Reden aus den Jahren des Aufbaus.[85] Jedoch offenbarte das Buch gerade, was es verbergen sollte: es war vorrangig ein Dokument für Schirachs Sprachlosigkeit. Letzthin zogen sich seine Entwürfe hinter dem Wust der Phrasen stets auf die wenigen Fixpunkte einer Lehre zurück, die besagte, daß zunächst der Charakter und der Körper auszubilden seien, dann kam die Vermittlung von Wissen. Schon Schirachs pädagogischer Lehrmeister Hermann Lietz hatte diese Rangfolge in seiner Konzeption der Erziehungsschule festgelegt: „Nicht Kenntnisse, Wissen, Gelehrsamkeit, sondern Charakterbildung; nicht alleinige Ausbildung des Verstandes und Gedächtnisses, sondern Entwickelung aller Seiten, aller Kräfte, Sinne, Organe, Glieder und guten Triebe der kindlichen Natur zu einer möglichst harmonischen Persönlichkeit; nicht Lesen, Schreiben, Griechisch, sondern Leben lehren: das ist das ideale Ziel, welches die Erziehungsschule bei allem, was sie mit dem Zögling vornimmt, nie außer acht läßt".[86] Doch handelte es sich in Wahrheit um ein Leben aus zweiter Hand, das mit der Wirklichkeit einer modernen Industrienation nichts gemein hatte. Der Ort der Erziehung, das Internat auf dem Land, weitab von den Städten, signalisierte ebenso Lebensferne statt Lebensnähe, wie das Ziel einer nationalsozialistischen Charakter- und Gesinnungselite zur Führung von Partei, Staat und Wehrmacht, wo allein eine Leistungselite die anvisierte Weltmachtstellung hätte gewährleisten können.

Die pädagogische Provinz Schirachscher Prägung war denn auch nicht ohne utopistische Züge. Für wesentliche Erziehungsgrundsätze

Abb. 27: Der Bau von HJ-Heimen wurde forciert. Doch herrschte weiter großer Mangel. Schirach und Frick besichtigen Modelle.

Abb. 28–30: Schauplatz für die von Schirach propagierte „Revolution der Erziehung“: die Adolf-Hitler-Schule. Bilder von der NS-Ordensburg Sonthofen.

der Hitlerjugend hat er ein literarisches Vorbild bemüht: die Dichtung Goethes. Das Selbstführungsprinzip, das er auch in den Adolf-Hitler-Schulen verwirklichte, führte er ebenso auf das Werk des Weimarers zurück wie die Uniformierung der Jugendlichen: „In den ‚Wahlverwandtschaften' begegnete mir einst das seltsame Wort: ‚Männer sollten von Jugend auf Uniform tragen, weil sie sich gewöhnen müssen, zusammen zu handeln, sich unter ihresgleichen zu verlieren, in Masse zu gehorchen und ins Ganze zu arbeiten'. Es wurde mir damals schlagartig offenbar, daß Goethe in einer Zeit, da Deutschland aus drei Dutzend Staaten bestand, die innere Schau einer einheitlichen deutschen Nationalerziehung besaß. Wenn man die in seinem gewaltigen Lebenswerk verstreuten Äußerungen über die Erziehung und Bildung zusammenträgt, überkommt uns diese Erkenntnis mit zwingender Gewalt. So heißt es in den Sprüchen in Prosa: ‚Die Jugend bildet sich wieder an der Jugend'".[87] Nationalsozialistischer und Weimarischer Geist fielen für Schirach in eins: „Der Jugendführer und Erzieher der Zukunft", verkündete er, „wird ein Priester des nationalsozialistischen Glaubens und ein Offizier des nationalsozialistischen Dienstes sein. Er wird aber auch Träger sein jener weltweiten Bildung, die für alle Generationen und auch für alle Völker jener große Deutsche verkörpert, der in dieser Stadt (Weimar) seine irdischen Augen schloß, um seine ewigen für immer zu öffnen und auf uns zu richten. Im Bannstrahl dieser Sterne wird der Erzieher der Zukunft für die ihm anvertraute, nicht nach Wissen, aber nach Bildung hungernde Jugend jenes höchste Glück bringen, das nach Goethes ewigem Gesetz nur durch die Persönlichkeit offenbart werden kann".[88] Selbst Sport, Spiel und Lager gingen auf Goethes Vorbild zurück: „Ein Sportsmann wie Goethe, der noch als Greis im Garten seines Hauses am Frauenplan mit Pfeil und Bogen schoß, der als Reiter, Schwimmer, Fechter, Bergsteiger einem Ideal der Körperbewegung nachstrebte, das heute wohl selbstverständlich geworden ist, damals aber gewiß nicht war, meinte, daß die frische Luft des freien Feldes der eigentliche Ort sei, wo wir hingehören".[89] Solche Kostproben seiner Goetheverehrung gab Schirach zuhauf. Seine Rede „Goethe an uns. Ewige Gedanken eines großen Deutschen", gehalten im Sommer 1937 in Weimar, wurde wiederholt aufgelegt und im Lauf der Zeit in über zweihunderttausend Exemplaren verbreitet.[90]

Dabei hat Schirach wie stets so auch hier lediglich adaptiert und lange schon vorhandene Strömungen aufgegriffen und für seine Zwecke aktiviert. Der pädagogische Kanon Goethes war wie sein Werk in weiten Teilen des Bürgertums verankert, und nicht erst Schirach berief sich auf die Dichterworte aus Weimar. Schirachs Lehrmeister Lietz stützte sich zur Begründung seiner pädagogischen Konzeption ebenso auf die Goetheschen Maximen wie etwa das Eliteinternat Schloß Salem, das im Sommer 1932 wehrsportliche Kurse für seine Zöglinge mit dem Wahlverwandtschaftenzitat ankündigte, schon die Jugendlichen sollten Uniform tragen.[91] Doch hat Schirach wie schon bei der neuen Front der usurpierten Idee sogleich die konkrete politische Stoßrichtung beigegeben. Weltbildung und Weltbürgertum à la Goethe mündeten bei ihm in ein „großgermanisches Reich deutschen Geistes".[92] Mit dem „Idealbild der neuen deutschen Erziehung" wollte Schirach „jenen deutschen Menschen herausholen, der in der Lage ist, die Weltmacht, die Deutschland heißt, zu führen".[93] Wenige Wochen nach Kriegsbeginn wurde Schirach noch deutlicher: „Und ihr müßt Euch", rief er den Adolf-Hitler-Schülern in Sonthofen zu, „gerade in dieser Zeit, da es um die heiligsten Güter des Deutschtums geht, klarmachen, meine Jungs, daß Ihr hier erzogen werdet, um dereinst eine Weltmacht zu führen, daß vielleicht hier unter Euch die zukünftigen Minister, Reichsleiter, Gauleiter und Generale des deutschen Volkes sitzen, und daß das deutsche Volk in dem Vertrauen auf Euch sieht, daß Ihr jeder Zeit bereit sein werdet, diese Pflichten zu erfüllen, die es an Euch stellen wird. Ihr werdet hier für die Führung der ersten Nation der Erde erzogen! . . . Ihr meine Jungens seid dann der Ehre würdig, die die NSDAP Euch hat zuteil werden lassen, wenn Ihr dereinst nach einem großen Kriege die Träger seid des Weltreichs Adolf Hitlers!"[94]

Indessen war es mit der geistigen Universalität in der HJ-Elite nicht weit her. Wer etwa in die Braunschweiger HJ-Akademie für Jugendführung eintreten wollte, die den Führernachwuchs der Parteijugend schulte, mußte sich vor allem in „politische(n) Fragen, Deutsch, Geschichte und Rassenkunde" auskennen.[95] Schirach selbst stand jeder systematischen Ausbildung fremd gegenüber. Ebenso wie Hitler huldigte er dem Autodidaktentum, Bildung verstand er allein als Erlebnis. Es gebe, ließ er verlauten, „keinen besseren Deutsch-Unterricht" als die Weimarer Jugendfestspiele und Geschichte ließ er in der Hitlerjugend vor allem in „dichterischer Form" behandeln.[96] Später, mitten im Krieg, hat er selbst die mangelnde Effizienz der HJ-Ausbildung eingestanden. „Ich muß sagen, ich fühle mich da auch schuldig in bezug auf die Erziehung der Jugend. In der ganzen Partei hat eine systematische Ausbildung gefehlt. Aber wer in unserem Volk als Vorbild wirken will, der muß sich

Kenntnisse erwerben auf den Gebieten der Produktion, der muß die Fragen unseres Verkehrs, unserer Energiewirtschaft, unserer Versorgung studieren. Er muß das Kreditwesen und auch das Währungswesen irgendwie (!) zu erforschen suchen". Seine Schlußfolgerung war wiederum bezeichnend: „Wenn man nun das Archiv unserer Geschichtswerke beherrscht, dann kann man durch das Studieren biographischer Werke sich nun das ergänzen und kann immer mit den historischen Entwicklungen in Verbindung bleiben". Seinen Unterführern empfahl er als „ungeheure lebendige Ergänzung" ihrer Arbeit den „Umgang mit einem Medizinprofessor, der ein größerer Menschenkenner ist, als einer, der erst wenige Jahre politischer Führer ist".[97]

Wegen des Kriegsbeginns blieb der Ausbau des Schirachschen Schulsystems im Ansatz stecken. Schirach hatte keine Gelegenheit mehr, die nationalsozialistische Führungselite heranzuziehen. Doch selbst wenn er sein Programm jemals hätte verwirklichen können: der Elitetyp, den er schaffen wollte, wäre zur Führung des Hitlerschen Weltimperiums unfähig gewesen, und der Gedanke ist immerhin tröstlich, daß das Dritte Reich auch mit einer solchen Führergeneration sein Schicksal selbst besiegelt hätte. Hitler begegnete Schirachs pädagogischem Eifer eher mit Zurückhaltung. Bezeichnenderweise hat er sich nie zu den erzieherischen Maximen seines Gefolgsmannes geäußert, und es darf angenommen werden, daß er ihrer kulturideologischen Verbrämung innerlich fremd gegenüberstand. Auf der anderen Seite ließ er Schirach in der Jugenderziehung freie Hand und hat kaum einmal unmittelbar in sie eingegriffen. Denn in den Grundlinien stimmten beide überein. Auch Hitler verlangte vom völkischen Staat, die „gesamte Erziehungsarbeit in erster Linie nicht auf das Einpumpen bloßen Wissens einzustellen, sondern auf das Heranzüchten kerngesunder Körper. Erst in zweiter Linie kommt dann die Ausbildung der geistigen Fähigkeiten. Hier aber wieder an der Spitze die Entwicklung des Charakters, besonders die Förderung der Willens- und Entschlußkraft, verbunden mit der Erziehung zur Verantwortungsfreudigkeit, und erst als letzte die wissenschaftliche Schulung".[98] Hitlers berühmte Parole, nach der die Hitlerjungen flink wie Windhunde zu sein hatten, hart wie Kruppstahl und zäh wie Leder, in der die Wertskala nationalsozialistischer Erziehung noch pointierter zum Ausdruck kam, ist indessen von Schirach niemals aufgegriffen worden. Zwar sollten die Hitlerjungen auch so aber nicht nur so sein. Denn der Schirachsche Erziehungsanspruch ging weit über die nur sportliche und vormilitärische Ausbildung hinaus. Als der „über alle deutsche Jugend gesetzte verantwortliche Erzieher", wie er sich selbst bezeichnete, wollte er den „gesamten Lebensbereich" der jungen Deutschen erfassen.[99]

Nach ihrer endgültigen Etablierung im Dreiklang des nationalsozialistischen Erziehungssystems verlor die HJ zunehmend ihr sozialrevolutionäres Gepräge, das Schirach zur Legitimation im Kampf gegen die bürgerlichen und konfessionellen Verbände gedient hatte. Mehr und mehr wuchs die Hitlerjugend in ihre Rolle als erzieherisches Exekutivorgan des nationalsozialistischen Staates hinein. Der revolutionäre Aktivismus wurde kanalisiert, das Erscheinungsbild der Organisation kultiviert. Für „verwilderte Gestalten mit Stroh im Haar und hexenhaftem Aussehen", wie sie Schirach in den ersten Aufbaujahren vielfach ausgemacht hatte, war kein Platz mehr, sollte der erzieherische Anspruch nicht aufs Spiel gesetzt werden.[100] Es war der Ehrgeiz der Jugendführung, die Überlegenheit ihrer Arbeit im Vergleich mit der Schule unter Beweis zu stellen. Der avantgardistische Anspruch der HJ verlagerte sich dabei auf die Kulturarbeit. Nicht nur bot sich hier die Gelegenheit, nach nationalsozialistischem Brauch völkische Ideologie kultisch-feierlich zu überhöhen und zu verbrämen, sondern Schirach fühlte sich auch auf seinem eigensten Feld. Musik und Dichtung wurde breiter Raum in der Erziehungsarbeit der Hitlerjugend eingeräumt, auch in der Absicht, den Spielraum der Schule weiter einzuengen. Die HJ veranstaltete jährliche Jugendfestspiele in Weimar mit klassischem Theater und Reichstheatertage, zunächst in Bochum, dann in Hamburg, mit Werken junger HJ-Literaten. Dazu kamen Musiklager, Konzerte, Jugendfilmstunden und eine Unzahl ähnlicher Veranstaltungen. Namen mit Klang wurden für die Kulturarbeit der HJ gewonnen. Dichter wie Agnes Miegel und Börries von Münchhausen lasen aus ihren Werken, Gustaf Gründgens lobte die Arbeit der HJ-Spielscharen, die auf dem rechten Weg sei, und die Pianistin Elly Ney befand, daß die „Betreuung der Kulturfragen innerhalb der HJ in den denkbar besten Händen liegt. Die Jugend vertraut ihren Führern bedingungslos, weil diese sich die idealistischen, von Adolf Hitler vorgeschriebenen Ziele zu eigen gemacht haben und ihr in echter Kameradschaft verantwortungsbewußtes Vorbild bedeuten".[101]

Weltberühmte Chöre wurden der HJ als Sondereinheiten eingegliedert: der Dresdner Kreuzchor, der Thomanerchor in Leipzig und später die Wiener Sängerknaben. Bald versuchte die Jugendführung auch die Musikschulen unter ihren Einfluß zu bringen. Wieder entbrannte der

Konflikt mit Rust, der vergeblich die Aufsicht über das „gesamte Musikschulwesen“ verlangte. Schon waren 1.000 Musikerzieher haupt- oder nebenberuflich in der Hitlerjugend tätig und unterrichteten 120.000 Jungen und Mädchen. Einen Verbündeten fand Rust im Präsidenten der Reichsmusikkammer, Peter Raabe, der zu Carl von Schirachs Intendantenzeit Kapellmeister in Weimar gewesen war. Raabe fürchtete um das Niveau der Musikerziehung und wurde dafür von Schirach mit Spott und Hohn bedacht: Raabe, so erklärt Schirach in aller Öffentlichkeit, habe „kein Organ für das Lied, das die jungen Herzen erhebt und unseren Feierstunden die Weihe des gemeinsamen Bekenntnisses gibt. Solchen Naturen, die das Musikleben eines Volkes vom Dirigentenpult her durch den professoralen Zwicker betrachten, bleibt alles unverständlich, was sich seit dem Eintritt der Hitlerjugend in die Erziehungsgeschichte unseres Volkes auf künstlerischem Gebiet vollzogen hat. So ein Mann des anderen Jahrhunderts kennt nichts außer der herkömmlichen Klavier-, Violin- und Gesangsstunde und den Betrieb der Konservatorien. Er sieht nicht die Volksmusik-Bewegung dieser Zeit. Es ist ihm unwesentlich, daß heute Millionen junger Menschen, die im Kaiserreich keinen Anteil an den Kulturgütern der Nation nehmen konnten, heute in einer glücklichen und besonnten Jugend auf ihre eigene Weise zu dem Brunnen der Kunst geführt werden“. Schließlich hätte sich die HJ, so Schirach an anderer Stelle, in der Kampfzeit nicht durchsetzen können, wenn zu Beginn einer Kundgebung „anstatt eines Liedes die Pastorale“ gespielt worden wäre: „War es nicht besser, die mitreißenden Rhythmen neuer Lieder zu erfinden, mit denen Tausend, Hunderttausend und Millionen ihrem Glauben an Volk und Führer Ausdruck geben konnten? Im Anfang war das Lied!“ Raabe beschwerte sich bei Hitler und Goebbels. Doch ohne Erfolg.[102]

Auch in der Jugendliteratur setzte Schirach zunehmend die Maßstäbe. Er stiftete einen Jugendbuchpreis, der alljährlich in Weimar gemeinsam mit dem Jugendmusikpreis verliehen wurde, und gründete die Reichsjugendbücherei. Konsequent und getreu der Maxime, daß das „Kunstgefühl dem neuen Staatsgefühl anzugleichen“ sei, baute er einen künstlerischen Kanon auf, dessen avantgardistischer Absolutheitsanspruch seinen kulturpolitischen Führungswillen unterstrich. Nationalsozialistisch geprägte Literaten wie Wolfgang Eberhard Möller, Wolfgang Schuhmann, Herbert Böhme, Heribert Menzel und Hans Baumann sollten „den vom neuen Staat ersehnten Aufmarsch der Gesinnung. . . mit heraufführen“ helfen. Als „Bahnbrecher“ der Dichtung des Dritten Reiches ließ Schirach sich selbst feiern. „Stil“, so sinnierte er, „ergibt sich aus der nationalsozialistischen Weltanschauung ganz von selbst. Er resultiert völlig ungezwungen aus dem Gedanken der Zucht und der Bejahung der Charakterhaftigkeit, ohne die der Nationalsozialist nicht denkbar ist“. Aus dem „Volk der Dichter und Denker“ wollte er eine „Nation der Dichter und Soldaten“ machen. Dabei war seine kulturpolitische Linie nicht ohne eigenes Profil und wich vom platten nationalsozialistischen Realismus, der im Münchener Haus der Deutschen Kunst seine Urständ feierte, immerhin um Nuancen ab. „Unsere Malerei“, erklärte er gelegentlich, „war entartet, sie war krank, verkommen und verlogen geworden. Mit Recht wurden die Konterfeie negroider Irrer angeprangert. Nichts war notwendiger als dieser scharfe Schnitt, mit dem unser Führer das Kranke vom Gesunden trennte. Ich weiß aber, daß es nicht seinem Willen entspricht, wenn unsere jungen Maler aus Angst vor der Entartung neuerlich entarten. Ich meine damit ganz primitiv gesprochen folgendes: Malerei ist Farbe und Licht! Zeichnen und ausmalen, wie es unsere Kinder zu tun pflegen, ist eine nützliche, in der späteren Entwicklung vielleicht auch notwendige akademische Übung. Aber kolorierte Graphik ist noch keine Malkunst“. Doch Hitler vertrat genau diese Auffassung. Sei es, daß dem Führer solche ketzerischen Äußerungen vor dem Krieg noch nicht zu Ohren kamen, sei es, daß er sich damals noch tolerant zu geben vermochte. Jedenfalls ließ er Schirach gewähren. Mit seinem Schwiegervater Heinrich Hoffman allerdings, der Hitlers Anschauungen sklavisch teilte und danach auch die Bilder für das Haus der Deutschen Kunst auswählte, geriet Schirach über solche Fragen bald in Streit.[103]

Die Rassedoktrin, verbunden mit chauvinistischer Überheblichkeit, hat Schirach dabei nie aus dem Blickfeld verloren. „Unsere Sprache“, erklärte er etwa, „ist ein Rassenmerkmal! Sie ist die edelste Sprache der Welt, in ihrer Ausdruckskraft und Bildhaftigkeit innig und gewaltig zugleich, eine Offenbarung unserer Art“. Und weiter: „In dieser Zeit der rassischen Erkenntnisse dürfen wir über der Erforschung der Gesetze unseres Blutes nicht die Sprache vergessen. Gewiß, sie kann auch von Fremdrassigen erlernt werden, aber im tiefsten Sinne des Wortes deutsch reden kann nur ein Deutscher“. Freilich hat Schirach auch für die strikte Beachtung der nationalsozialistischen Blutgesetze Sorge getragen. Die ranghohen HJ-Führer durften nur mit Genehmigung heiraten und mußten damit rechnen, „unnachsichtig aus dem Führerkorps entfernt“ zu werden, wenn ihre Frauen nicht den rassischen Anforderungen entsprachen. Jeder Führer hatte die „Pflicht", die Abstammung seiner Braut zu überprüfen, um nicht durch einen „übereilten Entschluß sich und seine Familie ins Unglück" zu stürzen. Absolute Reinheit der Rasse wurde auch von allen Jungen verlangt, die dem HJ-Streifendienst beitraten, der die Jugendlichen überwachen sollte, oder die sich zum Landdienst verpflichteten. Denn beide Organisationen, so vereinbarte Schirach mit Himmler, sollten einen Teil des Nachwuchses für die SS stellen. „Der neu gewonnene Raum im Osten", hieß es nach dem Sieg über Polen, „muß in wenigen Jahren deutsch sein. Um dies zu erreichen ist das Hinlenken besten deutschen Blutes erforderlich. . . Der Landdienst der Hitlerjugend, der sich auf diese nationalsozialistische Siedlungsaufgabe schon seit Jahren vorbereitet hat, wird nunmehr diesen Nachwuchs stellen müssen". Es wäre gewiß verfehlt, in Schirachs kulturpolitischem Aktivismus ausschließlich das zynische Bemühen zu sehen, die menschenverachtende nationalsozialistische Ideologie zu verkleistern. Vielmehr traf sich Schirachs eigener Bildungs- und Erziehungshintergrund mit dem Bestreben, der HJ-Pädagogik einen umfassenden, scheinbar zeitlos-objektiven Überbau zu geben, der den erzieherischen Anspruch der Schule überstrahlte und die weltpolitischen Ambitionen des Reiches kulturhistorisch legitimierte. Der Jugend rief Schirach zu: „Du handelst im Sinne des Mannes, dem du dienst, wenn du den Inhalt alles dessen, was der Begriff Weimar und Goethe umschließt, in dich aufnimmst und deinem treuen und tapferen Herzen einschließt, damit du immer weißt, worum es geht, wenn du für Deutschland kämpfen mußt". Freilich stießen Schirachs Schwärmereien bei den meisten Jugendlichen kaum auf Resonanz. Er sprach über die Köpfe der Jungen und Mädchen, wenn er sie überhaupt erreichte, hinweg. Überhaupt darf es als wahrscheinlich gelten, wenn es darüber auch keinen gesicherten Erkenntnisstand gibt, daß der Grad der Indoktrinierung insgesamt und auf die Breite der Organisation gesehen, eher gering war und im einzelnen stark schwankte, je nachdem, wie groß der Fanatismus der Führer und die Empfängniswilligkeit ihrer Gefolgschaft waren. Viele Jugendliche waren gleichgültig, andere gläubig, vor allem aber waren sie unpolitisch und deshalb für die weitgesteckten Ziele der NS-Führung leicht zu mißbrauchen. Um sein Erziehungsprogramm unabhängig von der Schule durchführen zu können, erklärte Schirach das Jahr 1937 zum „Jahr der Heimbeschaffung". Hunderte von HJ-Heimen wurden gebaut. Das Geld blieb jedoch weiterhin knapp. Schon zwei Jahre später konnten wegen Baustoffmangels nur

Kleinstheime errichtet werden. Um seinen Anspruch auf die sportliche Schulung der Jugend zu unterstreichen, wollte Schirach seinen Führer auch zu einem Gesetz über die Errichtung von Schwimmbädern bewegen. Hitler lehnte die Vorlage, die der Rüstung erneut Material und Arbeitskräfte entzogen hätte, jedoch ab.[104]

Die vormilitärische Ausbildung wurde forciert. Außenpolitische Rücksichten, vor allem aber die Sorge um die Autonomie der HJ, nötigten Schirach jedoch zur Zurückhaltung. Die Jugend sollte unter keinen Umständen zum Anhängsel der Wehrmacht werden. Ideologische Vorbehalte spielten dabei nur eine untergeordnete Rolle. Denn Ausbildung, Auftreten und Korpsgeist bei den Offizieren hat Schirach ausdrücklich Vorbildcharakter auch für den Aufbau seines eigenen Führerkorps zugestanden. Für die HJ-Führerschaft wünschte er sich im Lauf der Jahre „dieselbe Achtung" wie sie das Offizierskorps bereits besaß. Auf Seiten der Wehrmacht war das Interesse an der Zusammenarbeit mit Schirach nach wie vor groß. Schon bald nach dem Erlaß des HJ-Gesetzes, im Februar 1937, ernannte das Oberkommando einen Verbindungsoffizier zur Jugendführung: Oberstleutnant Erwin Rommel. Er versuchte energisch, die Interessen des Militärs durchzusetzen. Im April trafen Schirach und Fritsch, der Oberbefehlshaber des Heeres, eine mündliche Vereinbarung zur Zusammenarbeit. Schirach versprach, die „Interessen des Heeres weitgehend" zu berücksichtigen und gestand den Befehlshabern das Recht zu, Einblick in die HJ-Arbeit nehmen und den Führern „mit Rat und Tat" zur Seite stehen zu dürfen. Das Heer erklärte sich bereit, Schießstände zur Verfügung zu stellen, die Jungen in die Kasernen und zu Übungen einzuladen und Offiziere für Vorträge abzustellen. Fritsch appellierte an seine Kommandeure, „Lust und Liebe zum Soldatenberuf" zu fördern. Doch Schirach war der Eifer, den die Wehrmachtführung an den Tag legte, nicht geheuer. Als Rommel schließlich mit dem Plan herausrückte, die Hitlerjungen an den Wochenenden durch unverheiratete Wehrmachtleutnants ausbilden zu lassen, war das Maß an Entgegenkommen, zu dem Schirach bereit war, überschritten. Er wollte der Wehrmacht auf keinen Fall Befehlsrechte über die Jugendlichen einräumen. Schirach ging auf deutliche Distanz.[105]

Von wenigen Ausnahmen abgesehen wünsche die HJ, stellte das Generalkommando des XII. Armeekorps im November 1937 fest, nur „eine lose Verbindung zur Wehrmacht, da sie fürchtet, daß sonst allmählich die militärische Ausbildung in die Hände der Wehrmacht übergeht". Nur gelegentlich beteilige sie sich an Aufmärschen, Einweihungen und Besichtigungen. Es sei auf Dauer ein „unwürdiger Zustand", wenn sich die Verbindungsoffiziere um einen Einfluß bemühten, den die Jugendführer nicht wünschten. Die HJ hole aus der Zusammenarbeit „nur das heraus, was sie für nötig hält, ohne selbst Verpflichtungen zu übernehmen". Deshalb sei es „aussichtslos", sich in die vormilitärische Ausbildung einzuschalten, „solange die Wehrmacht nicht das Recht hat, in den Dienst der HJ einzugreifen".[106] Alfred Jodl, der Chef des Wehrmachtführungsstabs beim Oberkommando der Wehrmacht, vermerkte in seinem Tagebuch: „Schirach versucht die von Oberst Rommel begonnene enge Zusammenarbeit zwischen Wehrmacht und Hitlerjugend wieder zu lösen".[107]

Gewiß spielten dabei auch persönliche Animositäten und Rivalitäten eine Rolle. Instinktiv spürte Schirach, daß der hochdekorierte Weltkriegsoffizier Rommel bei vielen Jugendlichen mehr Popularität genoß als er selbst. Doch lief ohne Zweifel der einseitige militärische Drill, in dem die Wehrmachtführung weithin das Credo aller Erziehung erblickte, Schirachs eigenen Vorstellungen zuwider. Schirach wollte mehr als nur den „gesunden, gewandten, schnellen, kräftigen und zähen Jungen, der fix und schneidig ist", wie der Wunschkatalog der Militärs in einer seiner typischen Reihungen von Eigenschaften lautete. Rommel wurde 1938 abgelöst. Sein Nachfolger, Oberstleutnant Völckers, erwies sich als weniger hartnäckig in der Interessenvertretung der Wehrmacht. Die vormilitärische Ausbildung kam deshalb nur langsam voran. Sondereinheiten wurden gebildet bzw. weiter ausgebaut: die Flieger-HJ wuchs im Laufe der Zeit auf 78.000 Jungen an, die Motor-HJ zählte ca. 100.000, die Marine-HJ 62.000 Jungen. Daneben gab es kleinere Einheiten wie die Nachrichten- und die Reiter-HJ. Doch waren sie alle zusammen angesichts der Millionen Jugendlichen in der Hitlerjugend von vergleichsweise geringer Bedeutung.[108]

Eine andere Organisation verfolgte die Entwicklung mit größter Aufmerksamkeit: die SA. Seit der Ermordung Röhms und seiner Unterführer politisch entmachtet, schien sich jetzt eine Chance zu bieten, wieder zu mehr Einfluß zu kommen. SA-Stabschef Lutze plante, die vormilitärische Ausbildung in Zusammenarbeit mit der Wehrmacht in eigene Regie zu übernehmen. Von welcher Seite die Initiative ausging, ob von der SA oder von den Militärs, die sich auf diesem Weg doch noch eine Hintertür öffnen wollten, läßt sich heute nicht mehr eindeutig feststellen. Doch scheiterte das Vorhaben so rasch wie

Abb. 31: Kriegsbegeisterung wurde geweckt. Hitlerjungen besuchen eine MG-Einheit in Döberitz.

Abb. 32: Marine-HJ bei der Ausbildung.

Abb. 33: Die Mädchen hatten die „Pflicht, dem Schönheitsideal der männlichen Jugend zu entsprechen“.

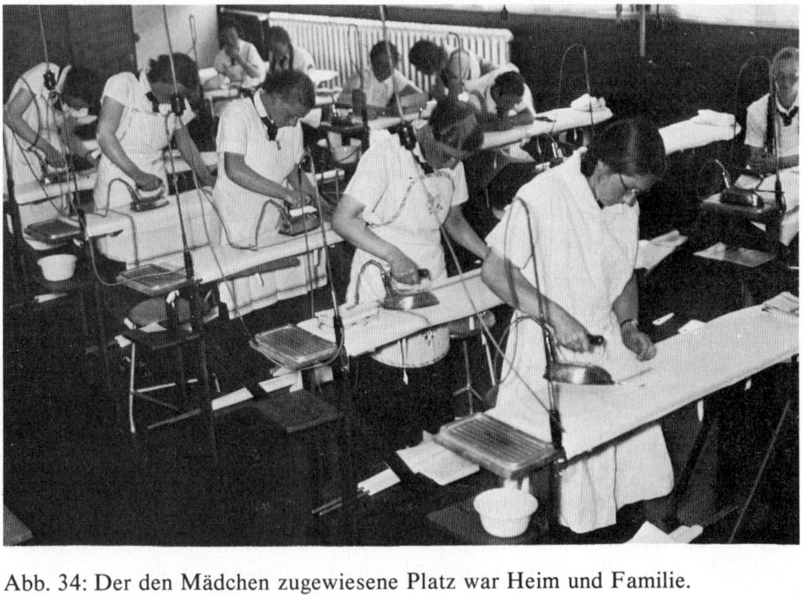

Abb. 34: Der den Mädchen zugewiesene Platz war Heim und Familie.

es geboren war. Himmler meldete sogleich mit „schwersten Bedenken“ in der Reichskanzlei seinen Protest an; NSKK-Führer Hühnlein folgte ihm auf dem Fuß. Beide fürchteten eine Erstarkung der SA und um ihren Nachwuchs aus der HJ.[109]

In der Mädchenerziehung schlug Schirach neue Wege ein. Er wollte anstelle der vorwiegend ideologischen Schulung aus dem „ganzen BDM eine einzige große Sportbewegung machen“. Denn: „Der tiefste Sinn der weiblichen Jugenderziehung ist im nationalsozialistischen Staate darin zu sehen, die Jugend schön und anmutig zu machen. Weltliche Schönheit ist kein äußeres Ideal, sie ist genau so geistig und seelisches Ideal wie Tapferkeit, Ritterlichkeit und Mut . . . Die geistige weltanschauliche Schulung ist als ein kleiner Teil dieser Erziehung einzubeziehen“. Im Januar 1939 verkündete Schirach die Gründung des BDM-Werks „Glaube und Schönheit“ für die älteren Jahrgänge bis einundzwanzig Jahre.[110] Der Aufbau war allerdings schwieriger als erwartet. Es mangelte an Geld, Sportgerät und Führerinnen. Bei Kriegsbeginn steckte das BDM-Werk noch in den Anfängen.[111] Später hat Schirach die BDM-Arbeit als den Teil seiner Tätigkeit bezeichnet, den er nicht habe zu Ende führen können.[112] Die Entpolitisierung der Mädchenerziehung entsprach ganz dem nationalsozialistischen Bestreben, den Lebensbereich der Frauen auf Heim, Herd und Familie zu beschränken. Wie stets hatte Schirach auch hier ein Goethe-Wort parat: „Man erziehe die Knaben zu Dienern am Staate und die Mädchen zu Müttern, so wird es überall wohlstehen“.[113] Und mit Schirachs eigenen Worten: „Die Frau versieht ihre völkische Gemeinschaftsaufgabe im kleinen Kreis (Familie), der Mann in einem großen Kreis (Armee, Partei, Volk)“. Denn die Frau sei ein „individualistisches Wesen, der Mann ein sozialistisches“. Die jungen Frauen hatten laut Schirach die „Pflicht, dem Schönheitswunsch der männlichen Jugend und des Mannes zu entsprechen“. Später ging er sogar so weit, die Abschaffung der BDM-Tracht in Erwägung zu ziehen: „Ich glaube, es gibt überhaupt keine ideale Einheitstracht für die deutschen Mädel und Frauen. Eine Uniformierung der Frauen ist Unsinn, kein Mann sieht es gern, daß seine Frau mit anderen Frauen zusammen eine Uniform trägt, und es geht der Frau absolut gegen das Gefühl, weil sie in ihrem Kleid einen Ausdruck ihrer Persönlichkeit sieht“. Gleichwohl müsse sich der BDM „noch etliche Jahre der Gleichtracht als eines erzieherischen Mittels bedienen, um den jungen Menschen aus seiner individuellen Welt herauszureißen und eine gewisse Entwicklungszeit hindurch unsere Mädel fest einzuordnen. Gerade weil wir sie später in die Familie entlassen".[114] Für die Mädchen fand Schirachs Revolution der Erziehung nicht statt.

Mit dem zunehmend spürbarer werdenden Erziehungsanspruch der HJ ging ihre romantische Anziehungskraft auf viele Jugendliche verloren. Aus Spaß wurde mehr und mehr Zwang und Routine, die Organisation in immer größerem Maß bürokratisiert, die Jugend nur noch verwaltet. Die Bekleidungsvorschrift der Reichsjugendführung zum Beispiel war einhundertdreiundvierzig Seiten dick, die amtliche Gliederungsübersicht umfaßte noch achtzig Seiten mehr. Das Bewußtsein der Kollektivierung wurde noch verstärkt durch die Machtmittel der Jugendführung, die eigene Gerichtsbarkeit und die HJ-Streifen, die die Jugendlichen überwachten. Die eigentliche Unfreiheit der HJ-Erziehung äußerte sich freilich nicht in Vorschriften, Kontrolle, Drill und Indoktrinierung. Das System war subtiler. Schirach schuf den Jugendlichen ein nationalsozialistisches Gewissen, einen Katalog von Normen, Tugenden und Zwängen, der Tag und Nacht auf ihnen lastete und sie wie ein Schatten begleitete. Stets hatten sie bei allem, was sie taten und dachten, den nationalsozialistischen Zeigefinger im Hinterkopf, stellte sich ihnen die Frage, ob es ihrem Führer auch recht so sei. Stets wurden sie an einer abstrakten, leblosen Idee gemessen: dem von Schirach proklamierten vollkommenen Nationalsozialisten. Sichtbaren Ausdruck sollte dieses Ideal in der HJ-Führerakademie in Braunschweig finden. Das Gebäude war von Schirach nur als der „kolossale Sockel einer ungeheuren Plastik" gedacht, die wachend und mahnend auf den Führernachwuchs herabschauen sollte. Der Krieg verhinderte jedoch die Ausführung des Plans.

Ähnliche Bewandtnis hatte es mit den Symbolen. Die Fahnen, Abzeichen und Uniformen hatten stets zugleich eine höherweisende Bedeutung von Ehre, Treue, Kameradschaft und dergleichen mehr, die die Jungen und Mädchen im Wortsinn umkleidete. Die Uniform etwa wurde von Schirach zum „Kleid der Kameradschaft" erhoben, Herbert Norkus zum „heiligen Symbol junger Opferung und jungen Heldentums". Das HJ-Heim wurde zum „Sinnbild der im neuen Deutschland gewachsenen Gemeinschaft der Generationen", Weimar „Symbol des deutschen Geistes schlechthin". Noch in der Nürnberger Zelle glaubte Schirach die Abkehr der Jugendlichen vom Antisemitismus nur durch ein Mahnmal für die Juden bewirken zu können, denn die Jugend sei dazu „erzogen worden, in Symbolen zu denken". Damit einher ging die permanente Aufforderung zum Verzicht auf die eigene Persönlichkeit, auf selbständiges Denken und Handeln. Von der Jugend verlangte Schirach die „letzte Einsatzbereitschaft“, die „keine Frage nach dem privaten Schicksal stellt“, und die völlige Unterwerfung unter Hitler: „Wir sind seine Garde, wir sind das Instrument seines Willens. Wir folgen ihm in blindem Gehorsam und in unbeugsamem Vertrauen. Er kann uns gegen die Hölle marschieren lassen, wenn er will“.[115]

Schirach befand sich jetzt auf dem Höhepunkt seiner Macht und seines Ansehens. Seine Position war unangefochten, das Amt des Reichsjugendführers fest im Erscheinungsbild des nationalsozialistischen Staates verankert, die HJ als umfassende Jugendorganisation des Dritten Reiches anerkannt. Zwar waren die kritischen Stimmen an Schirach und der Hitlerjugend keineswegs verstummt. Mal beklagte sich Himmler, die HJ sei „überlastet. Die Eltern hätten ja gar nichts mehr von ihren Kindern“, mal reagierte Heß empört, als er erfuhr, einzelne HJ-Führer habe man zur Musterung vorführen müssen, und ein Funktionär aus Bayreuth resümierte: „Bezüglich der HJ wird grundsätzlich gefordert, daß dieselbe endlich schärfer an die Kandare genommen wird. Man zweifelt allerdings, ob der derzeitige Stand des Austausches von allzu jungen Führern gegen ältere bereits genügt. Es wird mit Recht angeführt, daß es heute eine ganze Reihe von Gebietsführern gibt (z.B. Gebietsführer und M.d.R.-Kandidat Emsters, Bayreuth), die bis heute noch nicht die Pflicht erfüllt haben, die für jeden Deutschen selbstverständlich sein sollte, nämlich die Ableistung des Arbeits- und Militärdienstes. Besonders hervorgehoben wird bei derlei Gesprächen, daß der Reichsjugendführer Baldur von Schirach leider an der Spitze steht. Man kann nicht verstehen, wie solche jungen Leute die Jugend leiten, führen und erziehen sollen, wenn sie selbst noch nicht in den besten Schulen des Deutschen Volkes erzogen worden sind.“ Doch überwog in der Parteiführung insgesamt die Meinung, daß sich die Jugend, wie es Himmler formulierte, „günstig entwickele“.[116]

Schirachs Macht- und Prestigezuwachs dokumentierte sich auch in seiner Rolle als Botschafter der deutschen Jugend im Ausland, die er nun übernahm. Er reiste nach Paris und Ende 1937 über Belgrad, Sofia, Athen, Rhodos, Damaskus und Bagdad zum Schah nach Teheran mit dem Ziel, die „Auslandsbeziehungen der Jugend“ zu festigen.[117] Schließlich seien bereits, begründete er seinen Reiseantrag gegenüber Hitler, die „meisten Jugendorganisationen der Welt“ am HJ-Vorbild orientiert und von einigen werde er schon „seit langem“ zu einem

Abb. 35: In den Jahren vor dem Krieg befand sich Schirach auf dem Höhepunkt seiner Macht und seines Prestiges.

Abb. 36: Reise nach Teheran mit Zwischenstation in Athen.

Abb. 37:
Der Jugendaustausch insbesondere mit den Achsenmächten wurde verstärkt. Italienische Balilla in München.

Besuch gedrängt. Der Jugendaustausch wurde verstärkt, das Jahr 1938 zum „Jahr der Verständigung" deklariert. Jugendgruppen kamen insbesondere aus dem befreundeten Italien, aber auch aus England und Frankreich. Umgekehrt fuhren HJ-Einheiten ins westliche Ausland. Verständigung signalisierte Schirach insbesondere nach Frankreich. Beide Länder hätten „zuviel gemeinsam", als daß sie in „ewiger Feindschaft" einander gegenüberstehen sollten. Freilich war der Jugendaustausch nur ein Instrument der deutschen Außenpolitik. Im Frühjahr 1939 hat Schirach vor seinen Unterführern offen bekannt, daß es galt, das Ausland zu täuschen, um aufrüsten zu können.[118] Den Warnungen der „jüdisch-geleitete(n) Presse" vor Hitlers Expansionismus sollte der Wind aus den Segeln genommen werden. Es erfülle ihn mit tiefer Befriedigung, meinte Schirach, „wenn wir immer wieder von den ausländischen Jugendlichen, die wir zu Gast haben in deutschen Lagern, hören: Ja, daß wir von unserer Presse belogen wurden, das wissen wir, aber daß wir so dreist und unverschämt belogen wurden, das haben wir nicht für möglich gehalten. Sie gehen zurück in ihre Nationen, aber, wenn sie ehrliche Jugend sind, als Vorkämpfer der Wahrheit. Sie werden entgegentreten den Lügen, die über uns verbreitet werden und sie werden dafür sorgen, daß in der fernen Zukunft unmöglich wird, was heute gleichsam eine Selbstverständlichkeit scheint, daß nämlich der, der in einer ausländischen Zeitung sitzt, grundsätzlich alles über Deutschland an Lügen und Verleumdungen schreiben darf, was ihm nur einfällt".[119] Das waren nicht die einzigen Motive. Die HJ wurde zwar, wie Schirach vor jungen Auslandsdeutschen erklärte, über die Grenzen geschickt, um „dort zu studieren die Jugend der fremden Völker, vor allem aber kennenzulernen die Deutschen draußen in der Welt, damit nie wieder in Deutschland eine Führung komme, die keine Vorstellung besitzt von dem Kampf, den Ihr, meine Kameraden und Kameradinnen, draußen führen müßt... Ich glaube, daß die Menschen, die solcher Art erzogen wurden, nie wieder bereit sein werden zu einem inneren Zwist. Denn wenn man sein Volk und sein Vaterland einmal von draußen gesehen hat, dann begreift man, daß man mit innerer Uneinigkeit und innerer Zerrissenheit nur den Feinden Deutschlands einen Gefallen erweist".[120]

Ohne Zweifel ist es in erheblichem Maße geglückt, das Ausland von der verständigungsbereiten, friedliebenden Jugend Deutschlands zu überzeugen und das düstere Erscheinungsbild des Dritten Reiches, das von den Uniformen der SS, SA und der Wehrmacht, von Aufrüstung,

Unfreiheit und Unterdrückung geprägt war, nach außen zu erhellen. Dies gelang umso besser, als auch die Jungen und Mädchen selbst in ihrer großen Mehrheit an Hitlers Friedensliebe glaubten. Konsequent hat Schirach alles vermieden, was diesen Eindruck trüben konnte. So wurde die HJ in die verbrecherischen Novemberaktionen gegen die Juden, die sogenannte Reichskristallnacht, kaum verwickelt. Schirach und sein Stellvertreter haben das Pogrom, offenbar auch, um nicht wieder zu einer Hilfstruppe der SA zu werden, nach eigenem, durchaus glaubhaftem Bekunden, abgelehnt. Es paßte nicht zur kulturellen Sendung der Jugendführung. Bezeichnend hat Schirach die Aktion vor seinen Unterführern als „Kulturschande" gebrandmarkt, was weniger auf die Vernichtung jüdischen Kulturgutes als auf die barbarische Zerstörungswut der Nationalsozialisten zielte. Schirachs späteres Bekunden, er sei über die Verwüstungen, die er in München sah, entsetzt gewesen, ist nicht ohne Glaubwürdigkeit. Es war nicht das einzige Mal, daß er vor den Folgen der Gewaltherrschaft, die er mitzuverantworten hatte, zurückschreckte. Nach den verheerenden Niederlagen in Stalingrad und in Afrika, den Millionen Toten, die der Krieg bis dahin gekostet hatte, wollte er nichts mehr von der Veröffentlichung seiner kriegsverherrlichenden Gedichte wissen, und als er in Nürnberg mit den Greuelbildern der Lager konfrontiert wurde, sagte er sich von Hitler los.[121]

Im Inneren wachte Schirach weiter mit Argusaugen über die Unabhängigkeit der Jugendführung. Selbst der Partei sprach er jeden administrativen Einfluß ab. Erbittert wehrte er sich gegen den Versuch von Heß, Parteifunktionären ein Mitspracherecht beim Ausschluß von Jungen und Mädchen aus der HJ einzuräumen.[122] Als in einigen Teilen des Reiches mit dem Bau von Gemeinschaftshäusern für die Gliederungen der Partei begonnen wurde, die zugleich auch als HJ-Heime dienen sollten, verweigerte er seine Zustimmung. Die HJ-Unterkünfte sollten „gesonderte Erziehungsstätten" bleiben.[123] Rosenberg beklagte sich wiederholt darüber, daß Schirach ihn in allen ideologischen Fragen überging. Schon 1937 kam es deswegen zu heftigen Kontroversen.[124] Die härtesten Auseinandersetzungen hatte Schirach mit Parteischatzmeister Schwarz. Schirachs wiederholte Versuche, aus der Finanzhoheit der Partei auszuscheren, scheiterten. Schirachs Kassenverwalter Berger, nach der Umwandlung der Jugendführung in eine Reichsbehörde im Rang eines Ministerialrats, versuchte die Zusammenarbeit mit Schwarz zu verweigern. Als Beamter sei er künftig nur noch dem Finanzministerium verantwortlich. Doch das Ministerium erhielt strikte Anweisung, „mit niemandem von der Reichsjugendführung“ über Haushaltsfragen zu verhandeln.[125] Als Schirach und Berger trotzdem nicht nachgaben, ging Schwarz dazu über, das Geld für die Jugendführung nur noch monatlich auszuzahlen. Bald hatte Schirach „größere Geldsorgen . . . als jemals in der Kampfzeit der Bewegung“. Erfolglos klagte er in der Reichskanzlei über die „Beschränkungen, Einengungen und Bevormundungen“ durch den Schatzmeister. Zwar ordnete Hitler an, daß die Finanzmittel in Zukunft jährlich bereitzustellen seien, doch beließ er Schirach unter der Finanzhoheit der Partei. Der finanzielle Spielraum der HJ blieb unter der Regie des pedantisch genauen Schwarz weiterhin beengt.[126]

Gleichwohl steuerte Schirach weiter konsequent auf sein Endziel zu: die Alleinherrschaft auf dem Erziehungssektor. Die Voraussetzungen waren günstig. Die unablässigen Verunglimpfungen der Lehrer hatten zu einem rapiden Rückgang an jungen Pädagogen geführt. Die schlechte Besoldung und die steigenden Geburten taten ein übriges, um den Lehrermangel zu einer drohenden „Katastrophe“ werden zu lassen.[127] Die Entwicklung erfüllte die Parteiführung mit Besorgnis. Vor allem auf dem Land sollten nationalsozialistisch geschulte Lehrer ein Gegengewicht zur katholischen Kirche bilden. Der Münchener Gauleiter Wagner erklärte bündig: „Solange es noch Dorfpfaffen gibt, muß das Ziel im Hinblick auf den Dorflehrer folgendes sein: 1. Stellung und Ansehen des Dorflehrers muß größer und besser gemacht werden, als Stellung und Ansehen des Dorfpfaffen heute sind. 2. Die Ausbildung des Dorflehrers muß billiger, besser und gründlicher sein, als die Ausbildung des Dorfpfaffen heute ist. 3. Das Gehalt des Dorflehrers muß höher sein, als das Gehalt des Dorfpfaffen heute ist“.[128] Schirach warf Rust Versagen vor und präsentierte sich selbst als Retter in der Not. Im Frühjahr 1938 eröffnete er eine neue Offensive. Vor seinen in Weimar versammelten Unterführern verlangte er die „Einheit der Erziehung“, was unausgesprochen meinte: unter Führung der HJ. Das Prinzip der Adolf-Hitler-Schulen sollte auf den gesamten Schulbereich ausgedehnt werden. „Wenn man ein System aufbauen würde, innerhalb dessen die Jugend selbst für die Schülerschaft verantwortlich ist, würde es zwischen Lehrerschaft und Schülerschaft im allgemeinen keine Feindschaft mehr geben. Und der Lehrer erhielte damit jene Freiheit und Würde, die mit seinem Amt verbunden sein sollte, aber nicht verbunden ist“. Die Zukunft gehörte für Schirach dem nationalsozialistischen Jugendführer, wie er ihn ausbildete. „Wir glauben an die Sendung des nationalsozialistischen Jugendführers. Wir glauben, daß eine unaufhaltsame Entwicklung dahin treibt, daß der Erzieher der Zukunft während der verschiedenen Stationen seines Lebens und Dienstes auch verschiedene erzieherische Funktionen ausüben wird. So sehen wir ihn zunächst als Jugendführer, der durch jährliche Übungen sich für seine spätere Funktion als Volksschullehrer vorbereitet. Wir sehen ihn dann in diesem Amte, wie er als Jugendführer und durch Dienst und Rang mit der Jugend verbundener Nationalsozialist in dem gleichen Geiste unterrichtet, in dem er bisher geführt hat. Wir sehen ihn dann nach einigen Jahren auf der weiteren Wanderschaft wieder im aktiven Dienst der Jugendführung, aber diesmal mit höherer Verantwortung. Dann als Erzieher auf einer Adolf-Hitler-Schule, später in einer deutschen Schule des Auslandes, dann im Grenz- und Auslandsamt der Reichsjugendführung oder im Amt für weltanschauliche Schulung. Vielleicht begegnen wir diesem Mann später auf einem Lehrstuhl der Akademie für Jugendführung, es kann aber auch ebensogut sein, daß wir ihn als Gauschulungsleiter in unserer Partei wiedertreffen oder als aktiven Führer in der SA oder SS. Ganz genau kann man den Weg dieses Mannes nicht bezeichnen, weil wegen der ungeheuren Weite dieser Ausbildung der Möglichkeiten so viele sind, daß sie sich gar nicht übersehen lassen. Eines weiß ich genau: Dieser Mann wird nicht bis zu seinem vollendeten fünfundsechzigsten Lebensjahr Tag für Tag auf dem Katheder sitzen! Er wird nicht tagtäglich um 12.45 Uhr das Buch zuklappen, aus dem er zum siebenhundertunddreiundvierzigstenmal seine Lektion verkündet hat, um nach Hause zu gehen, gut und reichlich zu essen, ein Mittagsschläfchen zu halten, Kaffee zu trinken, seine Zeitung zu lesen, seine Zigarren zu rauchen usw., kurz, um mit dem Zeichen einer Glocke das für vierundzwanzig Stunden zu vergessen, was er niemals auch für eine Stunde seines Daseins vergessen darf: die erzieherische Sendung".[129]

Schirach gründete eine Arbeitsgemeinschaft von jungen Lehrern, die in der HJ arbeiteten. Sie umfaßte bald 8.000 Mitglieder.[130] Auch propagandistisch wurde das Idealbild des „tüchtigen Erziehers, der HJ-Führer und Lehrer zugleich ist", forciert. Das Drehbuch zu dem Jugendfilm „Jungens" etwa handelte „von zunächst unerzogenen führungslosen Jungen eines Fischerdorfes, die durch ihren Lehrer Gründel, der aus der HJ kommt und Jugendführer ist, zur Ordnung gebracht und begeistert werden. Man sieht die Jungen zunächst in der

Abb. 38: Mit Schirachs wachsendem Einfluß wuchs die Phalanx der Widersacher: Lutze, Rosenberg (links v. Schirach) und Rust (rechts außen). Einen Verbündeten fand er in Ley (rechts neben Schirach).

Abb. 39: Schirach und Rosenberg – hier noch vereint.

Kneipe und am Ende des Films unter den Gausiegern des Reichsberufswettkampfes".[131] Jetzt fühlte sich auch Rosenberg auf den Plan gerufen. Die vorausgegangenen ideologischen Auseinandersetzungen mit Schirach und die Angriffe der Jugendführung gegen die Schule veranlaßten ihn zu dem Vorwurf, die HJ bilde „geistig gleichsam eine Partei neben der Partei".[132] Rosenberg stellte sich öffentlich auf die Seite der Lehrer.[133] Schirach reagierte empört, erklärte seinen Austritt aus den von Rosenberg geleiteten nationalsozialistischen Arbeitsgemeinschaften und wies die Angriffe als „schwere Beleidigung" zurück: „Wenn Sie schreiben, daß in der Reichsjugendführung die Bestrebung vorhanden sei, eine Partei neben der Partei zu bilden, so bedeutet dies nichts anderes, als daß ich und meine Kameraden treulose Rebellen, Abtrünnige und Verräter sind. Ich hoffe, Sie werden nicht zögern, anläßlich unserer nächsten persönlichen Begegnung diese Behauptung, die ich als Ehrenkränkung ansehe, mit dem Ausdruck des Bedauerns zurückzunehmen. Sie haben nicht das Recht, selbst so tiefgreifende Meinungsverschiedenheiten, wie sie zwischen uns beiden bestehen, zum Anlaß zu nehmen, um mir gegenüber einen Vorwurf zu erheben, den Sie einst zweckmäßiger gegenüber Herrn Strasser und Herrn Röhm hätten aussprechen sollen".[134] In der Dezemberausgabe seines Führerorgans Wille und Macht ließ Schirach durch seinen Schriftleiter und Pressereferenten Günter Kaufmann einen Artikel veröffentlichen, der erneut die „Einheit der Erziehung" verlangte und wieder vor Angriffen gegen die Lehrer strotzte.[135] Um die Provokation perfekt zu machen, empfahl die amtliche Zeitschrift des Erziehungsministeriums in offenbarer Unkenntnis des Inhalts das HJ-Heft „wärmstens" allen „zeitverbundenen deutschen Erziehern".[136] Das Inserat wurde von vielen Lehrern mit „außerordentlicher Verbitterung" aufgenommen, wie sich der NS-Lehrerbund beklagte.[137] Jetzt griff Rosenberg rigoros durch. Nach Rücksprache mit Heß ordnete er die Zensur von Wille und Macht an. Darauf legte Schirach die Herausgeberschaft nieder und wollte die Zeitschrift einstellen.[138] Doch darauf wollte sich der Parteiverlag nicht einlassen: „Eine Zeitschrift kann man nicht von heute auf morgen verschwinden lassen, umsoweniger dann, wenn man schon die Bezugsgelder für das nächste Vierteljahr eingezogen und damit finanzielle Verpflichtungen gegenüber den Beziehern übernommen hat. Man kann auch nicht vorher monatelang werben und die Auflage steigern, um dann wegen einer internen Angelegenheit eine Zeitschrift mit 90.000 Auflage verschwinden zu lassen".[139] Die Fronten verhärteten sich weiter, weil Rosenberg strikt auf der Zensur beharrte, um „eine uferlose und parteischädigende Polemik zu verhindern".[140] Lehrerbundführer Wächtler wies vor den versammelten Parteiführern die Angriffe als „infame Beleidigung" zurück.[141] Schirach sah sich nun zum Rückzug gezwungen und schloß einen Kompromiß mit Rosenberg. Die Zensur wurde aufgehoben, doch sollte Rosenberg bei Aufsätzen über ideologische Fragen zu Rate gezogen werden. Schirach trat wieder in die Arbeitsgemeinschaft ein. Doch hat er sich in der Folgezeit, wo immer es ging, bemüht, Rosenbergs Mitspracherecht zu umgehen. Bald schon sah sich Rosenberg zu Klagen veranlaßt, seine Schriften würden in der HJ ignoriert, seine Bedeutung für die NS-Bewegung nicht genügend gewürdigt.[142]

Die von Schirach angestrebte Revolution der nationalsozialistischen Erziehung führte am Vorabend des Weltkrieges zum vollständigen Chaos. Die Fronten zwischen Rust-Ministerium, NS-Lehrerbund und Reichsjugendführung waren vollkommen verhärtet. Erbittert wurde um Rechte, Kompetenzen und Einfluß gerungen, die „Einheit der Erziehung" war ferner denn je. Die Jugendlichen hatten darunter zu leiden. Viele Schüler, resümierte ein Beamter der Schulverwaltung, seien „durch das Nebeneinander und Gegeneinander von HJ und Schule in innere Spannungen, in einen Konflikt der Pflichten geraten. Da von HJ-Führern darauf hingewiesen wird, daß die HJ der Schule vorgehe und daß auf Kenntnisse und Schulprüfungen heute kein Wert mehr gelegt würde, vernachlässigten sie naturgemäß die zweitrangige Schule. Aus alledem ergibt sich, daß die Schüler von der Hitlerjugend in einem Maße beansprucht werden, daß sie die in ‚Erziehung und Unterricht' vorgesehenen Anforderungen der Schule nicht erfüllen können, oder daß ihnen die Schularbeit so verleidet wird, daß sie die Forderungen aus einer inneren Ablehnung heraus gar nicht mehr ernstlich erfüllen wollen".[143] Bei den Planungen, den Lehrernachwuchs zu sichern, erlitt Schirach jedoch eine Schlappe. Die HJ wurde an den Vorbereitungen kaum beteiligt.[144] Doch von solchen Rückschlägen ließ er sich nicht entmutigen.

Widerstände

Das Münchener Abkommen hatte Hitlers Kriegspläne nur aufgeschoben. Er war fest entschlossen, sobald die Gelegenheit günstig war, loszuschlagen. Schon am 21. Oktober 1938 gab er die Weisung, die Besetzung der Resttschechei und des Memellandes vorzubereiten, Ende November ordnete er das gleiche für Danzig an. Anfang des folgenden Jahres griff Hitler massiv in die Führung der Hitlerjugend ein. Am 19. Januar übertrug er die vormilitärische Ausbildung der beiden ältesten HJ-Jahrgänge der SA.[145] Hitlers Ziel war klar: die vormilitärische Ausbildung sollte endlich effektiv werden, ohne der Wehrmacht zu viel Einfluß zu gewähren. Doch sprengte Hitler damit nicht nur die bis dahin sanktionierten Prinzipien der Jugendführung: er durchbrach auch das HJ-Gesetz.

Die SA registrierte die Aufwertung mit „Freude und Befriedigung".[146] Hitlers Erlaß traf Schirach jedoch nicht überraschend. Stabschef Lutze hatte die SA bereits in aller Öffentlichkeit darauf vorbereitet, daß sie künftig die vormilitärische Ausbildung durchzuführen habe. Schirach hatte Kontakt zum Oberkommando der Wehrmacht aufgenommen, das die Aktivitäten der SA ebenfalls argwöhnisch beobachtete. Gemeinsam bereiteten sie eine Vereinbarung über die vormilitärische Ausbildung der gesamten HJ-Führerschaft vor. Die Wehrmacht sollte dafür die Offiziere stellen, die Durchführung der Lehrgänge jedoch „ausschließlich Aufgabe der HJ" sein. Das Abkommen war ein Dokument der Schirachschen Furcht, in die Abhängigkeit der Wehrmacht zu kommen. Die Wehrmacht solle die HJ lediglich unterstützen, hieß es; das Verhältnis zwischen HJ-Führern und Offizieren während der Lehrgänge wurde peinlichst geregelt und nahm in der Vereinbarung mehr Raum ein als die Ausbildung selbst: „Bei Übernahme des militärischen Dienstes wird dem militärischen Leiter stets die Abteilung durch den HJ-Lehrgangsleiter bzw. dessen Stellvertreter mit dem Kommando ‚Achtung – die Abteilung hört auf das Kommando des . . .X' gemeldet. – Beim Erscheinen militärischer Vorgesetzter wird dieser durch den militärischen Ausbilder gemeldet. – Beim Erscheinen eines vorgesetzten HJ-Führers übergibt der militärische Leiter die Abteilung an den HJ-Lehrgangsleiter oder dessen Stellvertreter mit dem Kommando ‚Achtung – die Abteilung hört auf das Kommando des . . .X'. Dieser meldet sodann die HJ-Abteilung dem erscheinenden HJ-Führer. Der militärische Leiter begrüßt den HJ-Führer". Was aber, wenn militärischer Leiter und HJ-Führer gleichzeitig erschienen? Dann „übergibt sinngemäß der militärische Leiter die Abteilung an den ältesten anwesenden HJ-Führer, sodann meldet er die Wehrmachtangehörigen seinem Vorgesetzten, während der HJ-Führer die Abteilung seinem Vorgesetzten meldet. Auf den Befehl ‚weitermachen' übernimmt der militärische Leiter wieder die Abteilung".[147] Die Führer sollten in den Lehrgängen theoretisch über die drei Wehrmachtteile, insbesondere die Infanterie, unterrichtet, praktisch im Schießen und im Geländedienst ausgebildet werden. Die Dauer betrug je nachdem acht oder vierzehn Tage.

Hitler gegenüber tat Schirach so, als sei er von der Übertragung der vormilitärischen Ausbildung an die SA gänzlich überrascht worden und habe davon erst aus der Zeitung erfahren. Er beteuerte, die Zusammenarbeit mit der Wehrmacht habe sich bewährt und werde durch die „Zwischenschaltung von Stellen, die auf dem Gebiet der vormilitärischen Jugendarbeit keine Sachkenntnisse besitzen", nur behindert.[148] Schirach hatte Erfolg. Es gelang ihm, die SA aus der vormilitärischen Ausbildung herauszuhalten. Umso nachdrücklicher verlangte Schirach nun, die Ausführungsbestimmungen zum HJ-Gesetz endlich in Kraft zu setzen. Am 25. März 1939 war es soweit. Die erste und die zweite Durchführungsverordnung zum HJ-Gesetz wurden verkündet. Schirachs Recht zur „körperlichen, geistigen und sittlichen Erziehung" der gesamten Jugend vom zehnten bis zum achtzehnten Lebensjahr wurde noch einmal bestätigt, die Mitgliedschaft in der HJ jetzt zur Pflicht erklärt. Neben den Militär- und den Arbeitsdienst trat damit der Jugenddienst. Allerdings konnte auch 1939 noch nicht mit der totalen Erfassung der Jugendlichen begonnen werden. Immer noch fehlte es an Führern, Heimen und Sporteinrichtungen. Mit den Durchführungsverordnungen wurde auch Schirachs Plan der Elite-HJ verwirklicht. Wer sich in der Hitlerjugend ein Jahr lang gut geführt hatte und seinen arischen Stammbaum bis 1800 nachweisen konnte, durfte beantragen, in die Stamm-HJ aufgenommen zu werden. Das Rassen- als Klassenbewußtsein sollte von Jugend an geschärft werden.[149]

Schirach hatte jetzt endgültig die außerschulische Erziehungsgewalt über alle deutschen Jugendlichen. Ihre zwangsweise Erfassung begründete er pathetisch: „Was in dieser Zeit durch die Vaterlandsliebe und Begeisterung der Jugend geschaffen wurde, darf in späteren Jahrzehnten und Jahrhunderten niemals wieder verloren gehen. Wir haben in der Geschichte des deutschen Volkes das Auf und Ab des Schicksals kennengelernt, darum rüsten wir uns durch ein gewaltiges Erziehungssystem, das den Deutschen von frühester Jugend bis ins Alter hinein erfaßt, gegen alle Gefahren, die uns in fernster Zukunft einst bedrohen könnten".[150] In Wahrheit jedoch sollte der Jugenddienst viel konkreteren und näherliegenderen Zielen dienen. Am 15. März hatten deutsche Truppen die Tschechei besetzt. Hitler hatte das Münchener Abkommen kaltblütig gebrochen, sein Wille zum Krieg offenbarte sich jetzt endgültig. Auch für Schirach konnte es keinen Zweifel mehr geben, daß die Phase, in der Hitler versuchen würde, seine Welteroberungspläne zu verwirklichen, unmittelbar bevorstand. Allem Anschein nach ist er von Hitler selbst eingeweiht worden. Am 20. April hat Schirach in einer Geheimrede anläßlich der Eröffnung des ersten Lehrgangs der Akademie für Jugendführung die 100 höchsten HJ-Funktionäre auf die sich abzeichnende Entwicklung vorbereitet und von seinem Führerkorps verlangt, sich auf die Erfordernisse der künftigen Weltherrschaft einzurichten. „Als ich das Programm der Akademie erstmalig entwickelte, waren wir ein Staat, der versuchte, die anderen Staaten von seiner Friedensliebe zu überzeugen, um seine Aufrüstung durchführen zu können. Und ihr werdet zugeben, daß wir nicht mehr um Anerkennung ringen brauchen, sondern daß wir die erste Weltmacht sind. Das deutsche Volk ist zur Weltherrschaft berufen. Selbstverständlich werden wir diese Berufung wahrnehmen. Wir werden die jungen Menschen so erziehen, daß sie auch wirklich in der Lage sind, in allen künftigen Jahren eine Weltmacht repräsentieren zu können. Das heißt, wir müssen uns von dem bürgerlichen Denken unserer Studienräte und Studiendirektoren trennen ... Wenn wir der englischen Nation ihren Führungsanspruch streitig machen, können wir keine Menschen mit einem Maulwurfhorizont gebrauchen, sondern wir benötigen Menschen, die sich dazu gebildet haben, in großen Räumen zu empfinden. Das geht uns heute noch ab, weil wir Deutsche viel zu bescheiden sind. Es ist das erste Mal, daß sich eine solche Entwicklung zu vollziehen beginnt. Das Ergebnis erlebt ihr mit. Und ihr werdet eine Zeit erleben, in der das deutsche Volk herrscht und arbeitet, die anderen nur arbeiten".[151] Dann folgte der Appell, allen Streit zu begraben und nur noch bedingungslos zu gehorchen. Zugleich appellierte Schirach, nun endlich Geschlossenheit und unbedingte Gefolgschaftstreue zu zeigen. „Ein Mensch, dem der Führer sein Vertrauen geschenkt hat, muß in diesem Volke außerhalb jeder Kritik stehen. Lassen wir einmal Kritik zu, unterhöhlen wir das Fundament der Bewegung und des Reiches, wir gehen einer Katastrophe entgegen. Wir leben nicht in einem Reiche unter uns. Wir haben in diesem Raume Millionen von Tschechen, wir werden noch Millionen anderer Völker haben. Jeder Streit in einem solchen Reiche schwächt uns, das heißt die Herrenschicht, und stärkt die Massen derer, die dazu berufen sind, geführt zu werden... Ich möchte, daß wir ein homogenes Führerkorps werden, das in diesen Grundfragen einheitlich denkt. Woran kann man das erkennen? Wenn man mit Sicherheit weiß, die Unterführer im Westen werden dieselbe Entscheidung treffen wie die Unterführer im Norden oder Süden des Reiches. Das ist das Ziel, daß diese Entscheidung in allen Teilen des Reiches gleich ausfällt. Ich glaube, daß das möglich ist. Die Armee zeigt uns das immer wieder. Die Offiziere denken in allen Fragen gleich, das ist die Stärke des Offizierskorps, das Zeichen seiner Größe. Und ich möchte, daß das bei uns genauso wird. Ich möchte, daß bei uns ein einheitliches Denken, Glauben und Handeln entsteht".[152]

Auch Hitler hatte am selben Tag, seinem fünfzigsten Geburtstag, vor den HJ-Führern eine Ansprache voller Anspielungen auf die Zukunft gehalten und erklärt, daß er jetzt auf dem „Zenit des Lebens" stehe. Er müsse nun die „Monate und Wochen zählen". Denn was er nicht vollbringe, könne nach ihm „keiner so leicht vollbringen".[153] Diese Aufgabe aber war, wie Hitler in Mein Kampf und danach unzählige Male wieder beteuert hat, Lebensraum im Osten zu gewinnen. Die Weichen waren auch für die HJ auf Krieg gestellt. Am 13. Juli verbot Schirach der HJ Fahrten zum Westwall, drei Wochen später, am 4. August, Reisen nach England, Frankreich, Polen, Rumänien, Griechenland, ins Baltikum und in die Türkei.[154] Der Kampf gegen die Konfessionen wurde eingestellt. Zu diesem Zeitpunkt spielten die Kirchen in der Jugendarbeit kaum noch eine Rolle. Wochen später, schon während des Krieges, hat Schirach vor seinen Unterführern ein Resümee seiner Politik gegen Katholiken und Protestanten gezogen und festgestellt, daß „eine gewisse Befriedung unseres konfessionellen Lebens eingetreten ist. Ich stelle es fest auf Grund sicherer Berichte, die ich angehört habe, und auf Grund gewisser freimütiger Äußerungen, die vor einigen Tagen die katholischen Bischöfe mir gegenüber getan haben, und aus der Haltung des Vatikans – womit ich ausdrücklich nur den Papst selbst bezeichnen möchte, natürlich nicht den ‚Osservatore Romano', ich meine jetzt nur die eigentlich verantwortliche Spitze, den Souverän, der die Politik des katholischen Staates in der Welt bestimmt. Ich möchte das ausdrücklich hier feststellen, weil es töricht wäre, eine Wendung zum besseren hin zu ignorieren und nicht zu registrieren . . . Ich meinerseits habe ja die Kirche vielleicht am tiefsten getroffen. Ich habe dieser Kirche die Jugendverbände zerstört und habe sie an ihrer empfindlichsten Stelle damit verletzt. Ich habe viele Auseinandersetzungen mit der katholischen Kirche gehabt. Ich muß jetzt feststellen, daß die Kirche sagt,daß die Verbände für sie keine Rolle mehr spielen. All diese Forderungen, daß die katholische Jugend sich doch wieder zusammenschließen müsse, die Forderungen nach Sport und Fahrt sind alle fallengelassen worden. Soll ich nun, nachdem die Verbände zerstört worden sind, nachdem wir nun wirklich die ganze Jugend in unsere Hand bekommen haben, in dieser Zeit aus irgendwelchen Gründen in das Streithorn blasen und in öffentlichen Versammlungen die katholische Aktion angreifen? Ich glaube nicht".[155]

Seinen Kampf gegen die Schule setzte Schirach unvermindert heftig fort. Selbst um den Ernteeinsatz, der im Krieg weitgehend von der Schuljugend übernommen werden sollte, wurde im Frühjahr und im Sommer 1939 gestritten. Die Auseinandersetzung war nur ein weiteres Beispiel für Machtkämpfe und Kompetenzstreit zwischen Jugendführung und Erziehungsministerium. Einigkeit herrschte zwischen beiden Behörden, daß in den Ferien die HJ den Einsatz leiten sollte. Schirach wollte jedoch auch während der Schulzeit die Aufsicht über die Erntehilfe ausüben, weil sie eine „politische Aufgabe der HJ" sei. Der Streit wogte hin und her. Dreimal trafen sich beide Seiten zu Verhandlungen, jedesmal wurden sie ohne Ergebnis abgebrochen. Am 8. Juni regelte Rust schließlich von sich aus den Ernteeinsatz in seinem Sinne. Wieder protestierte die Jugendführung. Bis zum Kriegsbeginn am 1. September, Hitlers Überfall auf Polen, wurde keine Einigung erzielt.[156]

Als England und Frankreich entgegen Hitlers Erwartung dem Reich doch den Krieg erklärten, scheint Schirach erstmals im Glauben an seinen Führer wankend geworden zu sein. Jahrelang hatte er unablässig die Jugend auf die vermeintliche Stunde der Bewährung vorbereitet, in immer neuen Wendungen Krieg, Schlachterlebnis und Tod als den eigentlichen Sinn ihres Daseins verkündet, doch nie das Gespür für Machtkonstellationen, für das Wünschbare und für das nur Machbare verloren. Jetzt aber schwanden ihm Mut und Hoffnung. Vor seinen Unterführern verbreitete er sich in düsteren Vorahnungen und defaitistischen Zweifeln: der Krieg werde sieben Jahre dauern und nur unter größten Anstrengungen zu gewinnen sein. Nach den Worten eines seiner Funktionäre verhielt er sich wie der „größte Defaitist".[157] Es ist sogar wahrscheinlich, daß sich Schirach in diesen Tagen bereits darüber klar wurde, daß seine Konzeption der Jugendführung zum Zusammenbruch verurteilt war. Wie keine andere Parteigliederung oder Behörde war die Reichsjugendführung von der Mobilmachung betroffen. Von ihren 424 Führern wurden bis auf 46 alle zur Wehrmacht eingezogen. Nicht anders verhielt es sich im weiten Land. Nach und nach mußte fast die gesamte Führerschaft einrücken. Bis zum Frühjahr 1940 wurden es 95 Prozent.[158] Sechzehn- und Siebzehnjährige versuchten jetzt, so gut es ging, den Dienst aufrecht zu erhalten. Viel zu spät hatte Schirach dem Verlust seines Führer- und Funktionärskorps vorzubeugen versucht. Am 31. August, wenige Stunden vor dem Angriff, als der Aufmarsch längst schon abgeschlossen war, verschickte er ein geheimes Rundschreiben, nur abkömmliche HJ-Führer sollten sich zur Wehrmacht melden. In diesem Krieg gebe es „keine Etappe mehr, sondern nur noch eine Front".[159] Doch der Appell zerschellte an der von ihm selbst gezüchteten Kriegsbereitschaft. Auf die HJ-Führer wirkte er denn auch wie ein Schlag ins Gesicht und wurde nicht mehr wiederholt. In seinem Kriegsaufruf an die Hitlerjungen und BDM-Mädchen mußte Schirach sogar indirekt zugeben, daß er keine Einsatzpläne für die Jugendlichen vorbereitet hatte: „Kameraden, Kameradinnen! Der Krieg stellt allen Generationen besondere Aufgaben, deren Erfüllung für den Sieg der Nation in ihrem Kampfe für ihr heiliges Recht entscheidend ist. Auch die noch nicht wehrfähige Jugend, bei unseren Pimpfen angefangen, hat die Möglichkeit und Pflicht, durch ihren Dienst in der Hitlerjugend auf ihre Weise in diesem Krieg mitzukämpfen. Unsere Jungmädel und BDM-Mädel können ihrerseits durch gewissenhafte Durchführung der ihnen übertragenen Aufgaben dem Vaterlande dienen. – Ich werde in Kürze den Einsatz der einzelnen Jahrgänge der deutschen Jugend durch besondere Anordnung regeln. Haltet euch bereit, der Führer braucht euch alle!"

Während des Polenfeldzuges wurden dann doch noch, nach offiziellen Angaben jedenfalls, über eine Million Jungen und Mädchen für Kurierdienste in der Partei, bei der Verteilung von Lebensmittelkarten, im Hilfsdienst bei der Polizei, der Feuerwehr, dem Luftschutz, der Technischen Nothilfe, der Post, dem Telephon- und Kurierdienst der Wehrmacht sowie bei der Verpflegungsausgabe eingesetzt. Zweihunderttausend Mädchen engagierten sich in sozialen Diensten, sechshunderttausend Jungen bei der Hackfruchternte.[160]

Schirach sah jetzt die große, vielleicht nie wiederkehrende Gelegenheit gekommen, die totale Machteroberung auf dem Erziehungssektor zu verwirklichen und Rust, der kaum noch Initiativen im Erziehungswesen entwickelte, sich starrsinnig an seine Kompetenzen klammerte und schon lange auf Hitlers Abschußliste stand, endgültig auszuschalten. Unmittelbar nach Kriegsausbruch wurde Schirach bei Göring vorstellig, der in Hitlers Auftrag die Regierungsgeschäfte führte, er möge ihm das Erziehungsministerium übertragen. Göring, der Schirachs Befürchtungen, daß der Krieg kaum über kurz oder lang gewonnen werden konnte, teilte, die Schulerziehung den Kriegsumständen entsprechend kürzen und vereinfachen wollte, zudem Schirach nicht ungewogen war, ließ die Antwort zunächst offen. Am 5. September beriet er mit Goebbels, ob man Schirach zum Erziehungsminister machen solle.[161] Doch schon versuchte Schirach, wie so oft, vollendete Tatsachen zu schaffen, begann die „Neuordnung des Schulwesens“ einzuleiten und arbeitete einen Kriegsplan für die Schulen aus: alle Kinder sollten erst mit sieben Jahren zur Schule gehen, die Grundschulzeit um ein Jahr verkürzt werden. Danach sollten die Kinder entweder bis zum dreizehnten Lebensjahr die Mittelschule besuchen und dann eine Lehre beginnen oder bis zum sechzehnten Lebensjahr aufs Gymnasium gehen. Täglich von 16–18 Uhr war HJ-Dienst mit Sport, Singen und Werken, die als Schulfächer in den Mittel- und Oberschulen entfallen sollten. Im Sommer durfte der Unterricht von sieben bis zwölf, im Winter von acht bis zwölf Uhr dauern.[162] Schirach hatte es eilig. Innerhalb von 24 Stunden sollten entsprechende Lehr- und Stundenpläne ausgearbeitet werden. Er wollte sein Vorhaben beinahe handstreichartig in die Tat umsetzen: das Erziehungsministerium wußte von nichts. Schon frohlockte Schirach. Am 11. September instruierte er seine Unterführer: „Es besteht die Absicht, mir die Zusammenfassung aller erzieherischen Kräfte während des Krieges zu übertragen. Selbstverständlich darf dies innerhalb der Jugend nicht als Sieg eines Erziehungsfaktors über den anderen ausgelegt werden, da das meine Tätigkeit unnötig erschweren würde. Ich mache meine Mitarbeiter und Mitarbeiterinnen dafür verantwortlich, daß die im Interesse der Landesverteidigung erforderliche Vereinheitlichung der Befehlsgewalt auf erzieherischem Gebiet von der Jugend und ihren Dienststellen mit dem in diesem Falle notwendigen Taktgefühl aufgenommen wird. – Während des Krieges kann keinerlei innere Auseinandersetzung geduldet werden“.[163] Als Rust schließlich doch von den Planungen erfuhr, protestierte er sofort.

Wenig später hörte auch Hitler von Schirachs Absichten und verlangte Rapport. Am 28. September stellte Göring klar, Schirach habe ihm gegenüber lediglich den „Wunsch" geäußert, die Neuordnung durchführen zu dürfen, entschieden sei jedoch „noch nichts".[164] Der Blitzsieg in Polen, der alle Befürchtungen zunächst zerstreute, und die sich abzeichnenden Auseinandersetzungen mit den Schulbehörden ließen es geboten erscheinen, alles beim alten zu belassen. Kurz vor dem Ziel wurde Schirach gestoppt. Unterdessen wurden die Schwierigkeiten für die HJ zunehmend größer. Die vormilitärische Ausbildung lief nur langsam an. „Die besonders schwierigen Verhältnisse auf dem Arbeitsmarkt und die hochgespannten Forderungen an die Wirtschaft verbieten es", lautete die bündige Anweisung durch den Befehlshaber des Ersatzheeres, „eine Vordringlichkeit für die Durchführung der vormilitärischen Ausbildung der HJ in dem Sinne anzuerkennen, daß Beurlaubungen von Lehrlingen, Jungarbeitern usw. seitens der Betriebe verlangt werden". Nur dann dürften Lehrgänge durchgeführt werden, wenn „Truppenbelange nicht gestört" würden.[165]

Die Kontrolle über die Jugendlichen entglitt Schirach mehr und mehr. Die Zahl der illegalen Jugendgruppen stieg sprunghaft an. Zunehmend entfalteten sich auch kriminelle Energien. Jugendbanden verunsicherten die verdunkelten Städte. „Seit Kriegsausbruch und dem Einsetzen der nächtlichen Verdunkelung", alarmierte die Staatsanwaltschaft in München Justizminister Gürtner in Berlin, „haben Jugendgerichte, Stadtjugendamt und Jugendstaatsanwaltschaft in München übereinstimmend die Beobachtung gemacht, daß die Kriminalität der Jugendlichen bedenklich im Steigen begriffen ist. Es zeigt sich mehr und mehr, daß die verdunkelte nächtliche Großstadt für die halbwüchsige Jugend der Schauplatz romantischer nächtlicher Streifzüge wird, die sehr leicht einen kriminellen Charakter annehmen. In mehreren Fällen sind ganze Banden Jugendlicher festgestellt worden, die voll organisiert reihenweise Einbrüche und sonstige Diebstähle im Schutz der Verdunkelung begangen haben. Dabei sind es gerade die 14- bis 15-jährigen, die bei diesen Unternehmungen mit eine führende Rolle spielen".[166] Bald sah auch Göring das Problem für so ernst an, daß er Himmler einschaltete. In Himmlers Auftrag beraumte Heydrich kurz vor Weihnachten eine Konferenz über Jugendfragen an und konstatierte fünf Gründe für Jugendverwahrlosung und Kriminalität: das „weitgehend unregelmäßige, ja zerrüttete" Schulwesen, die „sehr starke Beeinträchtigung" der HJ-Arbeit durch den Führermangel, die Einberufung der Väter, die Verdunkelung und andere Kriegsmaßnahmen sowie für die weibliche Landjugend die Einquartierungen der Wehrmacht.[167] Die HJ müsse deshalb mehr Heimabende veranstalten, die Wehrmacht möglichst viele Führer freistellen. Indessen wurde Schirach fast kaum noch an den Planungen beteiligt. Von der endgültigen Regelung des Ernteeinsatzes der Schuljugend erfuhr er erst durch die Veröffentlichung im Reichsgesetzblatt. Seine Beschwerden blieben erfolglos.[168] Die Verbindung zu Hitler, die ihm hätte helfen können, war seit Kriegsausbruch gänzlich abgerissen.

Ende Dezember gab Hitler Schirachs wiederholtem Ersuchen, zur Wehrmacht einrücken zu dürfen, statt. Schirach wurde Soldat im Infanterie-Lehrregiment in Döberitz. Sein Stellvertreter Lauterbacher führte die Geschäfte weiter. Auch er konnte jedoch nicht verhindern, daß die HJ-Führung jetzt praktisch an die Parteileitung überging. Um der „charakterliche(n) Gefährdung" der Jugendlichen zu begegnen, entschloß sich Göring, die HJ ideologisch an die Kandare zu nehmen. Rosenberg wurde beauftragt, eine „großzügige weltanschauliche Betreuungs-Aktion" durchzuführen.[169] Rosenberg machte sich sogleich mit Eifer ans Werk. Die höchsten Repräsentanten aus Partei und Staat sollten im Rundfunk zur Jugend sprechen und ihr die Bedeutung des „Soldatentums der Arbeit", der „Kameradschaft der Jugend" und der „Ehre der Arbeit" eindrillen. Zu den Rednern zählten neben Hitler und Göring auch Heß (Thema: „Nationalsozialist heißt Kämpfer sein"), Rust („Schüler für Deutschland") und Himmler („Schutzstaffel des Führers. Neues Volkstum im Osten"). Lehrerbundführer Wächtler sollte über den „Lehrer, Kamerad der Jugend" und Schirach über das „Pflichtbewußtsein der deutschen Jugend" sprechen.[170] Der Protest von Schirachs Stellvertreter Lauterbacher, die Aktion greife in „überkommene Hoheitsrechte" der HJ ein, verhallte ebenso ungehört wie seine Befürchtung, daß es in der ideologischen Schulung „ein restloses Neben- und Durcheinander" geben werde.[171]

Inzwischen mehrten sich nämlich die Berichte „zahlreicher Gauleiter" über „erhebliche Schwierigkeiten" in der Jugendführung. „Politisierende Pfarrer" würden wieder zunehmend Einfluß auf die Jugendlichen bekommen.[172] Am 12. März 1940 ordnete Heß schließlich an, die HJ überall dort, wo Führer fehlten, in die Obhut der Partei zu übernehmen. Das „Versagen der Hitlerjugend-Führung", wie es Helmuth Friedrichs, der Oberbefehlsleiter der Parteikanzlei, unverblümt formulierte, war offenkundig und konnte nicht mehr verschleiert werden.[173] Wann

Abb. 40: Nach dem Frankreichfeldzug erhält Schirach von Hitler einen neuen Auftrag. Er wird nach Wien entsandt.

Hitler sich genau für Schirachs Ablösung entschied, läßt sich heute nicht mehr ausmachen. Jedenfalls wurde sie stilvoll und mit Takt durchgeführt. Am 5. April kam Schirach selbst um seine Amtsenthebung nach. „Mein Führer! – Nachdem mein bevollmächtigter Vertreter, Stabsführer Lauterbacher, drei Monate lang die Hitlerjugend im Kriege geführt hat, möchte ich seinem Wunsch entsprechen und ihn mit Wirkung vom 1. Mai 1940 für den Wehrdienst freigeben. Für die vertretungsweise Führung der Jugend ab 1. Mai 1940 beabsichtige ich, Obergebietsführer Axmann einzusetzen, der sich seit November 1939 als Infanterist an der Front befindet. Ich bitte Sie, mein Führer, zu befehlen, daß Axmann für diese Zwecke vom 1. V. 1940 bis 1. VIII. 1940 beurlaubt wird. Ich lege besonderen Wert auf die Beauftragung Axmanns, weil er als Schöpfer des Reichsberufswettkampfes und hervorragender Jugendführer Bedeutendes geleistet hat. Axmann ist heute 27 Jahre alt. Da ich selbst nicht mehr lange die Jugend führen kann, ohne mit dem Grundsatz ‚Jugend muß von Jugend geführt werden' zu brechen, mein Mitarbeiter Lauterbacher aber fast so alt ist wie ich, halte ich es für richtig, nunmehr Axmann die Gelegenheit zu geben, seine Eignung für das Amt des Jugendführers des Deutschen Reichs unter Beweis zu stellen. – Mein Führer! Sie nehmen mir eine große Sorge ab, wenn Sie meine Bitte erfüllen".[174]

Zu dieser Zeit hatte Schirach seine Grundausbildung beendet. Er wurde zum Infanterieregiment Groß-Deutschland verlegt, einer Eliteeinheit des Heeres, die Hitler besonders ergeben war. Am 10. Mai begann der Frankreichfeldzug. Schirach wurde zunächst als Melder eingesetzt und kämpfte dann südlich von Sedan bei den Höhen von Stonne. In der NS-Presse wurde sein Einsatz zur heroischen Heldentat hochstilisiert. „Viele sind dort", meldete der Völkische Beobachter, „links und rechts von ihm gefallen. Als er eine Gruppe führen mußte, lag er schließlich abgeschnitten auf verlorenem Posten in vorgeschobener Stellung, und das feindliche Artilleriefeuer platzte in die Deckung seiner Gruppe hinein. Die Vorsehung hat ihn in dieser Stunde begleitet und bewahrt".[175] Schirachs Bataillonskommandeur betrachtete seinen Einsatz wesentlich nüchterner. Er habe „ebenso wie jeder andere Soldat" seinen Dienst getan.[176] Nach einem Einsatz bei Abbeville ging der Vormarsch weiter zur Somme und endete in Lyon. Schirach stieg zum Leutnant auf und wurde mit dem EK II ausgezeichnet. Ende Juni wurde er in Hitlers Hauptquartier Tannenberg im Schwarzwald befohlen. Hitler hatte lange nach einer geeigneten Aufgabe für Schirach gesucht. Niemand wußte so recht, wohin mit ihm. Die neue Position durfte keinen allzu sichtbaren Prestigeverlust bedeuten. Jetzt war ein repräsentativer Posten gefunden. Schirach sollte Reichsstatthalter und Gauleiter von Wien werden. Als Reichsleiter, gab Hitler ihm schriftlich, sei er weiter „für die Deutsche Jugendbewegung ausschließlich verantwortlich". Schirach wurde zum „Beauftragten für die Inspektion der gesamten Hitlerjugend"[177] ernannt und behielt weiterhin die Richtlinienkompetenz für die Hitlerjugend, während die praktische organisatorische Arbeit von Axmann übernommen wurde. Die Formulierung war von Hitler mit Bedacht gewählt. Denn Schirach hatte den sehr viel konkreteren Titel eines „Beauftragten für die Überwachung der staatlichen Jugenderziehung" gewünscht. Diese Kompetenz wollte Hitler ihm jedoch nicht zugestehen.[178] Schirach war auf seinem politischen Weg zunächst gebremst worden. Doch sein Ehrgeiz, die Vorherrschaft in der Erziehung zu erreichen, blieb ungebrochen.

Götterdämmerung in Wien

„Ich lasse mich lieber als größten Verbrecher der Erde ansehen, als als schlechten Nationalsozialisten."

Baldur von Schirach

Mit der Übernahme des Amts in Wien trennten sich die Wege Schirachs und Hitlers nicht nur im Wortsinn. Für beide begann nun erst eigentlich die Phase der Selbstverwirklichung, des Verzichts auf die durch die Erfordernisse der Kampf- und Aufbaujahre erzwungenen taktischen Wendungen, Verstellungen und Selbstverleugnungen, von Rollenspiel und Täuschung. Der hemmungslose Vernichtungs- und Eroberungstrieb, das Grundelement seines Wesens, das Hitler jetzt mit der Vorbereitung des Feldzugs im Osten zunehmend freizusetzen begann, und die feudal-parasitäre Existenz, der Schirach sich von nun an ergab, sie erhellten zugleich die Unvereinbarkeit ihrer Charaktere, das Widernatürliche, das ihrer Beziehung in mancher Hinsicht zeitlebens anhaftete. Die Entsendung Schirachs nach Wien beweist, wie genau Hitler die Mentalität seines Jugendführers, sein Bedürfnis nach Geltung und Repräsentation, seinen Hang zu Genuß und feudalem Lebenswandel erfaßt hatte. Die Aussicht, sich dort „mehr mit Kunst als mit Politik" beschäftigen zu können, kam Schirachs Wesen überaus entgegen.[1] Mit demonstrativer Geste richtete er sich im Palais am Ballhausplatz ein, um dort vom Schreibtisch Metternichs aus, den er eigens herbeischaffen ließ, Wien, wie er in seiner Antrittsrede erklärte, zu „regieren". Ein nationalsozialistischer Gau werde „geführt", konterten die Parteifunktionäre.[2] Dies war gleich am ersten Tag die erste Kontroverse zwischen

Schirach und seiner neuen Gefolgschaft. Hitler ließ ihn gewähren. Er erhoffte sich vom repräsentativen Auftreten des „Barons", wie Schirach bald von den Wienern tituliert wurde, vom Flair des engen Vertrauten und möglichen Thronfolgers, das ihn umgab, erhebliche psychologische Wirkungen, die die zunehmende Unzufriedenheit in der Bevölkerung und auch unter den Parteigenossen eindämmen sollten. Im Sommer 1940 gehörte die Stadt bereits über zwei Jahre zum Reich. Seit die Wehrmacht im März 1938 in Österreich einmarschiert war, Hitler auf dem Wiener Heldenplatz mit rechthaberischem Triumph „vor der Geschichte" den „Eintritt meiner Heimat in das Deutsche Reich" vermeldet hatte und der Anschluß bald darauf durch Volksabstimmung bestätigt worden war, hatte die anfängliche überschwengliche Begeisterung mehr und mehr Ernüchterung und Enttäuschung Platz gemacht.[3]

Die Nationalsozialisten hatten sogleich nach dem Umsturz begonnen, ihr Herrschaftssystem zu installieren, und ohne Zögern ihre Gegner aus den Schaltstellen in Verwaltung und Wirtschaft eliminiert. Die Säuberungswelle erfaßte die Anhänger Schuschniggs ebenso wie Kommunisten, Sozialdemokraten, Monarchisten und, vor allem, Juden. In den Wochen und Monaten nach dem Anschluß setzte eine erste große Flüchtlingswelle aus Wien ein. Wer nicht rechtzeitig fliehen oder untertauchen konnte, wurde verhaftet oder beging Selbstmord. Allein im März 1938 nahmen sich in Wien über 200 Menschen das Leben. Unmittelbar nach der Eingliederung überrollte in einer zweiten Welle eine Funktionärs- und Beamtenlawine aus dem Altreich die österreichischen Gaue. Parteiorganisationen und Ministerien suchten beizeiten ihren Einfluß zu sichern, Frick in der Verwaltung, Göring in der Wirtschaft, Himmler in der Polizei. Die Hoffnungen der österreichischen alten Kämpfer, nach Jahren der Illegalität und des Wartens nunmehr mit fetten Pfründen belohnt zu werden, erfüllten sich nur bedingt. Die meisten wurden aufs Abstellgleis, in Positionen ohne Macht und Einfluß abgeschoben. Als seinen Statthalter, versehen mit dem Titel eines „Reichskommissars für die Wiedervereinigung Österreichs mit dem Deutschen Reich", hatte Hitler den saarpfälzischen Gauleiter Joseph Bürckel eingesetzt, der schon die Wiedereingliederung des Saarlandes organisatorisch durchgeführt hatte. In weiteren Schlüsselpositionen saßen Arthur Seyß-Inquart als Reichsstatthalter für Österreich und Odilo Globocnik als Gauleiter von Wien. Als mit dem Ostmarkgesetz im Frühjahr 1939 die politische und staatsrechtliche Einheit Österreichs aufgehoben und durch die Einteilung in Gaue als politische und

Abb. 41: In Wien „regierte“ Schirach mit Glanz und Gloria.

Verwaltungseinheiten ersetzt wurde, übernahm Bürckel auch deren Ämter.

Die erste Anschlußeuphorie und Erfolge der Nationalsozialisten in der Bekämpfung der Arbeitslosigkeit machten die Bevölkerung zunächst vergessen, daß Wien jetzt seine Funktion als Hauptstadt verloren hatte. Hitlers Rüstungsanstrengungen und damit verbunden die Abwerbung von österreichischen Arbeitskräften in das Altreich ließen die Zahl der Arbeitslosen in Wien von 1938 durchschnittlich über 130.000 auf knapp 43.000 im folgenden Jahr sinken. 1940 waren es nur noch 13.600. Verheißungsvolle Versprechungen auf eine glänzende wirtschaftliche Zukunft als Handelszentrum für den Südosten und eine neue Blüte als kulturelles Zentrum vermochten viele Wiener zu beeindrucken. Wien, so verkündeten die Nationalsozialisten, werde das Hamburg des Südostens werden. Das Gefühl von Wien als einer zweiten, einer heimlichen Hauptstadt neben Berlin beherrschte damals viele. Die Wirklichkeit desavouierte jedoch zunehmend die rosaroten Zukunftsvisionen. Statt des versprochenen Aufschwungs glitt Wien immer offensichtlicher zur Provinzstadt herab. Alle propagandistischen Anstrengungen der neuen Machthaber konnten darüber nicht hinwegtäuschen. Weder zeichnete sich die südosteuropäische Mission ab, noch waren wirtschaftliche und sozialpolitische Aufbauprogramme in Sicht. Stattdessen mußten die Nationalsozialisten mit politischen Errungenschaften wie der Abschaffung der Fahrradsteuer hausieren gehen. In der Arbeiterschaft wuchs die Unzufriedenheit, weil die Löhne gering, die Lebenshaltungskosten jedoch hoch waren. Der Mittelstand war verschreckt, weil an die Stelle der ausgeschalteten jüdischen Konkurrenz kapitalkräftige Unternehmen aus Berlin, Hamburg oder Leipzig traten. Erheblich drückte auch die schreiende Wohnungsnot auf die Stimmung. Zehntausende von Wohnungen fehlten. Der Bedarf konnte durch freiwerdende jüdische Wohnungen nur zum Teil gedeckt werden. Das Verhältnis zwischen Kirche und Nationalsozialisten war ebenfalls gespannt.

Einen Eindruck von der Stimmung in weiten Teilen der Bevölkerung vermittelt der Bericht eines Wiener SA-Führers Anfang Februar 1939: „Sehr unruhig ist die Arbeiterbevölkerung. Wir haben in den letzten vier Wochen eine Reihe von kurzen Streiks gehabt, weil die Arbeiterschaft weniger verdient und dabei Wien heute die weitaus teuerste Stadt im Reich ist . . . Sie haben damit ein krasses Beispiel der Verhältnisse. Die Ankerbrotfabrik war zu 100 Prozent in jüdischem Besitz. Es haben sich dann einige junge Leute aus Berlin in diese Fabrik als Direktoren hineingesetzt . . ., sie haben sich gegenseitig hohe Bezüge gesichert und konnten natürlich nichts leisten. Sie mußten, um nicht zu früh aufzufliegen, sich mit den ehemaligen jüdischen Systemleuten in Verbindung setzen. Die Arbeiterschaft, ca. 1.600 Mann – denn die Ankerbrotfabrik deckt ja 60 Prozent des Wiener Brotbedarfs – war ursprünglich kommunistisch, ein Teil davon ist beim Umbruch nationalsozialistisch geworden oder hat nur so getan, und nun kommt die unmögliche Entwicklung in der Geschäftsführung, so daß die Leute ihre wahre Einstellung immer mehr zur Schau tragen".[4]

Das gereizte Klima provozierte Zusammenstöße zwischen Reichsdeutschen und Wienern in Büros und in der Straßenbahn, in Cafés und Theatern. Ein Flugblatt stellte die Frage: „Von einer Weltstadt zur preußischen Provinz? Wiener! Seid ihr mit dieser Entwürdigung eurer Stadt einverstanden?"[5] Die angespannte Stimmung in der Stadt löste in Berlin zunehmende Besorgnis aus. Bürckels Unfähigkeit, mit den Problemen fertig zu werden, führte schließlich zu seiner Ablösung. Hitler hatte freilich mit Wien ganz anderes im Sinn als die großsprecherischen Verheißungen seiner Gefolgsleute der Bevölkerung vorgaukelten. Mit der Stadt verbanden sich ihm zeitlebens nichts als „trübe Gedanken", die „lebendige Erinnerung an die traurigste Zeit meines Lebens", an „fünf Jahre Elend". Die tiefsitzenden Ressentiments, die er in Mein Kampf, nicht ohne Stilisierungstendenzen, beschrieb, haben Hitler bis an sein Lebensende nicht verlassen. Und wenn er auch als Lichtblicke die Baukunst und seine Besuche in der Oper in Erinnerung behielt, so haben doch Schmutz, Elend, Haß und Gemeinheit, die die Atmosphäre seines Wiener Männerheimdaseins prägten, seine Einstellung gegenüber der Stadt entscheidend beeinflußt. In den Wiener „Lehr- und Leidensjahren" bildete sich sein Weltbild aus.[7] Hier studierte er die „soziale Frage", gingen ihm, wie er beteuerte, die Augen über Gewerkschaften, Sozialdemokratie und Marxismus auf, und hier wurde er zum Antisemiten. Den „Haß gegen das fremde Völkergemisch" hat er sich bis zuletzt bewahrt.[8] Statt Wien sollte Linz, das er als seine eigentliche Heimatstadt ansah, mit allen Mitteln gefördert und mit großartigen Bauten und Kunstsammlungen ausgestattet werden.

Zu den Ressentiments gesellte sich Hitlers Angst vor einem nur schwer zu kontrollierenden Nebenzentrum als Keimzelle innerer Opposition. Sein Sinnen und Trachten war deshalb von Anfang an darauf gerichtet, Wiens politisches Gewicht nach und nach auszuhöhlen. Freilich konnte Hitler seine wahren Absichten und Pläne nicht zu erkennen geben, wollte er nicht einen politischen Schwelbrand in der Südostecke des Reiches legen. Nach außen hin verkündete er deshalb, Wien sei eine „Perle" und er werde ihr eine würdige Fassung geben. Kaum jemand zweifelte daran, daß dies ein Omen für eine glanzvolle Zukunft war. Den politischen Substanzverlust der Stadt gedachte Hitler durch kulturellen Prunk und Pomp zu überdecken. Er gab Schirach drei Aufträge mit auf den Weg: erstens, Wiens verblichenen Glanz als Kulturzentrum wieder aufzupolieren, zweitens, die traditionell rote Arbeiterschaft bei der Stange zu halten, und drittens, die Juden aus der Stadt zu deportieren.[9] Schirach erhielt freie Hand in der Kulturpolitik. Auch dies sollte den Wienern das Gefühl verleihen, nicht am Gängelband Berlins geführt zu werden. Schirach indessen ist der Hintersinn der Hitlerschen Politik von Anfang an verborgen geblieben. Er empfand die Betrauung mit der Wiener Aufgabe vielmehr als Bestätigung seiner eigenen kulturpolitischen Linie und kam mit dem festen Vorsatz in die Stadt, sie zum kulturellen Zentrum des Reiches zu machen, seine als Jugendführer begonnene Linie konsequent fortzusetzen und seinen kulturpolitischen Führungsanspruch zu manifestieren. Denn er hatte sein Endziel, die Erziehungshoheit im Dritten Reich, keineswegs aufgegeben.

Zu diesen drei Aufgaben kam wenig später noch eine vierte. Hitler beauftragte ihn, die Verschickung von Jugendlichen aus luftkriegsgefährdeten Städten aufs Land zu organisieren. Zunächst erfaßte die Kinderlandverschickung nur Jungen und Mädchen aus Hamburg und Berlin. Die Teilnahme war freiwillig. Das Unternehmen war vor allem psychologisch begründet und sollte zur Beruhigung der Zivilbevölkerung dienen. Zu diesem Zeitpunkt, Ende September 1940, waren Ausmaß und Schrecken des Luftkrieges noch nicht abzusehen. Allerdings erwiesen sich die organisatorischen Probleme bald schon als größer als erwartet. Es kam, wie so oft, wenn die HJ etwas in die Hand nahm, zum Chaos. Die Kinder wurden häufig allein auf die Reise geschickt, sie waren ungenügend ausgerüstet, und nicht selten fanden sie bei ihrer Ankunft die Aufnahmelager bereits belegt vor. Anfang November machte Schirach schließlich, auf „immerwährende" Beschwerdeanrufe hin, die HJ-Führer in Hamburg und Berlin persönlich für die reibungslose Durchführung der Aktion verantwortlich. Doch die Schwierigkeiten wurden im Laufe des Krieges, als die Verschickung schließlich hunderttausende Jungen und Mädchen erfaßte, nur noch größer und verlangten einen erheblichen Teil von Schirachs Arbeitskraft.[10]

Doch vordringlich nahm er die Deportation der Juden in Angriff. Er wünsche, teilte er seinem stellvertretenden Gauleiter Scharizer kurz nach seinem Amtsantritt mit, die „sofortige Wiederaufnahme einer planvollen und durchgreifenden Judenumsiedlung", um der „brennenden Wohnungsnot" in Wien Herr zu werden, und gab Anweisung, alle jüdischen Haushalte zu erfassen, möglichst viele Juden aus ihren Wohnungen auszuweisen und mit anderen jüdischen Familien zusammenzulegen. Die an den Hauptverkehrsstraßen gelegenen Wohnungen sollten zuerst von Juden freigemacht werden.[11] Am 2. Oktober 1940 brachte Schirach in der Berliner Reichskanzlei während einer Unterredung mit Hitler, Bormann, dem Generalgouverneur für Polen Hans Frank und dem ostpreußischen Gauleiter Erich Koch die Deportation der Wiener Juden zur Sprache. Frank müsse ihm, forderte Schirach, die Juden „abnehmen". Doch Frank sträubte sich. Das Generalgouvernement sei bereits überfüllt, für noch mehr Juden kein Platz. Hitler forderte von Schirach einen Bericht über die Situation in Wien.[12] Die Zählung ergab noch rund 60.000 Juden. Im November begann ihre Umsiedlung innerhalb der Stadt. Vergebens protestierte Dr. Josef Löwenherz, der Vorsitzende der israelitischen Kultusgemeinde, gegen das „Zusammenpferchen der Juden in unzulänglichen Räumen, das wahllose Einweisen von Verheirateten und Nichtverheirateten, Jungen und Alten und einzelstehenden Personen beiderlei Geschlechts in ein und denselben Raum, die Zuweisung von Räumen ohne entsprechende sanitäre, Beheizungs- und Kochanlagen, das Einweisen in bereits besetzte Räume, das Ausweisen aus Wohnungen, in welche sie erst vor kurzem eingewiesen wurden".[13] Am 3. Dezember erhielt Schirach die offizielle Mitteilung aus Berlin, Hitler habe entschieden, daß die Wiener Juden „beschleunigt, also noch während des Krieges abgeschoben" werden sollten.[14] Doch war Schirach offenbar schon früher über Einzelheiten der geplanten Deportation unterrichtet worden. Denn bereits am 1. Dezember hatte er entschieden, eine Gruppe von Zigeunern in einer stillgelegten Ziegelei zu internieren und dann „mit der im Februar beginnenden Aktion ins Generalgouvernement abzuschieben", weil sämtliche Lager in der Umgebung der Stadt belegt waren.[15] Die Vorbereitungen für die Deportation verliefen streng geheim, um Unruhe und Fluchtversuche zu verhindern. Doch längst schon kursierten unter den Juden Gerüchte über ihr bevorstehendes Schicksal.

Noch am 23. Januar beruhigte die Gestapo Löwenherz, von Deportationsplänen sei nichts bekannt.[16] Doch schon eine Woche später wurde er zur Geheimpolizei befohlen und mit den Weisungen aus Berlin konfrontiert: am 15. Februar sollte der erste Transport mit 1.000 Juden nach Polen abgehen, vier Tage später der zweite und dann jede Woche einer. Bis Mai sollten auf diese Weise 10.000 Juden nach Polen deportiert und angeblich in kleinen Kreisstädten angesiedelt werden. Die Namen der Orte könne man freilich nocht nicht nennen. Jeder Jude durfte zwei Koffer mit höchstens fünfzig Kilogramm Gewicht mitnehmen, dazu Proviant für vier Tage. Das Vermögen sollte veräußert werden, angeblich um die Kosten der „Umsiedlung" zu decken.[17] Am 12. Februar wurden in Schirachs Zentralbüro die letzten Einzelheiten der Deportation geregelt. Schwerkriegsbeschädigte Juden sollten, wenn sie nicht transportfähig waren, vom Transport ausgenommen werden, desgleichen schwerkranke Juden und Jüdinnen, die mit „Ariern" verheiratet waren. Jüdische Männer und Frauen, die mit ihren deutschen Ehegatten in Scheidung lebten, wurden dagegen ebenfalls auf die Reise geschickt.[18] Bis Mitte März verließen fünf Züge mit 5.000 Juden Wien in Richtung Osten. Dann wurden die Transporte wegen des Krieges auf dem Balkan und der Vorbereitungen für den Angriff auf die Sowjetunion vorläufig eingestellt. Denn Transportraum war knapp. Zwar versprach Himmler, möglichst an jeden Zug nach Polen werde „ein Waggon mit Juden angehängt" werden, doch bis Mitte Oktober hatte die jüdische Bevölkerung Wiens noch einmal eine Frist zum Überleben.[19]

Auch in die Kulturpolitik brachte Schirach bald Bewegung. Bei seiner Ankunft in Wien waren die Verhältnisse ungeordnet und verworren. Nach dem Anschluß war der schon lange zu beobachtende kulturelle Niedergang der Stadt keineswegs aufgehalten worden. Stattdessen wurde zwischen dem Innen-, dem Kultur- und dem Propagandaministerium in Berlin und der Wiener Führung heftig um Kompetenzen gerungen. Zwar hatte Hitler auch schon Bürckel die uneingeschränkte Zuständigkeit in der Kulturarbeit zugesichert, doch wurde er bis zuletzt von der Administration in der Reichshauptstadt blockiert.[20] Schirach richtete ein Generalreferat für Kunstförderung, Museen und Volksbildung ein, das die gesamte Kulturarbeit koordinierte. Zu seinem Leiter ernannte er den Bochumer Dramaturgen Walter Thomas.[21] Am 6. April 1941 legte Schirach in einer programmatischen Rede im Burgtheater die künftige Linie seiner Arbeit fest und verkündete seine Ab-

Abb. 42: Der Anschluß Österreichs an das Reich war zugleich das Signal für antisemitische Pogrome gewesen. Bei Schirachs Ankunft lebten noch 60.000 Juden in Wien.

sicht, Wien mit einer „künstlerischen Besessenheit sondergleichen“ kulturell an die „Spitze des Reiches“ zu führen.[22] Mit einem Feuerwerk von Veranstaltungen und Festwochen gedachte er diesen Plan in die Tat umzusetzen. Berühmte Dirigenten wurden an Wien gebunden: Furtwängler, Knappertsbusch, Böhm und Krauß. In der Stadt sollten künftig alljährlich die Reichstheaterfestwoche und die Reichstheaterwoche der HJ ausgerichtet werden. Auch städtebaulich wollte Schirach Wien herausputzen. Die Altstadt sollte ihre „ursprüngliche deutsche Romantik“ wiedererhalten, „jüdischer Reklameunrat“ verschwinden. Doch damit nicht genug. Schirach prophezeite eine „Zeit, in der nach wiedererworbener handwerklicher Fähigkeit Fresken gemalt und Standbilder aufgestellt werden, die dem Geist dessen entsprechen, der nicht nur ein neues Reich der deutschen Menschen, der auch ein neues deutsches Reich der Kunst begründet hat“. Dem Krieg gewann Schirach einen „tiefen, geheimnisvollen, wundersamen Sinn“ ab, da er „für die Idee der schöpferischen Arbeit, also auch der Kunst, gegen eine amusische Nation geführt wird, deren kultureller Beitrag für die Völker dieser Welt mit dem des deutschen Volkes in keiner Weise vergleichbar ist“.

Unter Schirachs Aegide erstrahlte Wien trotz des Krieges kulturell in neuem Glanz. Die Festwochen, etwa zum Gedächtnis an Raimund, Grillparzer oder Hebbel, strahlten weit in das Reich hinein aus. Auch an der Staatsoper ging es wieder bergauf: Schirach setzte seinen „fanatischen Ehrgeiz“ daran, sie zur ersten Bühne im Reich zu machen.[23] Durch die Verleihung zahlreicher neu geschaffener Preise und Medaillen wurden berühmte Namen mit der Stadt verbunden, und zwar mit Methode. Den Ehrenring Wiens etwa erhielten 1942 Josef Weinheber und Robert Ley, Hermann Göring und Max Mell, Gerhart Hauptmann und Ernst Kaltenbrunner: Kultur- und Politprominenz wurden in Beziehung zueinander gesetzt, die Dichter erwiesen sich als Stützen des Regimes. Hitler konnte mit der Erfüllung seiner Wünsche durch Schirach zufrieden sein. Ein gutes Jahr nach seinem Amtsantritt notierte ein Kulturkorrespondent: „Im Gau Wien hat sich seit dem Einzug Baldur v. Schirachs auf kulturellem Gebiet vieles grundlegend geändert. Man kann sagen, daß durch die energische Initiative und das überaus starke Interesse des Reichsleiters auf kulturellem Gebiet fast die politischen Vorgänge ein wenig in den Hintergrund gerückt wurden“. Der Beobachter teilte allerdings auch mit, daß Schirach hinter dem prunkvollen Talmiglanz, der die auferstandene Wiener Szene umgab, um kulturpolitische Akzente bemüht war, die Zündstoff bargen: „Der moderne, fortschriftliche Avant-Garde-Geist der HJ hat allerdings in gewissen, auf kulturellem Gebiet konservativ empfindenden Kreisen der hiesigen alten Kämpfer der Partei eine gewisse Opposition auf den Plan gerufen“.[24]

Goebbels verfolgte Schirachs Arbeit mit größter Aufmerksamkeit. Da er in der Kulturpolitik nicht volle Bewegungsfreiheit besaß, weil die Berliner Theater Göring unterstellt waren, wollte er wenigstens in Wien seinen Einfluß sichern. In den ersten Monaten nach Schirachs Amtsantritt weilte der Minister auffallend häufig an der Donau. Am 26. Oktober besichtigten sie gemeinsam die Wien-Film-Ateliers auf dem Rosenhügel. Am nächsten Tag führte Goebbels Schirachs Pressereferenten Kaufmann als Leiter des Reichspropagandaamtes in Wien ein. Schon Anfang Dezember kam Goebbels wieder nach Wien, ein weiteres Mal im Januar und dann zum Jahrestag des Anschlusses am 13. März.[25] Zunächst herrschte zwischen ihm und Schirach bestes Einvernehmen. Schirach gab sich wie immer loyal und freundschaftlich, der Minister glaubte ihn fest unter seinem Einfluß. Sein Tagebuch gibt Zeugnis davon, wie leicht er Schirach auf den Leim ging. „Mit uns“, notierte Goebbels Ende September, „wird er wunderbar zusammenarbeiten“. Wenige Tage später: „Es ist die höchste Zeit, daß Wien nun wieder in Ordnung kommt. Schirach ist auf dem besten Wege dazu“. Und Ende Oktober: „Mit Schirach eine Aussprache. Er packt die Wiener Frage richtig an. Der krasse Gegensatz zu Bürckel . . . Schirach ist sehr nett und liebenswürdig“.[26] Doch das gute Klima hielt nicht lange vor. Bald schon erkannte Goebbels, daß Schirach seine eigenen Wege ging. Seine guten Ratschläge stießen auf taube Ohren. Im Januar vermerkte der Propagandaminister erstmals kritisch in seinen Aufzeichnungen: „Schirach hat kein klares künstlerisches Urteil. Viel Literatur, viel HJ-Doktrin“. In den folgenden Wochen und Monaten nahm sein Mißfallen mehr und mehr zu. Ende Mai konstatierte er lapidar: „Schirach ist ein Spielball der dortigen Cliquen. Ich werde dagegen vorgehen“.[27]

Für den Stimmungsumschwung des Ministers gab es handfeste Gründe. Anfang April 1941 ließ Schirach gegen Goebbels' Willen Rudolf Wagner-Régenys Oper Johanna Balk uraufführen, ein keineswegs revolutionäres Werk, in den Ohren vieler Nationalsozialisten jedoch „jüdisch-atonale“ Musik und „eingeschmuggelter Kulturbolschewismus“.[28] Vergeblich hatte Goebbels mit Hilfe des ungarischen Gesandten das Stück vom Spielplan abzusetzen versucht. Der Vorwand für das Aufführungsverbot, Ungarns Geschichte werde durch die Handlung verunglimpft, wurde durch die Umänderung aller ungarischer Namen im Libretto umgangen. Bei der Premiere kam es zum Skandal. Während ein Teil des Publikums pfiff und trampelte, klatschte Schirach in seiner Loge demonstrativ Beifall. Die Ruhestörer wurden abgeführt. Während die Oper in Wien auf dem Spielplan blieb, wurde sie sonst an keiner anderen Bühne aufgeführt.[29] Schirach nahm die Goebbelsche Einmischung zum Anlaß für eine öffentliche Replik, in der der Name des Ministers freilich nicht fiel. „Warum soll es keine Diskussion geben? Bedeutet es eine Gefahr für den Staat oder für die Stadt, für die Kunst oder gar eine Gefahr für die Kriegführung, wenn sich die Menschen darüber streiten, ob eine Oper gut oder schlecht ist? Ich glaube nicht. Im Gegenteil. Wir wollen hier keine kulturelle Friedhofsruhe. Wien hat wieder etwas gewagt und hat seine Bühne, ebenso, wie das die Staatsopern von Dresden und Berlin vorher getan haben, einem jungen Musiker zur Verfügung gestellt . . . Meinen Sie nicht auch, daß es besser ist, grundsätzlich alle zu fördern, die ein Recht zur künstlerischen Aussage haben, als durch die strenge Anlegung des Maßstabes eines Zeitgeschmacks die Gefahr auf sich zu laden, unter den vielen Unzulänglichen und Halbzulänglichen den einen Überragenden zu unterdrücken?“[30]

Schirach konnte solche Fehden dank der Rückendeckung Hitlers riskieren. Erst wenige Tage zuvor hatte der Diktator in Wien geweilt, um Jugoslawien in den Dreimächtepakt aufzunehmen. Bei der Begegnung mit Schirach und seiner Frau hatte wieder die freundschaftliche Atmosphäre vergangener Tage geherrscht.[31] Der Krieg auf dem Balkan machte Wien im Frühjahr noch einmal zum Zentrum hektischer diplomatischer Aktivitäten. Noch einmal durfte sich die Stadt als ein Mittelpunkt der Weltpolitik fühlen, noch einmal sich in der Illusion ihrer historischen Südostmission wiegen. Doch dann wurde es still. Hitler konzentrierte sich ganz auf sein neues Eroberungsziel: die Sowjetunion. Schirach hat in dem Angriff zu der Zeit einen Fehler gesehen. Wieder fühlte er, wie schon bei Kriegsbeginn, das Ende nahen. Er führte Hitlers Entscheidung auf den unheilvollen Einfluß Ribbentrops zurück. Schirach hat auf seinen adligen Standesgenossen, den er gleichwohl für nicht ebenbürtig ansah, stets mit dünkelhafter Verachtung herabgeblickt, und Ribbentrops gekränkte Eitelkeit führte schließlich dazu, daß sich beide überwarfen und erbittert bekämpften.[32]

Abb. 43: Hitler hatte Schirach freie Hand in der Kulturpolitik versprochen. Doch bald schon meldete Goebbels seinen Führungsanspruch an. Besichtigung der Wien-Film-Ateliers auf dem Rosenhügel.

Abb. 44:
Im Gespräch mit
Hans Moser.

Doch verfügte der Minister über einen Vorteil, der Schirach seit Beginn des Ostfeldzuges mehr und mehr abging: der unmittelbare Zugang zu Hitler. In seinem Hauptquartier Wolfsschanze, fernab in Ostpreußen, war der Diktator für Schirach künftig kaum noch zu erreichen – und wenn, dann nur über Bormann, der ebenfalls stets Schirachs Arroganz zu spüren bekommen hatte und sich nun zu revanchieren begann. Die persönliche Bindung an Hitler, die Grundlage für Schirachs politische Existenz, lockerte sich allmählich. Seine Gegner schienen nur darauf gewartet zu haben. Als erster schlug Goebbels los. Am 24. Juni, nur zwei Tage nach Beginn des Rußlandfeldzuges, eröffnete er Schirach, daß die Wiener Theater künftig seiner Finanzhoheit unterstünden. Schirach protestierte sofort. Er sehe sich „außerstande", Hitlers kulturpolitischen Auftrag auszuführen, wenn die Regelung nicht zurückgenommen werde. Schirachs Widerstand hatte Erfolg, Goebbels mußte klein beigeben. Die erste Attacke war abgewehrt.[33]

Die SA sah sich wenig später ermutigt, neuerlich den Zugriff auf die Jugend zu versuchen. In einer Denkschrift an Hitler warf die SA-Führung Schirach vor, versagt und, wie es hieß, das „männlich soldatische Tun beim Jungmann" sträflich vernachlässigt zu haben.[34] Immer deutlicher war der SA unter ihrem Stabschef Viktor Lutze zu Bewußtsein gekommen, daß sie auch im Krieg ihre einstmalige herausragende Bedeutung nicht wiedererlangen sollte. Selbst das nachmilitärische Training der entlassenen Soldaten, das ihr von Hitler zugebilligt worden war, verlor mit der Fortdauer des Krieges immer mehr an Gewicht. Als Schirach Mitte August von dem Vorstoß erfuhr, protestierte er sofort bei Bormann und drohte, mit Lutze nicht mehr zusammenarbeiten zu wollen. Schirach war lediglich bereit, einzelne SA-Führer unter der Aufsicht der HJ als Ausbilder heranzuziehen, so wie dies mit der Wehrmacht schon gehandhabt wurde.[35] Im Dezember erteilte er den HJ-Gebietsführern den Befehl, die Beziehungen zu Lutze und zur SA „restlos" abzubrechen. Schirach begründete seinen Schritt damit, daß Lutze den Krieg für verloren erklärt habe.[36] In Wahrheit jedoch fürchtete er den Einfluß der SA auf die Hitlerjugend. Denn zur gleichen Zeit erneuerte er das Abkommen mit der Wehrmacht über die vormilitärische Ausbildung der Jugendlichen.[37] Allerdings war auch die Zusammenarbeit mit den Militärs weiterhin von Zurückhaltung und Mißtrauen geprägt. Axmann hatte inzwischen mit der Wehrmacht vereinbart, die Lehrgänge grundsätzlich in HJ-Heimen und nur in Ausnahmefällen in Kasernen durchzuführen. Die Ausbilder wurden zum größten Teil von der HJ selbst gestellt oder es handelte sich um dienende Hitlerjugendführer, da die Wehrmacht, wie sich die Reichsjugendführung beklagte, „grundsätzlich politischen Einfluß“ auf die Jugend zu nehmen versuchte.[38] Die Hitlerjugend war weiterhin auf Neutralität bedacht. Die politischen Zielvorstellungen der HJ-Führung standen nach wie vor über den militärischen Ansprüchen der Wehrmacht. Wie schon in den Jahren zuvor wurde die militärische Einsatzbereitschaft der Jugendlichen durch die Arbeit der HJ keineswegs so entscheidend verstärkt, wie es die Offiziere wünschten. Vergebens beschwerte sich Anfang Dezember 1941 Generalmajor Frießner vor den in München versammelten HJ-Gebietsführern über die mangelhafte Konstitution von vielen Jugendlichen. „Die körperliche Erziehung“, erklärte Frießner laut Protokoll der Rede, „muß von frühester Jugend an einsetzen. Der Junge muß zu Mut, Gewandtheit und Härte erzogen werden, dies dürfe aber nicht auf Kosten der Gesundheit erfolgen. In der Wehrmachtserziehung stellte Frießner heraus, daß der Exerzierdrill zugunsten des Gelände- und Gefechtsdienstes zurückzustellen sei. Es soll nicht unnötig geschliffen werden und Mißhandlungen seien verboten. Ziel der Einzelausbildung der Hitlerjugend müsse es sein, den Jungen zu einem ‚jägermäßigen‘ Verhalten zu erziehen. Zum Schneid müsse die Überlegung kommen. Bei der Stadtjugend müsse eine größere Naturverbundenheit gefördert werden. Die Wehrmacht verlange vom Jungen weniger Reden, dafür aber größere Exaktheit. Der Wehrauftrag an die Hitlerjugend müsse eine fühlbare Entlastung für die Wehrmacht bedeuten“.[39]

In den Modellarbeitsgemeinschaften des Jungvolks – „im Geist unserer Kampfflieger“ – stieg die Zahl der Pimpfe von 100.000 im Sommer 1940 auf 145.000 im April 1942. In der Flieger-HJ war der Zuwachs geringer: von 120.000 auf 137.000 Jugendliche im selben Zeitraum. 8.000 Jugendliche legten die Prüfung in der Marine-HJ ab. Bis zum Frühjahr 1942 wurden 18.000 Übungsleiter und 2.000 Geländewarte ausgebildet. Zu diesem Zeitpunkt waren schon über 8.600 HJ-Führer gefallen. Doch der wesentliche Einsatz der Jugendlichen erfolgte an der „Heimatfront“: sie sammelten Rohstoffe und fürs Winterhilfswerk, übernahmen Kurierdienste und verteilten Lebensmittelkarten, halfen im Luftschutz, bei der Post und in Kindergärten. Ihre Feuerprobe hatten viele Jugendliche bei den alliierten Luftangriffen zu bestehen. 250.000 gehörten den Feuerwehrscharen der Hitlerjugend an. Bis zum April 1942 kamen 27 Jungen beim Feuerlöschen um, 510 wurden verletzt. Die Kinderlandverschickung nahm wegen de Luftkriegs immer größeren Umfang an. 850.000 Jungen und Mädchen wurden in ungefährdete Gebiete evakuiert, zum Teil in die Slowakei und nach Ungarn.[40] Der Kriegseinsatz der Jugendlichen ließ die Interessen von Schule und Hitlerjugend erneut kollidieren. Schirach sah deshalb Ende März 1942 die Zeit gekommen, sich von Hitler zum Leiter des Kriegseinsatzes ernennen zu lassen. Gemeinsam mit Axmann unterbreitete er dem Führer einen entsprechenden Erlaß.

„1. Um die Aufgaben, die von der deutschen Jugend im Rahmen des Kriegseinsatzes in immer stärkerem Maße zu erfüllen sind, einheitlich zu lenken, beauftrage ich den Reichsleiter Baldur von Schirach mit der Leitung des Kriegseinsatzes der deutschen Jugend.

2. Der Leiter des Kriegseinsatzes der deutschen Jugend hat alle Maßnahmen zu treffen, um den Einsatz möglichst wirkungsvoll sicherzustellen. Zu diesem Zweck stimmt er auch die verschiedenen Einsatzaufgaben – insbesondere die von Schule und Hitlerjugend – aufeinander ab.

   Die Abgrenzung des Kriegseinsatzes der deutschen Jugend gegenüber anderen Pflichtenkreisen erfolgt im Einvernehmen mit den beteiligten obersten Reichsbehörden. Diese haben die in ihrem Bereich zur Förderung des Kriegseinsatzes erforderlichen Maßnahmen zu treffen.

   Der Einsatz der Schüler und Schülerinnen geschieht nach Richtlinien, die der Leiter des Kriegseinsatzes gemeinsam mit dem Reichserziehungsministerium erläßt.

   Der Reichserziehungsminister regelt im Einvernehmen mit dem Leiter des Kriegseinsatzes die schulische Betreuung der Jugend während des Einsatzes.

3. Einsatz der Hitlerjugend erfolgt durch den Reichsjugendführer.

4. Die Finanzierung des Kriegseinsatzes regelt der Reichsschatzmeister der NSDAP.

5. Die zur Durchführung erforderlichen Verordnungen und allgemeinen Verwaltungsbestimmungen erläßt der Leiter des Kriegseinsatzes der deutschen Jugend im Einvernehmen mit dem Leiter der Parteikanzlei und den beteiligten obersten Reichsbehörden“.[41]

Schirachs Vorstoß war nichts anderes, als der Versuch, den Erziehungsminister auf kaltem Weg zu entmachten. Rust hatte während des Krieges längst schon die Initiative verloren und ließ den Dingen ihren Lauf. Sein Ende schien Schirach nur noch eine Frage der Zeit zu sein. Hitler jedoch war nicht gewillt, seinem Unterführer weitere Kompetenzen zuzugestehen und verweigerte die Unterschrift.

Der rasche Vormarsch der Wehrmacht im Osten hatte Schirach bald wieder optimistisch in die Zukunft blicken lassen. Im Oktober 1941 versicherte er seinen Wiener Funktionären, der Sieg über die Sowjetunion sei greifbar nahe. „Und heute", erklärte Schirach, „können wir feststellen, nachdem der Ostfeldzug fast abgeschlossen ist – ich spreche das im vollsten Bewußtsein dessen was ich sage –, dieser Krieg kann nicht mehr verloren werden, wenn die Heimat ihre Pflicht tut. Denn heute kontrollieren wir ganz Europa. Wir verfügen jetzt über ungeheure Reserven. Denken Sie an das Eisen, an den Weizen, an all die anderen Dinge, die uns in Rußland in die Hände gefallen sind. Denken Sie an die ungeheuren Möglichkeiten, die wir nun dort besitzen, denken Sie daran, daß wir durch diesen Feldzug freigeworden sind und seelenruhig der zukünftigen Entwicklung, auch den Drohungen und den Bluffs der Amerikaner, entgegenblicken können. Sie können uns niemehr aushungern und niemehr niederzwingen".[42] Der Krieg allerdings werde, schränkte Schirach ein, womöglich noch bis 1943 dauern.

Schirach hatte allen Grund, die Ausweitung der Auseinandersetzung zu fürchten. Denn in Wien hatte sich seit Beginn des Rußlandfeldzuges die Stimmung der Bevölkerung rapide verschlechtert. Die Begeisterung, für Hitler in den Krieg zu ziehen, war von Anfang an eher gering gewesen, der Druck der wirtschaftlichen und sozialen Probleme wurde immer spürbarer. Die Wohnungsnot war nicht gemildert, dazu kamen Versorgungsschwierigkeiten mit Lebensmitteln und Kohle.[43] Viele Wiener machten ihrem Unmut Luft. Ein Bauer, der kurz vor Weihnachten in die Stadt kam, schilderte seine Erlebnisse so: „Den Versuch, meinem 12jährigen Jungen ein Spielzeug zu kaufen, wie wir es seinerzeit bekamen, sagen wir eine Dampfmaschine mit zugehörigen Antriebsmodellen, mußte ich bald aufgeben. Ich wurde von schnippischen Verkäuferinnen bald ausgelacht. Schlimmer war es, daß ich die notwendigen Ersatzteile zu meinen Geräten mit einer einzigen Ausnahme nicht bekam, und peinlich war es, stundenlang herumlaufen zu müssen, ohne daß es mir geglückt wäre, eine Zahnbürste erstehen zu können. Ein halber Tag war vergangen, ich stand noch immer mit leeren Händen da. In einem Kaffeehaus machte ich die Erfahrung, daß für einen undefinierbaren Absud, Mocca genannt, ebensoviel verlangt wurde, als im

Frieden der Preis für eine Portion – 2 Tassen – besten Kaffees mit Schlagsahne im Grandhotel Pupp in Karlsbad gefordert wurde, nämlich 5 Kronen. Für ein Getränk, welches einen Gestehungspreis von höchstens 5 Pfennig hat, dürfen ohne weiteres 50 Pfennig verlangt werden. In einer Papierhandlung verlangte man für den Bogen Briefpapier 25 Pfennig. Der Grundsatz des Preis- und Lohnstops gilt also offensichtlich nur für die dummen Bauern und landwirtschaftlichen Arbeiter. Wenn das Ei die Vorratskammer der Bauersfrau verlassen hat, dann ist es sofort um 100 Prozent mehr wert. Ähnlich ist es bei allen anderen Artikeln.

Im Teppichhaus Orendi wurde ich mitleidig belächelt, als ich nach einem Bettvorleger fragte. Das ganze Lager bestand aus 3 Papierteppichen, hierzu waren 4 Verkäufer angestellt. Lange mußte ich nachdenken, wofür der Besitzer des Kaufhauses der Wiener – früher Gerngroß – seine 900 Angestellten bezahlt. Zum Verkaufen hatten sie außer Papierservietten buchstäblich nichts, und eine Verkäuferin sagte mir, es gebe schon lange keine Waren mehr und es kämen auch keine mehr nach. Schade um den vielen Koks, der täglich in ausgeräumten Lokalitäten verheizt wird, schade um den nutzlos verbrauchten Strom und nicht zuletzt um die Arbeitskräfte, welche sich langweilen".[44]

Die gereizte Stimmung wandte sich wie schon zu Bürckels Zeiten gegen die zugereisten Deutschen aus dem Altreich. Wieder kam es zu versteckten und offenen Anfeindungen. Sie nahmen so scharfe Formen an, daß sich Schirach Ende Oktober 1941 genötigt sah, Hitler zu informieren und den beschleunigten Bau von Wohnungen zu verlangen. Hitler lehnte ab. Über Bormann wies er Schirach an, die „Erörterung derartiger Gegensätze rücksichtslos zu unterbinden. Auch in Wien dürfe der Gegensatz Altreich-Ostmark-Wien nicht mehr konstruiert und erörtert werden; in der Wiener Presse seien von Ihnen alle Veröffentlichungen, die diese Enscheidung nicht berücksichtigen, zu unterbinden. Sie sollten, betonte der Führer, Ihre Aufgabe in Wien nicht in der Schaffung neuer Wohnviertel sehen, sondern in der Bereinigung der bestehenden Verhältnisse. Zunächst seien baldigst in Verbindung mit Reichsführer-SS Himmler alle Juden abzuschieben, anschließend alle Tschechen und sonstigen Fremdvölkischen, die eine einheitliche politische Ausrichtung und Meinungsbildung der Wiener Bevölkerung ungemein erschwerten. Wenn Sie durch derartige Maßnahmen die Einwohnerzahl Wiens auf 1,5 bis 1,4 Millionen herabdrückten, so würde dadurch am besten und am leichtesten und am raschesten die Wohnungsnot in Wien behoben".[45] Das war genau der Plan, den Hitler bereits zehn Jahre zuvor mit Schirach in München erörtert hatte. Schirach blieb nichts weiter übrig, als in zahllosen Kundgebungen und Appellen die Einigkeit zwischen Einheimischen und Zugereisten zu beschwören. Diese Aufgabe, meinte er vor seinen Funktionären, sei schwieriger als „ein Judenpogrom zu veranstalten".[46]

Mit der Judendeportation war wenige Wochen zuvor wieder begonnen worden. Schirach kündigte sie als sozialpolitische Tat zur Schaffung neuen Wohnraums an. „Um das Wohnungsproblem zu lösen, brauchen wir Jahre und Jahre einer friedlichen Aufbauarbeit. Das einzige, was wir jetzt dafür tun können, ist, daß wir die Pläne dafür ausarbeiten, damit wir im Augenblick des Friedens beginnen können. Ich habe zunächst versucht, einige Juden abzuschieben, um dadurch Platz zu schaffen. 10.000 sind auf diese Weise nach Polen gefahren, aber 50.000 haben wir immer noch hier, die nehmen uns die Wohnungen weg. Ich garantiere Euch – im Osten wird jetzt so viel Platz geschaffen –, sobald unsere Soldaten dort fertig sind, werden wir wieder an den Bahnhof gehen und die Juden verabschieden, und dann sollen sie meinetwegen nach Moskau fahren und sich in den Kreml setzen. Ich glaube, der Kreml ist sowieso die einzige schön eingerichtete Wohnung in ganz Rußland".[47]

Zwar wurde die Wehrmacht nicht mit den Sowjets fertig, doch die Transporte setzten am 15. Oktober 1941 wieder ein. Bis Anfang November wurden mit fünf Zügen weitere 5.000 Juden, diesmal nach Lodz, deportiert und dort in den folgenden Monaten in Gaswagen umgebracht. Die Verantwortung für die Morde trug der Gauleiter des Warthegaus, Arthur Greiser, der den Rang eines SS-Obergruppenführers bekleidete. Am 1. Mai 1942 meldete Greiser an Himmler, die „Sonderbehandlung" von insgesamt rund hunderttausend Juden werde in den nächsten zwei bis drei Monaten abgeschlossen sein.[48]

Zeitlebens hat Schirach in der Öffentlichkeit erklärt, von der Judenvernichtung im Osten erst im Oktober 1943 durch Himmlers berühmt-berüchtigte Rede vor den Gauleitern in Posen erfahren zu haben. Dieses Bekenntnis brachte Schirach nicht in Gefahr, da zu diesem Zeitpunkt schon fast alle Juden aus Wien entfernt worden waren. Tatsächlich jedoch wußte Schirach schon viel früher Bescheid. Denn am 12. Mai 1942 kam Greiser nach Wien, um vor den nationalsozialistischen Funktionären über die „Aufgaben des Warthegaues" zu sprechen. Auch Schirach befand sich unter den Zuhörern. In seinem

Vortrag berichtete Greiser auch über die Mordaktionen in seinem Gau. Die Ausführungen lösten bei einem Teil der Funktionäre Überraschung und Entsetzen aus. Jetzt ging Schirach nach seinen eigenen Worten „auf einmal auf, was hinter dieser ganzen Deportation stand“.[49] Sofort will er daraufhin in seiner Eigenschaft als Reichsverteidigungskommissar angeordnet haben, sämtliche Transportkapazitäten für die Deportationen unter dem Vorwand zu sperren, sie würden für die Bewegung von Kriegsmaterial gebraucht. Wie immer es sich auch mit dieser angeblich mündlichen Anweisung an seinen Regierungspräsidenten als höchsten Beamten der staatlichen Verwaltung in Wien verhielt – die Deportationen nahmen ungehindert ihren Gang und erreichten in den folgenden Wochen und Monaten ihren Höhepunkt.[50] Noch im Mai verließen nach Greisers Rede drei Transporte mit dreitausend Menschen Wien in Richtung Minsk und Izbica. Ein überlebender Jude, der am 6. Mai aus Wien deportiert wurde, berichtet: „*(Auf dem)* Bahnhof erfuhren wir . . ., daß es nach Minsk ginge. Bis Wolkowisk fuhren wir in Personenwagen, dort mußten wir . . .in Viehwaggons umsteigen . . . Am 11. Mai kamen wir in Minsk an. *(Auf dem)* Bahnhof empfing uns SS und Polizei . . . Für den Abtransport der Kranken, *(der)* auf der Fahrt verrückt gewordenen Menschen, der Alten und Gebrechlichen (die Zahl belief sich bei unserem Transport auf zirka 200) standen Kastenwagen – graue, große, geschlossene Autos – bereit, in die man die Leute übereinander *(und)* durcheinander hineinwarf . . . Man suchte aus den Angekommenen 81 arbeitsfähige Leute aus und brachte diese in das 12 km von Minsk entfernte Lager der Sicherheitspolizei und des SD Mali-Trostinez. Das Lager bestand aus einigen baufälligen alten Scheunen und Ställen. Dort wurden wir untergebracht . . . Kamen neue Leute an, wurden andere, nicht 100% einsatzfähige, ausgesondert. Uns wurde gesagt, daß die einen ins Krankenhaus, die anderen auf andere Güter zur Arbeit kämen. Auf unserem Gut Mali-Trostinez sollten *(nur)* die besten Arbeiter bleiben, damit unser Lager zum Musterlager werden könne . . . Der höchste Lagerstand waren ungefähr 600 Juden und 300 russische Häftlinge . . . Am 28. Juli 1942 drang die Nachricht von einer ‚Großaktion im Ghetto‘ zu uns ins Lager. Es handelte sich damals um zirka 8.000 russische und 5.000 deutsche, österreichische und tschechische Juden, die sich schon seit November 1941 im Minsker Ghetto befanden . . . Ende 1942 hörten die Transporte auf . . . *(In der Zwischenzeit)* haben wir erfahren, daß es keine ‚anderen Güter‘ in der Umgebung von Minsk gibt und daß alle Leute . . . auf das . . . ‚Gut 16‘

gekommen sind. ‚Gut 16‘ ist ungefähr 4 bis 5 km von Mali-Trostinez entfernt und liegt . . . an der Mogilewer Chaussee, *(es enthält Massengräber)* Tausender erschossener und *(im)* Gaswagen *(ermordeter)* Menschen . . .“.[51]

Im kleinen Kreis hat Schirach mit seinen Freunden und Gefolgsleuten die Eröffnungen Greisers erörtert. Er ließ seinen Freund, den Reiseschriftsteller Colin Roß, nach Wien kommen, um dessen Meinung zu hören. Roß meinte, man müsse sich „der Person des Führers versichern“, ihn durch einen „Psychiater untersuchen“ lassen und für „verrückt erklären“.[52] Doch Schirach dachte nicht daran, aus seinem Wissen Konsequenzen zu ziehen. Schon wenige Tage nach der Unterredung, am 6. Juni, kündigte er vor den Wiener Ratsherren Vergeltung für den Tod Reinhard Heydrichs an, der in Prag einem Attentat erlegen war: „Sie wissen, daß wir im Spätsommer oder im Herbst dieses Jahres alle Juden aus dieser Stadt herausbugsiert haben werden. Wenn diese Judenevakuierung abgeschlossen ist, werden wir mit der Evakuierung der Tschechen beginnen. Ich habe diesen Plan vor langer Zeit einmal mit dem Führer besprochen und wir hatten damals diesen Zeitpunkt noch nicht in Aussicht genommen. Aber ich glaube, das ist jetzt die richtige Antwort auf dieses Verbrechen, das an unserem Kameraden Heydrich begangen worden ist“.[53] In einem Telegramm von Bormann forderte er zusätzlich die Bombardierung einer englischen „Kulturstätte“ als Rache für den Mordanschlag. Die achtzigtausend Tschechen in Wien hatten jedoch Glück. Es kam nicht mehr zu ihrer Deportation.[54]

Hitler sparte nicht mit Lob und Anerkennung. Schirach durfte sich in diesen Tagen weiterhin der Gunst seines Führers sicher sein. Zu Schirachs fünfunddreißigstem Geburtstag schickte Hitler besonders herzlich gehaltene Glückwünsche nach Wien, die von den Gefolgsleuten des Statthalters und wohl auch von ihm selbst als „Kronprinzentelegramm“ gedeutet wurden, als Hinweis, daß er möglicherweise einmal die Nachfolge Hitlers werde antreten können. Und in der Wolfsschanze verbreitete sich Hitler schwärmerisch über Schirach, von dem er sich „noch einmal sehr Großes“ verspreche: er sei froh, seinerzeit in ihm für die nationalsozialistische Jugendbewegung den „richtigen Mann“ gefunden zu haben, dessen Verdienst die „größte Jugendbewegung der Welt“ sei.[55] Allerdings hatte er auch Anlaß zur Kritik. Schirachs Kulturpolitik war ihm zu expansiv und lief seinen Plänen mit Linz zuwider. Goebbels, der jedes Wort gegen Wien und seinen Gauleiter begierig aufsog, notierte mit unverhohlener Genugtuung, Hitler sei fest „entschlossen, die kulturelle Hegemonie Wiens zu brechen. Er will nicht, daß das Reich zwei Hauptstädte besitzt, die miteinander konkurrieren. Wien soll vor allem auch keine hegemoniale Stellung den österreichischen Gauen gegenüber einnehmen. Wien ist nur eine Millionenstadt wie Hamburg, nicht mehr. Schirach befindet sich hier auf einem gänzlich falschen Wege. Er hat sich von der Wiener Atmosphäre, der Heurigenstimmung und dem sogenannten Wiener ‚Hamur' sehr stark beeinflussen lassen. Der Führer billigt meine Wien gegenüber betriebene Kulturpolitik und freut sich sehr, daß ich ihm dabei behilflich bin, das Schwergewicht unserer kulturellen Betreuung von Wien nach Graz und vor allem Linz zu verlagern. Der Führer will Wien nichts wegnehmen, aber Graz und vor allem Linz sehr viel hinzugeben. Er erklärt, daß er schon andere Dinge fertiggebracht habe als diese und daß, selbst wenn die Wiener mit allen Kräften dagegen opponieren, er sein Ziel einer kulturellen Herausstellung von Linz als Gegengewicht gegen Wien unbedingt erreichen werde. Seine Pläne für Linz sind wahrhaft grandios. Sie werden zu ihrer Durchführung ein Jahrzehnt in Anspruch nehmen; dann aber kann man in der Tat davon sprechen, daß Linz in einem Atemzuge mit Wien genannt werden kann. Die Wiener Atmosphäre ist dem Führer gänzlich verhaßt. Er hat auch in dieser Stadt so schlechte und widrige Jahre verlebt, daß man seinen Abscheu gegen Wien sehr gut verstehen kann. Es ist übrigens sehr bezeichnend – was ich auch dem Führer berichte –, daß der Film ‚Der große König' in allen Städten des Reiches einen enormen Erfolg aufzuweisen hat, mit einer einzigen Ausnahme: Wien".[56]

Doch richtete sich Hitlers Kritik in erster Linie gegen die Stadt und ihre Bewohner und erst in zweiter gegen Schirach. Goebbels äußerte sich dagegen immer feindseliger. Schirach sei den Anforderungen in Wien nicht gewachsen, mische sich in die kulturpolitische Führung seines Ministeriums ein und habe den Ehrgeiz, „alle Fehler, die wir seit 1933 gemacht und an denen wir uns die Schuhsohlen abgelaufen haben", zu wiederholen.[57] Die bissigen Bemerkungen des Ministers waren durch Schirachs erneute öffentliche Kritik an der Goebbelschen Kunstpolitik ausgelöst worden. In Düsseldorf hatte sich Schirach bei der Eröffnung einer Kunstausstellung gegen die Realismus-Doktrin als „Formel unserer neuen Kunstauffassung" gewandt. Es sei „genau so eine Entartung der Kunst, wenn man als erwachsener Maler einem im Profil dargestellten Menschen nach Kinderart zwei Augen auf die Backe malt, wie es auch eine Entartung ist, Gegenstände, Menschen oder Landschaften so zu malen, daß sie der Wahrheit der Wirklichkeit entsprechen".[58] Und vor den Wiener Philharmonikern hatte sich Schirach erneut für Aufführungen zeitgenössischer Musik nach dem Muster der Johanna Balk stark gemacht.[59]

Manche Künstler erblickten jetzt in Schirachs Wien eine Oase, die ihnen einen Rest von Freiheit zu gewähren schien. Der Schauspieler Mathias Wiemann bat Schirach, sich für den fünfundsiebzigjährigen Maler Emil Nolde einzusetzen, der, obwohl Parteigenosse, von den Nationalsozialisten zum Entarteten erklärt und 1941 mit Malverbot belegt worden war. Dabei habe es zu Zeiten der Weimarer Republik, so Wiemann, „keinen von dem jüdischen Kunsthandel und der jüdischen Kunstkritik bekämpfteren Maler als Nolde" gegeben: „Ich bitte Sie von ganzem Herzen, tun Sie, was Sie können, einem noch lebenden deutschen Künstler, der Kraft seiner Visionskraft wert ist, unter die besten und ehrlichsten unseres Volkes gezählt zu werden, das trostlose Ende, den Tod in Verkennung und Vereinsamung zu ersparen – den Tod Riemenschneiders, dem man die Hände brach".[60] Schirach zeigte sich beeindruckt und ließ sich Arbeiten von Nolde vorführen. Doch auch er konnte oder wollte dem Maler nicht helfen.

Freundschaftliche Beziehungen verbanden Schirach mit Strauß, der inzwischen wieder nach Wien übergesiedelt war. Schirach hatte den Komponisten schon in Weimar als Gast seiner Eltern kennengelernt. Als Musikmäzen verteilte Schirach großzügige Stipendien an Komponisten wie Wagner-Régeny, Carl Orff und Hans Joachim Sobanski.[61] Seine besondere Gunst wandte er den Dichterkollegen zu. Zu seinem Freundeskreis zählten Bruno Brehm und Josef Weinheber. Max Mell wurde gegen den Einspruch von Goebbels mit dem Ehrenring der Stadt Wien bedacht, Kasimir Edschmid erhielt den gut dotierten Auftrag, ein Buch über Wien zu schreiben. Als Edschmid allerdings seine Beziehungen fruchtbar zu machten suchte, um UK-gestellt zu werden, winkte Schirach ab.[62] Gerhart Hauptmann, von Goebbels verfemt, kam an seinem achtzigsten Geburtstag allein in Wien zu Ehren. Schirach inszenierte für den greisen Dichter eine pompöse Feier. Goebbels fühlte sich erneut düpiert.[63]

Mit dem deutschen Vormarsch an allen Fronten und der gewaltigen Ausdehnung des nationalsozialistischen Machtbereichs im Sommer 1942 begann auch Schirach in kontinentalen Dimensionen Politik zu betreiben. Auch er wollte seinen Anteil an der europäischen Führungsrolle des Reiches und seinen Einfluß auch auf die Jugendorgani-

Abb. 45: Mit seiner Kulturpolitik machte sich Schirach in Berlin zunehmend unbeliebt. Gerhart Hauptmann kam an seinem 80. Geburtstag allein in Wien zu Ehren.

sationen der deutschen Satelliten ausdehnen. Im Mai lud er Abordnungen von faschistischen Jugendverbänden aus dreizehn Ländern zu einer deutsch-italienischen Jugendkulturkundgebung nach Weimar. Sie bildete den Auftakt für ein noch größeres ehrgeiziges Unternehmen: die Gründung des Europäischen Jugendverbandes in Wien.

In Berlin stieß dieses Vorhaben, „Baldurs Kinderfest", wie es spöttisch hieß, auf scharfe Ablehnung. Ribbentrop erklärte die Teilnahme ausländischer Diplomaten am Kongreß für unerwünscht. Der italienische Außenminister Graf Ciano, der sich bereits angemeldet hatte, zog seine Zusage wieder zurück.[64] Goebbels sorgte dafür, daß der Kongreß in der Presse weitgehend totgeschwiegen wurde, und Hitler schickte ein Grußtelegramm, das, wie Schirachs Propagandachef Kaufmann vermerkte, in „gleicher Weise auch die europäischen Bienenzüchter oder Briefmarkensammler bei einem Kongreß ihrer Organisation erhalten werden".[65] Als die Versammlung am 14. September mit großem Zeremoniell eröffnet wurde, befand sich von der Parteiprominenz lediglich Schirachs Freund Robert Ley unter den Gästen. Faschistische Jugendorganisationen aus ganz Europa hatten Abordnungen entsandt. Italiener, Spanier, Flamen, Wallonen, Dänen, Holländer, Franzosen, Norweger, Finnen, Bulgaren, Rumänen, Slowaken und Ungarn waren nach Wien gekommen. In seiner Begrüßungsrede erging sich Schirach in antisemitischen Haßtiraden.

„Von dem Schicksal der Weltkriegsjugend kann sich nur der einen Begriff machen, der die Schreckenszeit der jüdisch-kommunistischen Unruhen miterlebt hat. Béla Khun in Ungarn, die Münchener Räte-Republik der Juden Eisner und Leviné-Nissen, die kommunistischen Mörderbanden eines Max Hölz in Mitteldeutschland kennzeichnen die Entwicklung, in der wir uns damals befanden. Es waren Offiziere des Weltkrieges, Freikorpskämpfer und nationale Helden, die diesem Spuk ein Ende bereiteten. Was sie taten, vollbrachten sie aus Pflichtgefühl gegenüber ihren Völkern, indem sie dem Auftrag ihres Gewissens gehorchten. Das Judentum aber setzte sich in den Besitz aller Instrumente, die zur Beeinflussung der öffentlichen Meinung dienen, der Presse, des Funks und des Films, und drang darüber hinaus in alle Regierungen des europäischen Kontinents ein. Die Nachkriegszeit war für ganz Europa eine Epoche skrupelloser jüdischer Geldgeschäfte, eine Hoch-Zeit des jüdischen Schiebertums. Damals hat das Judentum mit allen ihm zur Verfügung stehenden Mitteln versucht, die gesunde Jugend zu verderben. Alle Ideale, die unserem Kontinent heilig sind, wurden öffentlich beschmutzt, lächerlich gemacht und als unzeitgemäß verworfen. Durch die korrupten Gazetten kursierte das jüdische Wort: ‚Es gibt kein dümmeres Ideal als das des Helden'. Der jungen Generation wurde dafür schrankenlose Freiheit im sexuellen Genuß gepredigt. Je grauer der Alltag wurde, um so strahlender entwickelte sich das Nachtleben. Der amerikanische Film und die amerikanische Revue, drüben von Juden geschaffen, hier von Juden importiert, appellierten immer von neuem an die Sinne halbwüchsiger junger Menschen, diese verderbend und in den Strudel des Chaos hineinziehend, aus dem sie nie mehr zu ihrer Nation zurückgekehrt sind. Wo immer der Jude versucht hat, ein Volk in seiner nationalen Substanz zu verletzen, hat er das durch die Erweckung der niedrigsten Instinkte, durch die Propagierung einer ungezähmten Geschlechtsgier und Verächtlichmachung jeder sittlichen und ethischen Zucht getan.

Was einst in den Tälern der Provence erklang und bis auf unsere Zeit ein hohes Lied der Kulturvölker Europas geblieben ist, das Lied der Minne als Ausdruck jener höheren Regung, die uns von Juden und nordamerikanischen Jazzband-Negern unterscheidet, kann von Menschen fremden Geistes nie verstanden werden. Dem Juden ist der Eros fremd. Die antike Welt, das, was wir unter Griechenland und Rom, unter italienischer Renaissance und deutscher Klassik begreifen, ist der jüdischen Empfindungswelt so entgegengesetzt, daß wir in diesem Kreise ruhig bekennen dürfen: Jeder Jude, der in Europa wirkt, ist eine Gefahr für die europäische Kultur! Wenn man mir den Vorwurf machen wollte, daß ich aus dieser Stadt, die einst die europäische Metropole des Judentums gewesen ist, Zehntausende und aber Zehntausende von Juden ins Ghetto abgeschoben habe, muß ich antworten, ich sehe darin einen aktiven Beitrag zur europäischen Kultur. Wenn man mir sagt: Wie können Sie Herrn Israel Löwenstein in das Ghetto des Ostens verbannen, das bedeutet doch für diesen Mann, der mehr als 100 deutsche Bücher gekauft hat und damit als Kulturträger zu bezeichnen ist, eine furchtbare Strafe, muß ich erwidern: Für mich wäre es keine Strafe, wenn ich aus einem fremden Land ausgewiesen würde, um zusammen mit deutschen Volksgenossen an einem anderen Ort in einer rein deutschen Gemeinschaft zu leben. Ich würde mit allen Mitteln danach streben, an einem Transport teilzunehmen, der mich als Deutschen zu meinen deutschen Brüdern führt!

Können Sie sich vorstellen, daß ein Italiener, ein Ungar, ein Rumäne, ein Finne, ein Slowake, ein Kroate anders denkt? Ist nicht für uns alle –

und ich meine damit alle Nationen, die uns die Ehre geben, sich heute hier zu versammeln – das Bewußtsein der Zugehörigkeit zur eigenen völkischen Gemeinschaft so stark, daß wir es geradezu als Ehrenpflicht ansehen würden, gemeinsam mit den anderen Menschen unseres Volkes Glück und Leid zu teilen, auch wenn wir dafür ein Anwaltsbüro oder eine Fabrik in der Fremde aufgeben müssen? Wir sind eben durch unseren nationalen Charakter bestimmt. Der Jude aber ist international".[66]

Schirach hat später diese Ausfälle mit der anhaltenden Kritik an seiner zu laschen Amtsführung, der er den Wind aus den Segeln nehmen wollte, zu rechtfertigen gesucht. Doch gehörte die antisemitische Rhetorik zu seinem selbstverständlichen Vokabular. Dazu kam gewiß auch die Absicht, dem Kongreß durch einen verbalen Kraftakt doch noch die erhoffte Publizität verschaffen zu können. Das Zeugnis seines Kulturreferenten Walter Thomas, den Schirach am Abend des nächsten Tages nach einem Künstlerempfang in seiner Wohnung nach der Wirkung seiner Rede fragte, deutet diese Motive zumindest an.

„Schirach hielt mich zurück: ‚Was sagt man zu meiner gestrigen Rede in Künstlerkreisen?' Ich schwieg. Abends vorher hatten befreundete Schauspieler ihrer Empörung über die Rede Luft gemacht. ‚Nun keine Angst! Sie werden mich alle verfluchen, wie?' – ‚Man ist entsetzt!' – ‚Ich wußte es.' Er ging einige Schritte auf und ab. Indem er eine kleine Plastik, die neben dem ‚Penseur' von Rodin auf seinem Schreibtisch stand, betrachtete, sagte er: ‚Ja, diese Herren Künstler! Wenn man etwas sagt, dessen Hintergründe sie nicht verstehen, brechen sie über einen den Stab. Was muß der Politiker oft sagen, wenn er auch ganz anders empfindet! Aber es ist gut so!'"[67] Doch offenbart sich hier in bestürzender Weise Schirachs vollkommene politisch-moralische Korrumption, das Ergebnis eines langen Verfallsprozesses. Es war zugleich die Bankrotterklärung aller nationalsozialistischen Erziehung, die nach Schirachs eigener Lehre auf die „Macht des Vorbildes" gegründet war. Zwar feierte Schirach den Jugendverband als „Ausdruck der neuen Ordnung" und Gemeinschaft von „national selbständigen und volksbewußten Jugendorganisationen", und in Arbeitsgruppen durften die ausländischen Jugendführer ihre Vorstellungen über Sport, Recht, Gesundheit, Freizeit und Berufserziehung vertreten.[68] Doch der Europäische Jugendverband blieb eine Chimäre. Die vernichtenden militärischen Niederlagen des Reiches wenige Monate später ließen ihn erst gar nicht zur Entfaltung kommen.

Ohne Zweifel hat Schirach den Ernst der Lage erkannt. Doch glaubte er, daß der Krieg durch einen politischen Kurswechsel immer noch zu gewinnen war. Am 13. Januar 1943, noch während die Reste der 6. Armee im Kessel von Stalingrad kämpften, wandte sich Schirach vor den in Braunschweig versammelten HJ-Gebietsführern in vorsichtiger Form gegen die deutsche Besatzungspolitik. „Es ist aber eine Frage des innen- und außenpolitischen Taktes, daß man über gewisse Dinge nicht spricht und daß man den Menschen, um so mehr man sie beherrscht, um so mehr das Bewußtsein einer geistigen Kultur, vielleicht sogar staatlichen Freiheit läßt... Ich stelle aber heute fest, daß Beauftragte draußen sich nicht genug tun können in der Vernichtung des fremden Volkstums. Und es scheint mir doch ein gewisser Mangel an persönlicher Kultur zu sein. Es ist ja auch faktisch nicht die Gewaltherrschaft, die wir uns in Europa erkämpfen wollen. Wir wollen doch als die erste Ordnungsmacht dieser Zeit eine neue Ordnung in diesem Raum aufbauen... Sie kann aber nur dann von Dauer sein, wenn wir es fertig bringen, auch eine freiwillige Mitarbeit der Nationen zu erzielen. Selbstverständlich ist die Macht die Voraussetzung einer solchen Entwicklung, in deren Verlauf Deutschland die erste Ordnungsmacht des Kontinents wird. Dann ist sie ganz fest etabliert in diesem, unserem Kontinent, wenn es nicht mehr notwendig ist für die einzelnen Exponenten unserer Nation, sie dauernd zu betonen“.[69] Indessen hat Schirach für sich selbst die Konsequenzen, die sich aus der veränderten militärischen Lage ergaben, nicht erkannt. Der verlorengegangene Kontakt zu Hitler hatte ihm den Blick für seine Möglichkeiten und Grenzen, die er früher stets mit sicherem Instinkt erspürt hatte, verstellt. Während Hitler und Goebbels die Vorbereitungen für den totalen Krieg trafen, gab sich Schirach in dem Glauben, immer noch die Mission seines Führers zu erfüllen, weiter seinen kulturpolitischen Eskapaden hin. Noch am Neujahrstag schien das Verhältnis zwischen beiden herzlich. Hitler meldete sich telefonisch aus seinem Hauptquartier, um seine besten Wünsche für 1943 zu übermitteln.[70] Doch bereits im Februar trübte sich die Beziehung. Schirach hatte eine Ausstellung junger Künstler eröffnet, deren Werke der offiziellen Linie zuwiderliefen. Zum Teil waren die Bilder bereits als „entartete Kunst“ deklariert worden. Einmal mehr hagelte es Proteste. Arno Breker forderte, die Ausstellung zu schließen, Goebbels wollte keinesfalls „dulden, daß von Wien aus eine neue, d.h., eine uralte Kunstrichtung inauguriert wird, die wir im Reich längst schon überwunden haben. Die

Fehler, die einige unserer kunstbefreundeten Kreise 1933 machten, brauchen in Wien 1943 nicht noch einmal wiederholt zu werden".[71] Reichsbühnenbildner Benno von Arent wurde nach Wien entsandt, um die Ausstellung zu inspizieren. Sein Urteil war ebenfalls vernichtend. Hitler, von Schirachs Unternehmen unterrichtet, war erzürnt und entließ diesmal seinen Gefolgsmann nicht aus der Pflicht. Die Ausstellung mußte geschlossen werden.[72]

Schirach verfolgte die militärische Entwicklung mit wachsender Sorge. Allmählich kam er zu der Überzeugung, daß nur noch ein Vergleichsfriede das Dritte Reich retten konnte. Trotz der Konferenz von Casablanca, in der Roosevelt und Churchill die bedingungslose Kapitulation Deutschlands gefordert hatten, sah er noch nicht alle Aussichten auf Verhandlungen verbaut. Die Schuld für die katastrophale Lage glaubte er jedoch weiter vor allem bei Ribbentrop, aber auch bei Keitel suchen zu müssen, die Hitler nach seiner Überzeugung im unklaren über die wahre Lage des Reiches ließen. In einem Gespräch mit Hitlers Luftwaffenadjutant Below mußte Schirach allerdings erfahren, daß der Führer selbst der Motor der deutschen Außenpolitik war.[73] Schirach machte sich jetzt auch um seine eigene Zukunft Sorgen. „Die Politik läuft schief", meinte er zu Göring, „und der Krieg ist verloren, wenn wir so weitermachen. Wir müssen etwas unternehmen, sonst wird man uns später die Schuld geben".[74]

Schließlich faßte er den Entschluß, offen mit Hitler über den Krieg und seine Erfolgsaussichten zu reden. Doch in der Zwischenzeit hatte sich Hitlers Meinung über Schirach weiter rapide verschlechtert. Er war überzeugt, Schirach agiere zu lasch, ja, er „torpediere" die Maßnahmen des totalen Krieges und bereite Wien nicht energisch genug auf den Ernstfall vor. „Von Schirach", vertraute Goebbels am 9. Mai 1943 seinem Tagebuch an, „hat der Führer eine schlechte Meinung. Schirach ist in Wien verwienert worden. Er hat sich allzu stark von der Wiener Atmosphäre anstecken lassen. Er hat kein politisches Fingerspitzengefühl bewiesen, ist auch kein ausgewachsener Nazi ... Er geht zu viel mit Künstlern um, und das bekommt ihm nicht gut. Jedenfalls hat der Führer nichts Großes mit ihm im Sinn. Er möchte ihn früher oder später in die diplomatische Laufbahn, die ja auch Schirach mehr gemäß ist, abdrängen".[75] und einen Tag später: „Mit Schirachs Arbeit in Wien ist der Führer außerordentlich unzufrieden. Er hat seine eigentliche Aufgabe nicht erfaßt".[76]

Am 24. Juni, Fronleichnam, fuhr Schirach mit seiner Frau auf den

Berghof, um Hitler seine Sicht der Lage zu schildern. Auf dem Obersalzberg trafen sie auf angespannte Nervosität. Alle Aufmerksamkeit war nach Osten gerichtet. Dort sollte in wenigen Tagen das Unternehmen Zitadelle beginnen, Hitlers letzter Versuch, noch einmal die Initiative in Rußland an sich zu reißen. Schon mehrfach war der Beginn der Offensive verschoben worden, und Hitler zögerte immer noch. Denn der Ausgang des Unternehmens würde endgültige Klarheit schaffen, ob überhaupt noch auf den Sieg zu hoffen war. Die Voraussetzungen konnten für Schirach kaum schlechter sein. Beim abendlichen Kamingespräch trat er für eine mildere Besatzungspolitik und Verhandlungen mit den Alliierten ein. Doch Hitler reagierte mit eisiger Ablehnung. Jetzt brachen die in ihm angestauten Ressentiments aus ihm heraus, der Haß auf Wien, die Wut auf Schirach und seine Politik. Mit offensichtlicher Genugtuung hat Goebbels, der ebenfalls auf dem Berghof weilte, die Unterredung zwischen Hitler, Schirach und dessen Frau festgehalten. „Schirach zeigt sich in seinen Erzählungen taktisch außerordentlich ungeschickt und reizt damit den Führer zu einer Reihe von sehr scharfen Antworten. Ich versuche immer wieder, das Abgleiten des Gesprächs in eine gewisse Schärfe durch witzige Bemerkungen zu verhindern; aber Schirach geht leider auf diese meine Taktik in keiner Weise ein.

In diesem Zusammenhang kommt dann das Thema Wien zur Debatte. Der Führer ist in seiner Darstellung des Problems unerbittlich. Er wiederholt Schirach gegenüber seine Gedankengänge, die er mir schon so oft dargelegt hat, und stimmt in diesem Zusammenhang, was mich außerordentlich verwundert und erfreut, ein hohes Loblied auf Berlin an. Die Berliner Bevölkerung wird in wirksamstem Kontrast der Wiener gegenübergestellt. Der Führer vertritt die Meinung, daß, abgesehen davon, daß das Reich nur eine klar herausgestellte Hauptstadt besitzen kann, die Berliner Bevölkerung am ehesten dazu geneigt ist, das Volk für die Reichshauptstadt zu stellen. Der Berliner sei fleißig, er sei intelligent, er habe politisches Verständnis. Nirgendwo, erklärte der Führer, würde er anders in kritischen Zeiten eine politische Versammlung abhalten können als gerade in Berlin, wo die Zuhörer genau wüßten, welchen politischen Zweck er jeweils mit seiner Rede verfolge. Er will Berlin einmal zwar nicht zur größten, aber zur schönsten Stadt der Welt ausbauen. An Wien duldet er keinen größeren Umbau, der Wien erneut in eine Konkurrenz zu Berlin stellt. Er kennt die ungeheure magische Wirkung, die die Stadt Wien auf den Besucher aus-

Abb. 46: Im Juni 1943 kam es auf dem Berghof zum offenen Bruch zwischen Schirach und Hitler.

übt, und will diese Wirkung durch eine Wirkung des neu erbauten Berlin mindestens ausgleichen, womöglich übertrumpfen. Die Wiener sind nicht so großzügig wie die Berliner. Es ist bezeichnend, daß die Wiener zwar für die Berliner ein beschimpfendes Witzwort haben, umgekehrt aber nicht. Schirach und seine Frau betonen dem Führer gegenüber immer wieder, daß auch Wien eine für den Nationalsozialismus begeisterte Stadt sei, was der Führer zurückweist, mit dem Bemerken, das sei die Pflicht der Stadt Wien. Die Stadt Wien habe keine Sondervorrechte, und was überall anderswo selbstverständlich sei, müsse auch in Wien selbstverständlich sein.

Der Führer bezeichnet sich in diesem Augenblick nur als den objektiven Sachwalter der deutschen Reichsinteressen. Er erklärt, man müsse ihn nach seinem Tode aus dem Grabe herausholen, wenn er irgendwo gegen seine bessere Überzeugung die Reichsinteressen verletzt habe. Diese Fragen bespricht der Führer ohne jedes Ressentiment, was auf Schirach und seine Frau umso aufreizender wirkt. Frau von Schirach ist sehr bestürzt über die Eröffnungen, die der Führer ihr macht, und die Tränen treten ihr in die Augen. Aber der Führer bleibt unerbittlich. Wenn es sich einmal um Sachfragen handelt, dann kennt er keine Kompromisse. Er antwortet ihr mit einer Härte, die außerordentlich erstaunlich ist. Schirach wird demgegenüber sehr klein und zurückhaltend. Der Führer gibt Wien die Berechtigung, in großem Stil Kulturpolitik zu betreiben; diese werde auch vom Reich so weit irgendmöglich unterstützt und gefördert. Wien sei zwar eine schöne Musikstadt; aber das sei auch auf eine Reihe von günstigen Umständen und nicht auf die Stadt selbst zurückzuführen. Trotzdem soll ihr dieser Charakter erhalten bleiben. Die Musik als Ergebnis des Zusammenpralls der nordischen und slawischen Rasse habe selbstverständlich in Wien eine besonders geeignete Heimstätte gefunden. Trotzdem habe Wien nicht das Recht, sich als erste Musikstadt des Reiches zu bezeichnen; denn die meisten Musiker, die in Wien tätig waren, waren keine Wiener, und im übrigen haben die Wiener sie zu ihren Lebzeiten meistens schlecht behandelt, um sie nach ihrem Tode für sich zu reklamieren.

Das alles hat mit Wien als politischem Faktor nichts zu tun. Die Wiener Bevölkerung selbst sei großen Leistungen gegenüber sehr unfair. Das beziehe sich auf alle Gebiete. Man brauche nur die Stellungnahme des Wiener Publikums zu Sportereignissen zu betrachten, um zu wissen, daß hier von einer Großzügigkeit gar nicht die Rede sein könne.

Auf das angenehmste stächen dagegen die Berliner ab. Keine Stadt im Reich sei so geeignet, beispielsweise eine Olympiade zu beherbergen, wie Berlin. Während der ganzen Olympiade habe sich nicht ein einziger peinlicher Zwischenfall ereignet. Der Führer will gar nicht fragen, wie das geworden wäre, wenn die Olympiade in Wien stattgefunden hätte.

Ich bin über die Eröffnungen des Führers sehr glücklich. Ich hatte gar nicht gewußt, daß er der Reichshauptstadt so positiv gegenübersteht. Ich glaube, das ist zum großen Teil auch darauf zurückzuführen, daß die Reichshauptstadt in diesem Kriege sich so außerordentlich positiv einstellt und bewährt. Jedenfalls will der Führer auf keinen Fall einen Dualismus bezüglich der Führung des Reiches zwischen Berlin und Wien. Berlin müsse die erkorene Hauptstadt sein; Wien müsse wieder, wenn es auch eine Millionenstadt sei, in die Rolle einer Provinzstadt zurückgedrängt werden. Wien habe zwar bezüglich seines Alters und seiner Tradition manchen Vorteil, aber diese müßten durch einen großen Umbau Berlins wieder ausgeglichen werden. Im übrigen habe Wien die österreichische Provinz früher immer so schlecht behandelt, daß man ihm schon deshalb nicht irgendeine Führungsrolle im Reich, nicht einmal in Österreich anvertrauen könne. Wien habe den Vorteil des Alters, Berlin den Vorteil der Jugend. Die Berliner stellten ein außerordentlich fleißiges, sehr optimistisches und lebenszugewandtes Volk dar. Man könne ihre Art nur bewundern und lieben.

Der Führer wird in diesem Zusammenhang Schirach gegenübe sehr erregt und aggressiv. Schirach hat danach nicht mehr viel zu bestellen. Ich versuche immer wieder zu vermitteln, um keine Peinlichkeiten aufkommen zu lassen; aber wenn der Führer sich einmal in eine Sache hineingefressen hat, ist ein solcher Versuch ziemlich aussichtslos.

Spät abends erfahren wir von einem schweren Angriff auf Elberfeld. Der Führer ist über die Auswirkung dieses Angriffs sehr bestürzt. Er nennt ihn ein tragisches Unglück und knüpft daran Betrachtungen über das, was diese Städte zu ertragen haben und wie wenig Aufhebens sie davon machen, und wie wenig andererseits Wien am Kriege teilnimmt und wie viel es daraus zu machen versucht. Der Führer gibt seinem Ingrimm über die feindliche Luftkriegsführung Ausdruck und spricht von einer Vergeltung, die er in größtem Stil vornehmen wird.

Es ist im ganzen ein sehr angeregter und bunter Abend, an dem die mannigfaltigsten Probleme zur Sprache kommen. Aber durch das Benehmen Schirachs und seiner Frau erhält der Abend eine gewisse

Spannung. Insbesondere Frau von Schirach benimmt sich wie eine dumme Pute und geht in keiner Weise auf die Argumente des Führers ein. Das aber beirrt den Führer nicht im geringsten. Er läßt alle Höflichkeiten beiseite stehen und geht nur auf den Sachgegenstand ein. Frau von Schirach faßt nachher ihr ganzes Unglück in die Worte zusammen, sie möchte wieder mit ihrem Mann nach München zurückkehren, und der Führer möge dafür Giesler nach Wien schicken. Der Führer lehnt das kategorisch ab. Er denke gar nicht daran. Schirach habe seinen partei- und reichsgebundenen Auftrag in Wien durchzuführen".[77] Hitlers Zorn war durch Erzählungen Henriette von Schirachs noch gesteigert worden. Sie berichtete Hitler über die Deportation von jüdischen Frauen aus den Niederlanden, die sie bei einem Besuch in Amsterdam miterlebt hatte. Das Thema Juden war auf dem Berghof jedoch tabu. Hitler schnitt Schirachs Frau das Wort ab.[78] Aus dem Rückblick ist es bemerkenswert, daß die Schirachs ihr Mitgefühl für die Juden erst zu diesem Zeitpunkt entdeckten, nachdem bereits fast 60.000 Juden gleichsam vor ihrer Haustür deportiert worden waren. Hitler empfand denn auch Schirach gegenüber, wie er wenig später bemerkte, ein „unbestimmtes Mißtrauen". Er glaubte, daß Schirach sich „für die Zukunft salvieren" wollte. Und zu seinem Luftwaffenadjutanten Below äußerte er sich über Schirachs Vorschläge: „Er weiß doch genau, daß es keine Lösung gibt, es sei denn, ich schieße mir eine Kugel durch den Kopf".[79] Hitlers Zorn wurde noch durch einen Brief Schirachs verstärkt, in dem er den Krieg mit Amerika für ein „Unglück" erklärte und die Frage stellte, ob Hitler ihn angesichts der guten Beziehungen zu den amerikanischen Verwandten überhaupt noch in seinen Ämtern belassen wolle.

Die Begegnung auf dem Berghof bedeutete den Bruch mit Hitler. Schirach war jetzt „politisch ein toter Mann".[80] Doch war die Lösung der Bindung an Hitler zugleich auch eine Konsequenz seiner Lebensmaxime, sich nie mit der schwächeren Seite zu verbünden. Die Faszination der Stärke, die Hitlers Macht über Schirach begründet hatte, begann zu erlöschen. Für viele Uneingeweihte war er freilich weiter Hitlers Favorit, der „Kronprinz" des Dritten Reiches, dessen Wort etwas galt. Wenig später kam Edwin Erich Dwinger nach Wien. Er wollte Schirach für den Plan gewinnen, eine russische Armee unter dem General Wlassow aufzustellen. Schirach möge sich doch, bat Dwinger, bei Hitler dafür einsetzen. Schirach sagte zu. Doch war dies nur noch Komödie. Zu seiner Rolle gehörte es auch, weiterhin öffentlich Siegeszuversicht zu verkünden. Den Soldaten, den Hitlerjungen und der Wiener Bevölkerung redete er ein, der Krieg könnnen und müsse gewonnen werden. „In den langen Jahren des Kampfes", erklärte er in der Wiener Feldpost, „gibt es Erfolge und Rückschläge. Am Ende des Kampfes aber steht der Sieg des Reiches über seine Feinde! Dieser Sieg wird vom deutschen Soldaten erstritten werden. Möge er sich in allen schweren Stunden seines harten Lebens voll Stolz bewußt sein, daß die Heimat treu und tapfer ist wie er".[81] Dies war nur ein Beispiel von vielen.

Hitler plante gleichwohl Schirachs Ablösung mit der Begründung, er sei unfähig, Wien auf den Luftkrieg vorzubereiten. Mit dem Vorrücken der Alliierten in Italien geriet die Stadt zunehmend in den Radius der alliierten Bomberflotten. Doch war dies, auch wenn Schirach tatsächlich erst spät und mit unzureichenden Mitteln Schutzvorbereitungen für die Zivilbevölkerung getroffen hatte, nicht der eigentliche Grund. Bormann schlug Hitler vor, Schirach entweder durch den Kölner Gauleiter Grohé oder durch den Leiter des Weser-Ems-Gaus, Wegener, zu ersetzen. Eine andere Möglichkeit sah er in der Vereinigung Wiens mit dem benachbarten Gau Niederdonau unter dessen Leiter Jury. Doch wurden die Pläne wieder fallengelassen. Grohé und Wegener schienen Hitler nicht geeignet, der Zusammenlegung mochte er nicht zustimmen, weil er dadurch eine politische Aufwertung der Stadt befürchtete.[82] Schirach blieb im Amt. Es war nicht ohne Ironie, daß zur gleichen Zeit auch Schirachs Gegenspieler Rust seines Postens enthoben werden sollte. Die Kritik an der immer offensichtlicher werdenden Energielosigkeit des Ministers war zunehmend lauter geworden. Vor allem wurde ihm vorgeworfen, die Wissenschaft nicht genügend für den Krieg aktiviert zu haben.[83] Noch einmal erkannte Schirach die Chance, doch noch Erziehungsminister zu werden. Durch Robert Ley, den einzigen hohen Funktionär, auf dessen Hilfe er noch zählen konnte, ließ er Anfang Februar in der Parteikanzlei vorfühlen.[84] Schirach stand in der Parteizentrale längst nicht mehr zur Debatte. Andere, ihm früher zum Teil unterstellte Funktionäre wie sein ehemaliger Stellvertreter Hartmann Lauterbacher waren jetzt Favoriten für das Amt. Schließlich kam es aber doch nicht zur Ablösung Rusts.[85]

Inzwischen erfaßte der Krieg zunehmend auch die Hitlerjugend. Für das Jahr 1943 war der HJ die Parole gegeben worden: „Deutsche Jugend im Kriegseinsatz". Die Sechzehn- und Siebzehnjährigen sollten jetzt die gewaltigen Verluste an den Fronten ersetzen. Im Februar

Abb. 47 u. 48: Immer mehr Jugendliche wurden in Wehrertüchtigungslagern ausgebildet und an die Front geschickt. Viele kehrten nicht mehr zurück.

1943 wurde der Befehl zur Aufstellung der 12. SS-Panzerdivision Hitlerjugend gegeben. Er dokumentierte den zunehmenden Einfluß der SS auf die Hitlerjugend. Vergebens suchte Schirach dem entgegenzusteuern, indem er seine Division Großdeutschland ebenfalls zu einer HJ-Division umzufunktionieren versuchte. Er konnte sich mit diesem Plan nicht durchsetzen. Die Begeisterung für die Waffen-SS war bei vielen Jugendlichen nicht sonderlich groß. Die Ergänzungsstellen klagten über mangelnden Zulauf an Freiwilligen. Die Berliner Jungen, so wurde gemeldet, seien zum Teil „ausgesprochen nüchtern und kritisch“, und aus München kam die Nachricht von „passiver Resistenz. Erziehungsarbeit der HJ nicht spürbar und wenn, dann eher negativ als positiv ... Einfluß der Kirche über die Eltern sehr stark bemerkbar. Verschiedenen Jungen war die Meldung zur Waffen-SS von den Eltern verboten. Der Werbung am wenigsten zugänglich waren HJ-Führer, Angehörige des Streifendienstes und Männer, die eine vormilitärische Ausbildung in den Wehrertüchtigungslagern erhalten haben“.[86] Ähnliche Meldungen kamen aus Breslau und Wiesbaden, von der Ergänzungsstelle Donau und aus Dresden. Die Resonanz war aus der Sicht der SS äußerst unbefriedigend: „Fast alle Berichter, auch alte HJ-Angehörige, stellen ein restloses Versagen der HJ fest. Es fehlt bei den Jungen am Idealismus und am Verständnis für die Größe unserer Zeit und des Einsatzes“.[87] Gegen die Aufstellung der SS-Panzerdivision Hitlerjugend erhoben sich viele kritische Stimmen. „Als alter Offizier“, so der Vater eines Hitlerjungen, „sei er der Ansicht, daß eine Konzentrierung dieser Auslese bedenklich sei. Es könne sich leicht ein Langemarck wiederholen. Er hielte es für richtiger, wenn diese jungen HJ-Führer, die ja in erster Linie scheinbar für die Division geworben werden, auf die gesamte Truppe aufgeteilt würden. Außerdem sei er der Ansicht, daß es für den einzelnen schwer sei, in einer solchen Auslese vorwärts zu kommen und Offizier zu werden, und es würden dadurch letzten Endes der Wehrmacht wertvolle Offiziere verloren gehen“.[88]

Trotzdem wurde im Sommer mit der Ausbildung der Jugendlichen begonnen. Rund zehntausend Rekruten wurden in Belgien gesammelt. Die Division verfügte zunächst lediglich über acht Panzer, einige wenige Geschütze und war kaum motorisiert. Weiteres Kriegsmaterial folgte in den nächsten Monaten nur spärlich. Der Einsatz kam für die Jungen im Juni 1944, nach der Landung der Alliierten in der Normandie. Gegen die weit überlegenen amerikanischen, britischen und kanadischen Truppen standen sie auf verlorenem Posten. In den ersten vier

Wochen fiel ein Fünftel der HJ-SS-Soldaten, doppelt soviele wurden verwundet oder vermißt. Wenig später geriet die Division bei einem neuerlichen Einsatz in den Kessel von Falaise. Nur sechshundert Jungen konnten sich befreien und sich nach Osten über die Maas absetzen.

Schirach hatte auf diese Entwicklung keinen Einfluß mehr. Er war in Wien völlig isoliert. Hitler und seine engste Umgebung hielten ihn für ängstlich und schwach, den sich formierenden Regimegegnern galt er weiterhin als strammer Nationalsozialist. Am 20. Juli 1944, dem Tag des Attentats durch Schenck Graf Stauffenberg auf Hitler, befand sich Schirach in Kochel. Es kann kein Zweifel daran bestehen, daß er von den Plänen nichts gewußt hat. Im ersten Affekt wollte er mit einem Bataillon von Großdeutschland-Soldaten nach Wien eilen, um dem „verbrecherischen Verräterklüngel" ein Ende zu bereiten. Doch ehe es dazu kam, war in Wien bereits aller sich offen formierender Widerstand im Keim erstickt worden.[89]

Mittlerweile wich auch im Südosten die Front immer mehr zurück. Rumänien, Bulgarien und Griechenland mußten im Sommer 1944 aufgegeben werden. Die Parteiführung richtete ihr Augenmerk jetzt wieder verstärkt auf Wien. Alarmierende Nachrichten über Schirachs mangelhafte Verteidigungsanstrengungen wurden nach Berlin gemeldet. SD-Chef Kaltenbrunner reiste im September zur Inspektion nach Wien. In seinem Lagebericht forderte er Schirachs Ablösung durch einen Gauleiter mit „Schwung, Organisationstalent, persönlicher Härte und politischer Zuversicht, der außerdem den Wiener Menschen anzusprechen vermag".[90] All das hatte er bei Schirach nur sehr bedingt festgestellt. Er sei unfähig, Wien „zuversichtlich und standfest" zu halten und verunsichere durch ständiges Hineinreden obendrein die Militärs. Die Verteidigungsvorbereitungen für die Stadt, der Plan einer Befestigungslinie von der Nordslowakei bis in den Semmering hinein, für die jedoch nur drei schwache Landesschützenbataillone zur Verfügung standen, kritisierte Kaltenbrunner als völlig unzureichend. „Ein Vergleich mit der tatkräftigen Abschirmung Ostpreußens ist vollkommen unstatthaft, weil dort ein bäuerliches Element seine Scholle ehrlich zu verteidigen gewillt ist, was im Raum von Wien keineswegs der Fall ist. In Ostpreußen weiß man außerdem, daß eine genügend starke Truppe für den Fall ihres notwendigen Rückzuges die Befestigungen mit Kämpfern füllen wird, in Wien sieht man jedoch amerikanische und englische Luftgangster vom Himmel herunterfallen, befürchtet den Abfall Ungarns, welches dann kommunistisch würde, und hat keine Hoffnung, daß zurückgehende deutsche Einheiten, z.B. aus Griechenland, sich aus der Balkan-Situation bis nach Wien durchschlagen können. Die defaitistische Grundstimmung in Wien ist daher für alle Nachrichten aus dem Südosten, für jede Greuelpropaganda, für gewisse ‚Österreich-Tendenzen' und natürlich für jede kommunistische Propaganda sehr empfänglich. Persönliche Eindrücke in den Arbeiter- und Vorstadtbezirken, namentlich vor Arbeitsbeginn und bei Schichtwechsel, auf Rettungsstationen und ähnlichen Plätzen, die einen guten Querschnitt geben, sind ausgesprochen unerfreulich".[91]

Ähnlich kritisch äußerte sich Gauleiter Jury. Jurys Kritik war noch einmal die Summe der Fehler und Versäumnisse Schirachs in den vergangenen Jahren. „In Kultur machen und Regieren kann man, wenn der Sieg da ist. Bei schweren Belastungen, wie sie jetzt vor der Tür stehen, genügt das nicht. Schirach muß lernen, seine Aufgabe als Gauleiter von Wien als Lebensaufgabe zu sehen. Wenn ihm diese Aufgabe zu klein ist, dann muß er sich nach einer anderen Aufgabe umsehen. Schirach versteht es aus seiner ganzen Herkunft und aus seinem Wesen heraus nicht, den deutschen Arbeiter zu verstehen, ebensowenig wie der deutsche Arbeiter in Wien Schirach versteht". Schirach behandele die Funktionäre „so wie ein regierender Fürst seine Minister oder Ministerialräte . . . Mit einem Wort: Schirach ist der vornehme Mann, der Baron, der den Wert des Geldes nicht kennt und bei allem guten Willen keinen Sinn für die eigentliche Menschenführung besitzt".[92]

Auch Himmler forderte Schirachs Ablösung.[93] Doch Hitler konnte sich auch jetzt nicht dazu entschließen. Offenbar fürchtete er, daß ein Wechsel zu diesem Zeitpunkt Unruhe unter der Bevölkerung auslösen würde. Tatsächlich nahm die Besorgnis unter der Bevölkerung immer mehr zu. Die Wucht der Bombenangriffe, die sich nähernde Front und die Gewißheit der Niederlage brachten Wien zum Gären. Die Nationalsozialisten begegneten immer häufiger offenem Widerstand. Der Leiter der Ortsgruppe Kudlichgasse konnte sich nach Luftangriffen nur noch mit entsicherter Pistole auf die Straße wagen. In Alsberg und anderen Bezirken wurden Parteifunktionäre mit Steinen beworfen, Angehörige der NS-Frauenschaft bespuckt. „Einem Politischen Leiter in Erdberg wurde seitens einiger Hausbewohner, als er nach einem Terrorangriff in einem getroffenen Haus seine Hilfe anbot, fast im Chor entgegengeschrien: ‚Gehen's scheißen! Drahn's Ihna! Schau daß D' weiterkommst, aber schnell!"[94] Aus vielen Stadtteilen wurden ähnliche Stimmungsbilder gemeldet. Zunehmend entlud sich der Zorn auch gegen Schirach: „Wo ist denn der Schirach, von dem sieht und hört man natürlich in solchen Stunden nichts! Wir krepieren hier, und der schöne Mann sitzt inzwischen gemütlich im sicheren Bunker!“[95]

Am 24. Februar 1945 sahen sich Schirach und Hitler zum letzten Mal. Im Bunker der Reichskanzlei feierte die braune Prominenz die Verkündung des Parteiprogramms vor fünfundzwanzig Jahren in München. Die Begegnung war kurz und kühl. Nur wenige Worte wurden gewechselt. Hitler fragte, ob Wien gehalten werden könne, Schirach antwortete, die Bevölkerung werde ihre Pflicht tun.[96] Auf der Rückreise durch die zerstörten Städte sann er bereits darüber nach, wie er den Untergangswirren entkommen konnte. Wieder in Wien, schickte er das letzte Aufgebot an die Front: die Hitlerjugend. Am 11. März feuerte er die Jungen, die sich freiwillig zum Kampf gemeldet hatten, an: „Erst vor wenigen Tagen habe ich bei einem Besuch beim Führer wieder das Wunder der Persönlichkeit erlebt. Adolf Hitler hat sich nicht verändert . . . Seine erste Frage galt Wien, den Menschen und der Stadt, die er so liebt. Seine Frage galt vor allem auch der Jugend: Wird sie sich bewähren, wird sie tapfer sein, das Schwerste auf sich nehmen! Ich weiß, ihr werdet den Führer nicht enttäuschen! Ihr habt nicht umsonst so viele Jahre lang seinen Namen getragen!“[97]

Am 30. März verhängte Schirach über Wien den Ausnahmezustand. Der Volkssturm mußte antreten, die Schulen wurden geschlossen, niemand durfte die Stadt verlassen. SS-Oberstgruppenführer Sepp Dietrich, der Wien inzwischen mit den Resten seiner aus Ungarn zurückströmenden sechsten Panzerarmee erreicht hatte, sollte die Verteidigung übernehmen. Doch Dietrich sah sich außerstande, den Russen Einhalt zu gebieten. Wiener NS-Funktionäre beklagten sich bei der Parteikanzlei über die „geradezu erschütternde Führungslosigkeit der Wehrmacht und zum Teil auch der Parteidienststellen“.[98] Bormann müsse Schirach konkrete Befehle erteilen, andernfalls werde „die Entschlußlosigkeit hier Orgien feiern und das Gesetz des Handelns restlos bei den Bolschewisten bleiben“.[99] Schirach richtete sich unterdessen mit seinem Stab in den Kellern der Hofburg ein. Doch glaubte er im Ernst nicht daran, Wien erfolgreich verteidigen zu können. Stattdessen schwelgte er in heroischen Posen und gab sich Stimmungen von Untergang und Vernichtung hin.

In seinem Befehlsstand, einem „kerzenerhellten Salon“, begegnete ihm am 6. April Otto Skorzeny. „Auf dem Boden lagen prachtvolle Teppiche, an den Wänden hingen Schlachtenbilder und Porträts von

Generalen aus dem achtzehnten Jahrhundert. Im Vorzimmer wurde gegessen, getrunken und gelärmt. Ich mußte den Gauleiter aufklären, daß ich in der Stadt keinen einzigen deutschen Soldaten zu Gesicht bekommen hätte und daß die Barrikaden unbesetzt seien. Ich lud ihn ein, mit mir doch eine Erkundungsfahrt zu unternehmen. Er lehnte diese Einladung jedoch ab und erklärte mir, über seine Landkarte gebeugt, wie man Wien retten würde: zwei Elitedivisionen stünden zum Angriff bereit. Eine würde vom Norden her angreifen und die andere vom Westen: der Feind müsse kapitulieren. Durch ein ähnliches Manöver, meinte er, zwang Fürst Starhemberg 1683 die Türken, die Belagerung Wiens aufzuheben. Jede weitere Diskussion war sinnlos. Ich verabschiedete mich. Schirach sah mich an: ‚Skorzeny, meine Pflicht ist in drei Worten ausgedrückt: siegen oder sterben!' Zweifellos wollte er sagen: siegen oder mich absetzen, denn der Verteidigungskommissar des Gaues Wien verließ fünf Stunden später Wien, so schnell er konnte[100]."

Angeblich hatte Hitler selbst ihm den Befehl erteilt, mit der kämpfenden Truppe Wien zu verlassen. Tatsache war, daß Schirach sich „in seiner Hilflosigkeit", wie Goebbels treffend formulierte, unter den Schutz der Soldaten begab.[101] Die von Skorzeny überlieferte Episode ist nicht ohne augenfällige Parallele zu den wahnhaft gesteigerten Erlösungshoffnungen zur gleichen Zeit im Bunker der Reichskanzlei in Berlin, den Fieberträumen von in letzter Minute herbeieilenden rettenden Armeen und der immer noch für möglich gehaltenen Entzweiung unter den Alliierten, die durch den Tod Roosevelts noch einmal Nahrung erhielten. Doch während mit den enttäuschten Erwartungen und der zunehmenden Untergangsgewißheit Hitler im Berliner Bunker seinen klassisch-heroischen Abgang in die Geschichte zu stilisieren begann, feierte Schirach lediglich in barocker Pracht den Abschied von der Macht, das Ende seiner nationalsozialistischen Karriere. In Berlin verfolgte Goebbels die Entwicklung mit resignierter Wut. Er kreidete die sich abzeichnende rasche Eroberung der Stadt durch die Sowjettruppen Hitlers Personalpolitik an: „Schirach war schon seit langen Jahren überfällig zum Abbau. Aber der Führer hat sich nicht dazu entschließen können, ihn in die Wüste zu schicken. Jetzt müssen die härtesten Maßnahmen getroffen werden, um die Dinge in Wien wieder zu bereinigen".[102] Die Sowjets kamen rasch voran. „Sie kämpfen jetzt in den Wiener Vorstädten und dringen langsam in das Zentrum vor. Die Wiener Vorstädte haben zum großen Teil die Waffen zugunsten der Roten Armee erhoben, wodurch natürlich in Wien ziemlich desolate Zustände entstanden sind.

Ich glaube aber, daß die Wiener doch besser hätten im Zaume gehalten werden können, wenn dort eine anständige und vor allem eine energische politische Führung am Ruder gewesen wäre. Schirach war dazu nicht der geeignete Mann. Aber wie oft habe ich das gesagt, und wie oft bin ich dabei nicht gehört worden!"[103] In der Nacht zum 12. April riß die Funkverbindung zwischen Wien und der Parteizentrale in München ab. Auf die Einrichtung eines Kurierdienstes wurde verzichtet. Es sei „völlig sinnlos, mit Gauleiter v. Schirach einen Kurier-Dienst zu unterhalten, weil dieser in Floridsdorf b/ Wien keinen Arbeitsstab sondern einen Hofstaat unterhält".[104] Am 13. April war die Stadt im Besitz der Roten Armee.

Die Hitlerjungen kämpften bis zuletzt verzweifelt und fanatisch an allen Fronten. Selbst Zwölf- und Dreizehnjährige wurden erfaßt. „Wir fragten ihn, wie er denn mit seinen 13 Jahren überhaupt dazu kommt, mitzukämpfen. Und er zeigt auf seine Kameraden, die zum Teil aus Oranienburg sind. Wir wurden von dem Standortführer, Hauptbannführer Frischefsky, durch Polizei aus den Häusern geholt und mußten in den Kasernen der SS und auf dem Schloßplatz antreten. Dann wurden die einzelnen Fähnlein aufgeteilt und Gruppen der SS und dem Volkssturm zugeteilt. Nördlich und östlich der Stadt wurden unsere Gruppen eingesetzt. Die meisten von uns wurden vom Infanteriefeuer getötet, denn wir mußten über freiem Feld angreifen. Später tobte der Kampf in der Stadt. Zwei Tage. In zwei Tagen und zwei Nächten wechselte Oranienburg viermal den Besitzer. Und dabei gingen eben fast alle von uns drauf. Dann schoß der Russe noch mit der Stalinorgel in die Stadt. Und als wir Schluß machen wollten und nach Hause gingen, wurden wir angehalten und mußten mit, nach Eden zu, über den Kanal flüchten. Mein Jungzugführer, der sich weigerte, wurde von ein paar SS-Männern und einem SA-Mann am nächsten Baum aufgehängt. Er war ja auch schon 15 Jahre. Da ging dann der Rest von unserem Fähnlein, acht Mann – früher waren wir 120 – mit. Als dann die Kanalbrücke gesprengt wurde, hatten wir Ruhe. Ich traf noch ein paar Schulfreunde, die mir sagten, daß der Hauptbannführer mit seiner Freundin und dem Stammführer Schiller von der Fliegertechnischen Vorschule schon vor zwei Tagen mit Fahrrädern nach dem Westen abgehauen sind. Ich bin dann nach Velden gelaufen und wollte nach Henningsdorf, wo ich eine Tante habe. Aber unterwegs, kurz vor dem Ort, wurde ich aufgegriffen. Dann kämpfte ich in Reinickendorf. An der Straße nach Spandau. Und dann sind wir zurückgegangen. Heute morgen wurden wir neu gesammelt und sollen hier eingesetzt werden".[105]

Im Bunker der Reichskanzlei brütete Hitler über personalpolitischen Planspielen, stieß die abtrünnig gewordenen Himmler und Göring aus der Partei aus und schloß sein Testament mit einer Kabinettsliste, die nur noch die Namen seiner nationalsozialistischen Getreuen enthielt. Schirach gehörte nicht dazu.

Dieses Buch ist die umgearbeitete Fassung meiner Dissertation. Es entstand dank der steten Hilfe und Förderung meines verehrten Lehrers Professor Dr. Andreas Hillgruber. Bei den Vorarbeiten habe ich einen Freund gefunden: Dr. Lorenz Mikoletzky vom Allgemeinen Verwaltungsarchiv Wien. Besonders danken möchte ich auch Georg Knetsch vom Archiv der ehemaligen Reichsstudentenführung in Würzburg.

Anmerkungen

Verführter Verführer?

[1]) Zit. n. Albert Speer, Spandauer Tagebücher, Frankfurt, M./Berlin/Wien 1975, S. 34.

[2]) Holz an Parteikanzlei, 17.4.1945 IfZ/Fa 91/5.

[3]) Schirachs Versprechen zit. n. Kurt Maßmann, Hitlerjugend – Neue Jugend! Vom Wege der Jugend in die deutsche Zukunft, Berlin 1933, S. 74. „Herr! laß uns . . .“: Vers aus seinem Gedichtband, Die Feier der neuen Front, München o.J. (1929), S. 24: „Es gibt nur eine Sünde allein, alles andere ist: Nicht-besser-wissen. Drum betet, wenn wir beten müssen: Herr! Laß uns niemals feige sein!“

[4]) Vgl. Henriette v. Schirach, Der Preis der Herrlichkeit. Erlebte Zeitgeschichte, München/Berlin 1975 (1. Aufl. Wiesbaden 1956), S. 52ff.

[5]) Vgl. Gustave M. Gilbert, Nürnberger Tagebuch, Frankfurt/M. 1962, S. 29.

[6]) Vgl. Bradley F. Smith, Der Jahrhundert-Prozeß. Die Motive der Richter von Nürnberg – Anatomie einer Urteilsfindung, Frankfurt/M. 1977, S. 32ff.

[7]) Vgl. IMT, Bd. I, S. 359ff.

[8]) Gilbert, Nürnberger Tagebuch, a.a.O., S. 75.

[9]) ebd., S. 107.

[10]) ebd., S. 140.

[11]) ebd., S. 277.

[12]) IMT, Bd. XIV, S. 470.

[13]) ebd., S. 476f.

[14]) Gilbert, S. 346 u. 363.

[15]) Vgl. IMT, Bd. XIV, S. 475.

[16]) IMT, Bd. XXII, S. 447.

[17]) Vgl. Smith, a.a.O., S. 260ff.

[18]) Zitate Smith, S. 259; IMT, Bd. XXII, S. 642.

[19]) Münchener Woche, 19.11.1955.

[20]) Speer, Spandauer Tagebücher, a.a.O., S. 509.

[21]) Vgl. ebd., S. 643.

[22]) Baldur von Schirach, Ich glaubte an Hitler, Hamburg 1967. Die von Schirach autorisierten Erinnerungen beruhen auf Gesprächen zwischen Schirach und dem Stern-Redakteur Jochen von Lang. Die Tonbandabschriften, vier Bände, befinden sich im Institut für Zeitgeschichte in München. Sie werden im folgenden zitiert als Erinnerungen, Bd. Iff.

[23]) Joachim C. Fest, Das Gesicht des Dritten Reiches. Profile einer totalitären Herrschaft, München 1963. Darin: Baldur von Schirach und die „Sendung der jungen Generation“, S. 300–318, S. 309.

[24]) ebd., S. 309f. Ähnlich verharmlosend auch wie folgt: „Immer wirkte er wie ein Student, unfertig im guten wie im schlechten Sinne: idealistisch, lyrisch, studiert". S. 309.

[25]) Smith, S. 264. Vgl. Hannsjoachim W. Koch, Die Geschichte der Hitlerjugend. Ihre Ursprünge und ihre Entwicklung 1922–1945, Percha (Starnberger See) 1975, S. 110.

[26]) Hans-Christian Brandenburg, Die Geschichte der HJ. Wege und Irrwege einer Generation, Köln 1968, S. 63f.

[27]) Vgl. Hellmuth Auerbach, Hitlers politische Lehrjahre und die Münchener Gesellschaft 1919–1923. Versuch einer Bilanz anhand der neueren Forschung, in: VfZG 25 (1977), S. 1–45.

[28]) Anselm Faust, Der Nationalsozialistische Deutsche Studentenbund. Studenten und Nationalsozialismus in der Weimarer Republik, 2 Bde., Düsseldorf 1973, Bd. I, S. 77.

[29]) Karl Dietrich Bracher, Stufen der Machtergreifung (Bracher/Schulz/Sauer, Die nationalsozialistische Machtergreifung. Studien zur Errichtung des totalitären Herrschaftssystems in Deutschland 1933/34), Köln (2. Aufl.) 1962, S. 35 u. 46 (zit. n. Ullstein-Taschenbuch Nr. 29 92).

[30]) Hans Buchheim, SS und Polizei im NS-Staat, Duisdorf b. Bonn 1964, S. 16f.

Hitler in Weimar

[1]) Karl Cerff, Leiter des Kultur- und Rundfunkamtes der Reichsjugendführung, in: Otto Zander (Hrsg.), Weimar. Bekenntnis und Tat. Kulturpolitisches Arbeitslager der Reichsjugendführung 1938, Berlin 1938, S. 11.

[2]) Vgl. Erinnerungen, Bd. II, S. 171. Während des Nürnberger Prozesses hat Schirach betont, daß er Weimar stets als seine „persönliche Heimatstadt" empfunden hat. IMT, Bd. XIV, S. 401.

[3]) Leonhard Schrickel, Geschichte des Weimarer Theaters von seinen Anfängen bis heute, Weimar 1928, S. 256 u. 251. Vgl. Erinnerungen, Bd. I, S. 18.

[4]) Carl v. Schirach an Schriftleiter Christ, 6.5.1943, Archiv des Hessischen Staatstheaters Wiesbaden, Personalakte Carl v. Schirach.

[5]) ebd.

[6]) Zu Kunst und Kultur in Weimar vgl. Ilse-Marie Barth, Literarisches Weimar. Kunst, Literatur, Sozialstruktur im 16. – 20. Jahrhundert, Stuttgart 1971; zu Bartels (1862–1945): Hans von Hülsen, Neid als Gesinnung: Der manische Antisemitismus des Adolf Bartels, in: Karl Schwedhelm (Hrsg.), Propheten des Nationalsozialismus, München 1969, S. 176–188, sowie die Kurzbiographie ebd., S. 311.

[7]) IMT, Bd. XIV, S. 401.

[8]) Vgl. Eingabe der Handels- und Gewerbekammer Sonneberg an die Regierung von Sachsen-Meiningen betreffend die Stellungnahme der Regierung im Bundesrat zu grundlegenden Fragen der Handelspolitik, 20.7.1901, zit. n. Herbert Kuhnert, Quellenheft zur Wirtschaftsgeschichte von Großthüringen, Jena 1921, S. 49–57, S. 49; Johannes Müller, Die thüringische Industrie. Eine wirtschaftliche Darstellung, Jena 1930, S. 172f. und 183f.

[9]) Eduard Scheidemantel, Die Nationalfestspiele des Deutschen Schillerbundes, in: Almanach des Deutschen Nationaltheaters Weimar 1925, Weimar 1925, S. 70.

Bartels hatte 1905 in Weimar eine in den folgenden Jahren wiederholt aufgelegte Denkschrift veröffentlicht: Das Weimarische Hoftheater als Nationalbühne für die deutsche Jugend.

[10]) Carl v. Schirach an Dr. Greiner, 10.2.1941, BDC/Akte Carl v. Schirach.

[11]) Max v. Schirach, Geschichte der Familie von Schirach, Berlin 1939, S. 156. Danach auch die Familiengeschichte. Baldur v. Schirachs Großvater starb 1917. Die Geschichte der Schirachs läßt sich bis ins späte Mittelalter zurückverfolgen. Die Stammväter waren Bauern in Schiedel bei Kamenz. Eine gewisse Bedeutung erlangte Gottlob Benedikt Schirach, der sich als Gelehrter einen Namen machte. Ihm verdankte die Familie auch das Adelsprädikat, das ihm von Maria Theresia für eine Biographie über ihren Vater Karl VI. verliehen wurde.

[12]) Diesen Hinweis gibt Henriette v. Schirach, Der Preis der Herrlichkeit, a.a.O., S. 188. In Frage käme wohl nur der junge, dichtende Graf Kai von Mölln (/C/arl B/ai/ly). Eine der Dichtungen, die Kai verfaßte, war „ein rücksichtslos phantastisches Abenteuer", in dem „alles in einem dunklen Schein erglühte, das unter Metallen und geheimnisvollen Gluten in den tiefsten und heiligsten Werkstätten der Erde und zugleich in denen der menschlichen Seele spielte, und in dem die Urgewalten der Natur und der Seele auf eine sonderbare Art vermischt, gewandt, gewandelt und geläutert wurden, – geschrieben in einer innerlichen, deutsamen, ein wenig überschwenglichen und sehnsüchtigen Sprache von zarter Leidenschaftlichkeit". Thomas Mann, Buddenbrooks, Frankfurt/M. 1960, S. 491.

[13]) Carl v. Schirach war seit dem 14.5.1894 Königlich Preußischer Leutnant. Am 27.1.1904 wurde er zum Oberleutnant befördert. Vgl. Rangliste des Preußischen Heeres, Jg. 1908. Die biographischen Daten zu Baldur v. Schirachs Geschwistern nach Gothaisches Genealogisches Taschenbuch der Briefadeligen Häuser, 1. Jhrg., Gotha 1907 u. 16. Jahrgang (unter d. Titel Gotha Gen. Taschb. der Adeligen Häuser. Alter Adel und Briefadel), Gotha 1922. Vgl. auch Max v. Schirach, Geschichte der Familie von Schirach, a.a.O., S. 174.

[14]) Vgl. Erinnerungen, Bd. I, S. 12, 44, 47, 53.

[15]) Alle Zahlen und Zitate: Carl v. Schirach an Dr. Greiner, („Meine wirtschaftliche Lage"), 10.2.1941, BDC/Akte Carl v. Schirach.

[16]) Vgl. Erinnerungen, Bd. I, S. 12.

[17]) Vgl. IMT, Bd. XIV, S. 402.

[18]) Einen Abriß der Lietzschen Erziehungsgedanken gibt Erich Meissner, Asketische Erziehung. Hermann Lietz und seine Pädagogik, Weinheim 1965. Kritisch Herbert Bauer, Zur Theorie und Praxis der ersten deutschen Landerziehungsheime. Erfahrungen zur Internats- und Ganztagserziehung aus den Hermann-Lietz-Schulen, (Diskussionsbeiträge zu Fragen der Pädagogik, Bd. 28), Berlin (Ost) 1961. Eine Auswahl aus den wichtigsten Schriften von Lietz in: Rudolf Lassahn (Hrsg.), Hermann Lietz, Schulreform durch Neugründung. Ausgewählte Pädagogische Schriften, (Schöninghs Sammlung Pädagogischer Schriften. Quellen zur Historischen, Empirischen und Vergleichenden Erziehungswissenschaft, Bd. 53), Paderborn 1970. Danach auch das Zitat, S. 8ff.

[19]) Vgl. Erinnerungen, Bd. II, S. 47. Daß das Waldpädagogium vornehmlich ein Internat für Kinder aus adligen und großbürgerlichen Häusern war, hat Schirach in seinen Gesprächen mit Jochen v. Lang ausdrücklich bestätigt. „Da war ein kleiner Raum in diesem Haus, der hieß Kükenstall. In diesem Raum wohnte noch ein ganz kleiner Junge namens v. Wolzogen und ein kleiner v. Herff. Und mir wurde gesagt, Du bist nun der Stubenälteste und hast dafür zu sorgen, daß die sich morgens richtig waschen und daß die Ohren sauber sind usw." Ebd., Bd. I, S. 20.

[20]) Vgl. Carl v. Schirach an Dr. Greiner, 10.2.1941, BDC/Akte Carl v. Schirach. Schirach war als einziger Theaterangehöriger entlassen worden.

[21]) Schirach, Ich glaubte an Hitler, a.a.O., S. 15.

[22]) ebd.

[23]) Schirach, Die Feier der neuen Front, München, a.a.O., S. 19. Die Verse stehen am Anfang mehrerer „Gedichte um den Führer".

[24]) Erinnerungen, Bd. I, S. 50.

[25]) Vgl. ebd., S. 44f., 48, 54, 128; IMT, Bd. XIV, S. 404.

[26]) Zu Ziegler und zur Knappenschaft vgl. Hans Severus Ziegler, Wende und Weg, Weimar 1937; Erinnerungen, Bd. I, S. 25, 41f., 49f.; Konrad Studentkowski, Wie die Hitlerjugend ihren Namen erhielt. Weihnachtsgruß an die Thüringer Hitlerjugend-Führer im Felde, o.O., o.J. (Weimar 1941). Dort auch das Zitat, S. 2. Vgl. auch IMT, Bd. XIV, S. 405. Zu den Jugendorganisationen Brandenburg, Die Geschichte der HJ, a.a.O, S. 24 u. 27.

[27]) Zitate: Schirach an Alicke, 16.5.1929, RSF/II A 5; Gilbert, Nürnberger Tagebuch, S. 28. Dort auch: „Ich hatte keinen Grund, antisemitisch zu sein, aber ich bemerkte eine Art heimlichen stillen Vorurteils gegen die Juden ‚in den besten Kreisen'. Das beeindruckte mich jedoch nicht, bis mir jemand das amerikanische Buch The International Jew im geistig labilen Alter von 17 Jahren gab. Sie haben keine Ahnung, welch großen Einfluß dieses Buch auf das Denken der deutschen Jugend, die nicht die Reife hatte, für sich selber zu denken, ausübte. Ungefähr zur selben Zeit geriet ich unter den Einfluß Julius Streichers, der es heraus hatte, Antisemitismus pseudo-wissenschaftlich zu bemänteln". Zu Ford vgl. auch Erinnerungen, Bd. I, S. 204f; IMT, Bd. XIV, S. 407. Doch muß bei der Betonung von Fords Einfluß berücksichtigt werden, daß Schirach damit offenbar den Amerikanern das moralische Recht absprechen wollte, ihm seinen Antisemitismus zum Vorwurf zu machen.

[28]) Aussage Richard Tretner bei der Polizeiinspektion Gera, 2.1.1924, BA/NS26/75.

[29]) Erinnerungen, Bd. I, S. 42.

[30]) Zur Geschichte der NSDAP vgl. Dietrich Orlow, The History of the Nazi Party. 1919–1933, Pittsburgh 1969, S. 51ff. In Thüringen: Donald R. Tracey, The Development of the National Socialist Party in Thuringia, 1924–1930, in: Central European History VIII (1975), S. 23–50. Zu Dinter vgl. ebd., S. 26f.

[31]) Schirach, Ich glaubte, S. 20f. u. 22f.

[32]) Zitate und Gedicht nach Studentkowski, Wie die Hitlerjugend ihren Namen erhielt, a.a.O., S. 2ff.

[33]) Schirach-Zitat nach Baldur von Schirach, Die Hitlerjugend. Idee und Gestalt, Berlin 1934, S. 17. Die Hitler-Zitate nach der 743.–747. Auflage, München 1942, S. 461 u. 317f.

[34]) Vgl. Erinnerungen, Bd. I, S. 45f; IMT, Bd. XIV, S. 408.

[35]) Vgl. Personalbogen Baldur v. Schirach, BDC/Akte Baldur v. Schirach.

[36]) Zitate: Schirach an Schneidhuber, 14.11.1932, RSF/II A 47 b; NSDStB-Rundschreiben Nr. 3, 8.1.1931, RSF/II p 226.

[37]) Vgl. die Personalbögen Carl u. Rosalind v. Schirachs, BDC/Akten Carl u. Rosalind v. Schirach.

[38]) Zur SA vgl. Personalbogen Baldur v. Schirach, BDC/Akte Baldur v. Schirach. Zu Goebbels vgl. Erinnerungen, Bd. I, S. 126.

[39]) Vgl. Brandenburg, S. 22f u. 24f.

[40]) Vgl. ebd.; Gerhard Roßbach, Mein Weg durch die Zeit, Weilburg/Lahn 1950, S. 87f.

[41]) Zitate n. Studentkowski, S. 5. Die Entwicklung ebd., S. 4f.

[42]) Vgl. ebd., S. 5ff; Brandenburg, S. 29.

Auf dem Weg zur Macht

[1]) Zur Immatrikulierung Schirachs vgl. Auskunft des Archivs der Ludwig-Maximilian-Universität an den Vf. Zu den Richtungskämpfen in der NSDAP: Reinhard Kühnl, Die nationalsozialistische Linke 1925–1930, Meisenheim am Glan 1966. Zur Stellung Hitlers: Joseph Nyomarkey, Charisma and Factionalism in the Nazi Party, Minneapolis 1967, S. 27f.

[2]) Vgl. Hans Volz, Daten der Geschichte der NSDAP (10. Aufl.), Berlin 1939, S. 21.

[3]) Vgl. Orlow, The History of the Nazi-Party. 1919–1933, a.a.O., S. 78ff.

[4]) Vgl. dazu Auerbach, Hitlers politische Lehrjahre und die Münchener Gesellschaft 1919–1923, a.a.O.

[5]) Vgl. Erinnerungen Bd. I, S. 4 u. 72.

[6]) Vgl. ebd., S. 2ff.

[7]) Vgl. ebd., S. 48f u. 64f.

[8]) VB, 20.2.1926. Es gab bereits an verschiedenen Universitäten, so in Jena, Leipzig, Erlangen und Heidelberg, nationalsozialistische bzw. völkische Studentengruppen, die sich 1926 zum Teil dem NSDStB anschlossen. Vgl. zur Geschichte des NSDStB vor allem Faust, Der Nationalsozialistische Deutsche Studentenbund, a.a.O., Ursula R. Dibner, The History of the National Socialist German Student League (masch. Diss.), Michigan 1969; Michael H. Kater, Studentenschaft und Rechtsradikalismus in Deutschland. a.a.O.; ders., Der NS-Studentenbund von 1926–1928: Randgruppe zwischen Hitler und Straßer (sic), VfZG 22 (1974), S. 148–190.

[9]) Rundschreiben Tempels an Altakademiker in der NSDAP, 25.6.1926, RSF/II A 7. Keineswegs dagegen machte, wie von Kater unter unzutreffender Quelleninterpretation festgestellt worden ist, der „dringende Appell an alle deutschen gesellschaftlichen Schichten zur Linderung der wirtschaftlichen und sozialen Not unter der Studentenschaft" den „Kern" des NSDStB-Programms aus (Der NS-Studentenbund von 1926 bis 1928, a.a.O., S. 149. Vgl. hier und im folgenden auch die entsprechenden Passagen in ders., Studentenschaft und Rechtsradikalismus, S. 111ff.). Natürlich bezieht sich der Hinweis auf Frontsoldaten und Werkstudenten im oben zitierten Gründungsaufruf auf die Erfahrungen dieser Gruppen aus der Berührung mit Arbeitern. Kater dagegen versteift sich zu dem Ausruf: „Wie viele Studierende waren damals ausgediente Frontsoldaten oder finanzierten ihr Studium durch kräfteverschleißenden Nebenerwerb!" (NS-Studentenbund, S. 149f.). Dabei dürfte jedenfalls die Zahl der studierenden ausgedienten Frontsoldaten mehr als sieben (!) Jahre nach Kriegsende nicht eben groß gewesen sein. Auch sonst zeichnet sich Kater durch teilweise recht großzügigen Umgang mit den Quellen aus. Dazu ist er freilich gezwungen, weil sich zwei seiner grundlegenden Thesen, nämlich, daß der NSDStB aus sozialpolitischen Motiven heraus eine Gründung von bedürftigen Studenten für bedürftige Studenten und eben „Randgruppe zwischen Hitler und Straßer" gewesen sei, durch die Quellen kaum stützen lassen. Die „Sympathien" des NSDStB „mit der notleidenden Studentenschaft" kann Kater nur an „einem quellenmäßig dokumentierten Fall" (ebd., S. 151) belegen, auch wenn er den Eindruck zu erwecken versucht, es habe daneben noch weitere Beispiele gegeben (vgl. ebd.). Ebenso unredlich verfährt Kater in bezug auf seine zweite These. Für Kontakte zwischen Tempel und Strasser kann er nicht eine Quelle beibringen und spekuliert stattdessen mit der, bis heute unerfüllten, Hoffnung auf weitere Quellenfunde. „Zwar wurden für eine besonders enge Anlehnung der NSDStB-Funktionäre an Otto

Strasser bisher (!) keine Beweise in den Quellen gefunden, aber Otto Strasser vermag sich seiner „guten Beziehungen" zu den unmittelbaren Freunden Wilhelm Tempels (!) aus jener Zeit noch heute durchaus zu erinnern (ebd., S. 179f.). Katers Interpretation muß umso mehr verwundern, als das Archiv der ehem. Reichsstudentenführung in Würzburg insgesamt umfangreiches Quellenmaterial enthält. Tempel selbst hat in seinen Erinnerungen ökonomische Motive für die Gründung des NSDStB ebenso wie Verbindungen zu Strasser ausgeschlossen (ders., Vorgeschichte, Gründung und die ersten sechs Semester des Nationalsozialistischen Deutschen Studentenbundes, maschschr. Manuskript, 15.1.1977, im Besitz des Vf.s, S. 7 und S. 24).

[10]) Die Zitate n. Faust, Bd. I, S. 41ff. Zur Entwicklung vgl. ebd., S. 38.

[11]) Vgl. Erinnerungen, Bd. I, S. 65.

[12]) Vgl. Uwe Lohalm, Völkischer Radikalismus. Die Geschichte des Deutschvölkischen Schutz- und Trutzbundes 1919–1923, Hamburg 1970, S. 168f.

[13]) Vgl. Faust, Bd. I, S. 26 u. 37.

[14]) Baldur von Schirach, Wille und Weg des Nationalsozialistischen Deutschen Studentenbundes, München 1929, S. 8.

[15]) Vgl. zu den Auseinandersetzungen: Tempel an NSDAP-Organisationsabteilung, 29.4.1927, RSF/II A 17; NSDAP-Organisationsabteilung an Tempel, 28.6.1927, RSF/II A 10; Bohle an Tempel, 4.7.1927, RSF/II A 10; NSDStB an Bergmann, 3.1.1928, RSF/II A 10.

[16]) „Jeder weiß, daß ich nicht für Hochschulpolitik bin, ich ging an die Hochschulpolitik zwangsweise heran, und ich glaube auch, das notwendige Verständnis für die Hochschulpolitik aufgebracht zu haben". Protokoll der Führerringsitzung vom 29./30.6.1932, RSF/II p 224.

[17]) ebd.

[18]) Zur Organisation vgl. Tätigkeitsbericht Hochschulgruppe München, WS 1927/28, RSF/II A 47 b. Zur Versammlung: VB, 22.11.1927. Zu Darré: Aufzeichnungen von 1945–1948 IfZ/ED 110, Bd. 2, Bl. 392.

[19]) Vgl. Protokoll der Führerringsitzung vom 29./30.6.1932, RFS/II p 224.

[20]) Die Wahlen fanden am 24. November statt. Der NSDStB erhielt 401 von 6.135 Stimmen. 11 Sitze gingen an die Großdeutsche Studentenschaft und 8 an die Katholische Einheitsliste.

[21]) Vgl. Tätigkeitsbericht Hochschulgruppe München, WS 1927/28, RSF/II A 47 b.

[22]) Zitate: Ganzer an Schirach, 17.11.1930, RSF/II A 47 b; Schirach an Lorenz, 22.10.1930, RSF/II A 47 b.

[23]) Schirach an Tempel, 10.1.1928, RSF/II A 10.

[24]) Tempel an Schirach, 11.1.1928, RSF/II A 17.

[25]) Schirach an Tempel, 11.2.1928, RSF/II A 10.

[26]) Vgl. Tempel an Hitler, 20.2.1928, RSF/II A 15.

[27]) Schirach an Tempel, 24.2.1928, RSF/II A 10. Außerdem verweigerte Schirach die Annahme der Bundeszeitschrift Der Junge Revolutionär und war nicht mehr bereit, die Reichsleitung des NSDStB finanziell zu unterstützen. Vgl. Glauning an Rettig, 21.6.1928, RSF/II A 20.

[28]) Tempel an Heß, 1.3.1928, RSF/II A 17.

[29]) Heß an Tempel, 4.3.1928, RSF/II A 17.

[30]) Zitate: Tempel an Knabe, 17.4.1928, RSF/II A 20; Schirach an NSDStB-Reichsleitung, 9.6.1928, RSF/II A 47 b.

[31]) Wahlergebnis: Heß an Hochschulgruppen des Nationalsozialistischen Deutschen Studentenbundes, 11.7.1928, RSF/II A 14 u. BA/Sammlg. Schumacher 279 I. Zitate ebd. u. Schirach an Sunkel, 8.11.1928, RSF/II A 7.

[32]) Kater, NS-Studentenbund, S. 186ff.

[33]) Faust, Bd. I, S. 65 u. 68f.; Brandenburg, S. 47.

[34]) Peter D. Stachura, Die NSDAP und die Reichstagswahlen von 1928, in: VfZG 26 (1978), S. 66–99, S. 95.

[35]) Heß an Hochschulgruppen des Nationalsozialistischen Deutschen Studentenbundes, 11.7.1928, RSF/II A 14.

[36]) ebd.

[37]) Schirach an Sunkel, 8.11.1928, RSF/II A 7. Vgl. auch Erinnerungen, Bd. I, S. 89 u. Schirach, Ich glaubte, S. 60f.

[38]) Zit. n. Maßmann, Hitlerjugend – Neue Jugend!, a.a.O., S. 66f.

[39]) Harry Graf Keßler, Tagebücher 1918–1937, Frankfurt/M. 1961, S. 661f. (25.4.1932).

[40]) Zit. n. Maßmann, S. 66.

[41]) Schirach, Die Feier der neuen Front, S. 7.

[42]) Vgl. Moeller van den Bruck, Heinrich von Gleichen, Max Hildebert Boehm (Hrsg.), Die neue Front, Berlin 1922.

[43]) Schirach, Die Feier der neuen Front, S. 21.

[44]) VB, 7.1.1937.

[45]) Theodor W. Adorno in: Die Musik, Juni 1934. Zit. n. Joachim C. Fest, Hitler. Eine Biographie, Frankfurt/M./Berlin/Wien 1973, S. 582. Zu Tucholsky vgl. Faust, Bd. I, S. 87.

[46]) Henriette v. Schirach, Der Preis der Herrlichkeit, S. 184.

[47]) Baldur v. Schirach, Die Fahne der Verfolgten, Berlin 1931. Offenbar hat Schirach für seine Gedichte gelegentlich Honorare erhalten. (Vgl. der Brief an Dr. Erich Helm, 4.12.1930, RSF/II p 350, in dem er 25 RM für den Abdruck eines Gedichtes verlangt). Doch waren sie für ihn eher eine bescheidene Einnahmequelle (Vgl. Schirach an Dr. Ernst Boepple, 18.10.1930, RSF/II A 47 b). Aufschlußreich der Brief seines Verlegers Dr. Boepple vom 21.10.1930 (ebd.): Danach hat Schirach auf ein Honorar für die „Feier der neuen Front" verzichtet und sich mündlich zur Zahlung eines Druckkostenzuschusses von 300 RM verpflichtet, das Geld jedoch nicht angewiesen. Nach der Fahne der Verfolgten wurde ein weiterer Gedichtband, „Das Kreuz auf Golgatha – Gedichtkreis eines Ketzers", angekündigt. „Dem Band, der Julius Streicher, dem ‚Vorkämpfer deutscher Freiheit' gewidmet ist, steht das Christuswort ‚Das Reich Gottes wird gestürmt, und die Stürmer reißen es an sich' als Leitwort voran", hieß es dazu in der Verlagswerbung. (o.D., BA/NS 26/336). Er wurde jedoch nicht veröffentlicht. Vgl. Erinnerungen, Bd. I, S. 211f.

[48]) Werbetext in: Schirach, Wille und Weg des Nationalsozialistischen Deutschen Studentenbundes, a.a.O., S. 22.

[49]) Zitate: Schirach an Thiele, 21.6.1928, RSF/II A 47 b; NSDStB-Geschäftsführung an Buchhandlung W. Jordan, 11.10.29, RSF/II p 231.

[50]) Schirach, Wille und Weg, S. 17.

[51]) Die Auflagenhöhe nennt Schirach in einem Brief an Dr. Gerhardi, 27.3.1929, RSF/II p 231.

[52]) Schirach, Wille und Weg, S. 17.

[53]) ebd., S. 16.

[54]) Vgl. ebd., S. 8f.

[55]) Schirach an Techow, 13.2.1929, BA/NS 26/354. Die HJ charakterisierte Schirach in einem Brief an Werner Laß vom 5.1.1929 als „schlecht geleitete und mäßig disziplinierte Organisation, die als Mittelding zwischen Wehr- und Jugendbewegung ein kümmerliches Dasein fristet, aber trotzdem Fortschritte macht, weil die ihr zu Grunde liegende Idee gut und richtig ist". BA/NS 26/354.

[56]) Zur Geschichte des Nationalsozialistischen Schülerbundes vgl. Daniel Horn,

The National Socialist Schülerbund and the Hitler Youth, 1929–1933, in: Central European History XI (1978), S. 355–375. Zu Mannheim: Häusler an NSDStB, 15.6.1929, RSF/II A 47 b; zu Leipzig: Knabe an Schirach, 2.6.1929, RSF/II A 20. Zitat: Lüer an Schirach, 2.11.1930, RSF/II p 226, der berichtet, daß es deshalb unmöglich gewesen sei, in Braunschweig und Hannover Schülerbünde zu organisieren.

[57]) Zu Gruber vgl. Brandenburg, S. 37; Koch, S. 111. Zitat: Bestimmungen für die Rundreise des Reichsführers, Sommersemester 1929, RSF/II A 14.

[58]) Hochschulgruppe Hamburg an Reichsleitung NSDStB, 19.6.1929, RSF/II A 5.

[59]) Akademischer Beobachter (7/8), Juli/August 1929.

[60]) Albert Krebs, Tendenzen und Gestalten der NSDAP, Stuttgart 1948, S. 232. Vgl. auch ebd., S. 231: „Schirach sprach mit zielbewußter Rhetorik, anspruchsvoll und stilisiert; doch gedanklich war alles nur halbfertig und füllte den vergoldeten Barockrahmen nicht aus. Er war eben noch zu jung, um das gestellte Thema sachlich und formal ausschöpfen zu können".

[61]) Schirach an Renteln, 23.7.1929, RSF/II A 47 b u. Schirach an Haupt, 23.7.1929, RSF/II p 231. Sein Urteil über Laß hatte Schirach inzwischen geändert, wie ein Brief seines Mitarbeiters Schulze ausweist. „Werner Laß ist der hervorragende Typ einer Art Jugend. Wir haben aber leider zur Zeit 3 Arten. Die Wandervogel-, die Wehr- und die Arbeiterjugend. Alle drei Gruppen zum Nationalsozialismus zu führen, wird die Aufgabe Dr. Haupts sein, von dem wir glauben, daß er seiner Aufgabe gewachsen sein wird". Schulze an Eckhardt, 2.7.1929, RSF/II A 7.

[62]) Die Junge Front (8), August 1929.

[63]) Die Sondertagung der HJ in Nürnberg, o. D. (August 1929), BA/NS 26/336.

[64]) ebd. Auf dem Nürnberger Parteitag betätigte sich Schirach auch noch in anderen Funktionen. Durch seine Vermittlung kamen erstmals offizielle Abgesandte der italienischen Faschisten. Getreu Hitlers Maximen aus Mein Kampf betrachtete er die Italiener als „die zukünftigen Bundesgenossen des kommenden Deutschlands". (Schirach an Alicke, 16.5.1929, RSF/II A 5). Am 6. Mai lud er den Führer der faschistischen Studenten Italiens, Maltini, zum Parteitag ein: „Im Anschluß an den Nürnberger Parteitag könnten wir in einigen Besprechungen Richtlinien für die Zusammenarbeit, d.h. für das gegenseitige Studium unserer Organisationen, Studentenaustausch usw. festlegen". (RSF/II p 350). Im Sommer 1930 reiste Schirach zum Gegenbesuch nach Italien. Außerdem wirkte Schirach als Aufnahmeleiter an der Herstellung des Parteitagsfilms mit. („Ein Film vom kommenden Deutschland. Den Toten der Bewegung in Treue gewidmet", BA/NS 26/12 64).

[65]) Zitate: NSDStB-Rundschreiben Nr. 2, 20.1.1930, RSF/II A 14; Schirach an Ziegenbein, o. D. (November 1929), RSF/II A 7. Grubers Versuch: VB, 4.11.1929.

[66]) Vgl. Schirach an Berns, 5.6.1930, BA/NS 26/354.

[67]) 3. Rundschreiben der NSDStB-Reichsleitung, 17.1.1929, RSF/II A 14.

[68]) VB, 14.2.1930.

[69]) Schirach an Hochschulgruppe Hannover, 1.12.1929, RSF/II A 5. Auch in Bonn führte er den „Mißerfolg vor allem darauf zurück, daß die Propaganda nicht ausreichend war". An von Eltz, 1.3.1930, RSF/II A 2.

[70]) Schirach an Freiherr von Reichenau, 29.10.1930, RSF/II A 40.

[71]) Bohlmann an Schirach, 25.2.1930, RSF/II A 7.Die Versammlung fand am 7. Februar statt. Die Kölner NS-Studenten ließen sich durch das Verbot jedoch keineswegs beeindrucken. „Das eine steht fest, daß wir versuchen, unter irgendeinem ‚neutralen' Firmenschild zusammenbleiben zu können und an der Universität wieder offizielle Anerkennung zu finden. – Das Universitätsverbot wird bei den Mitgliedern nicht ernst genommen, die Stimmung ist glänzend". Bohlmann an Reichsleitung NSDStB, 11.2.1930. RSF/II A 7 Schirach empfahl, sich dem Kampfbund für deutsche

Kultur anzuschließen. Schirach an Bohlmann, 20.2.1930, RSF/II A 7. Bohlmann führte die Gruppe jedoch als „Sektion Universität" der Kölner NSDAP weiter. Sie wurde erst im Wintersemester 1931/32 wieder zugelassen.

[72]) Bericht Stadtsekretär Bachem, 15.2.1930, Universitätsarchiv Köln, Zg. 28/372

[73]) Zitate: Schirach an Bohlmann, 27.2.1930, RSF/II A 7.

[74]) VB, 22.1.1930.

[75]) Zitate: Schirach an Link, 28.11.1929, RSF/II A 10; Schirach an Bünau, 8.10.1930, RSF/II A 1.

[76]) Schirach an Thiele, 16.7.1928, RSF/II A 47 b.

[77]) Zur Forderung nach „Wehrhaftmachung" vgl. Faust, Bd. I, S. 93ff. Zum Numerus-Clausus für die Juden vgl. Schirach, Wille und Weg, S. 13ff. Dort auch das Zitat. Zur Taktik vgl. etwa die Bemerkung, er sei „zu der Ansicht gekommen, daß die Numerus-Clausus-Frage nicht die Bedeutung hat wie etwa die Becker-Angelegenheit". Schirach an Renteln, 26.1.1929, RSF/II A 1.

[78]) Schirach an Thiele, 16.7.1928, RSF/II A 47 b.

[79]) Schirach an Knabe, 6.3.1929, RSF/II A 20.

[80]) Schirach an Schwarting, 26.10.1931, RSF/II p 226.

[81]) Vgl. Faust, Bd. I, S. 87f.

[82]) Zitate: Schirach an Anrich o. D. (Anfang 1930), RSF/II A 2; Schirach an Pfriemer, o. D. (Anfang 1930), RSF/II A 47 b; Schirach an Frauenfeld, 9.3.1931, AVW/NS-Parteistellen, Karton 6.

[83]) Zitate: Schirach an Wedel-Parlow, 7.10.1930, RSF/II A 40; Schirach an Friege, 17.4.1930, RSF/II A 20; Bergemann an Reichsleitung NSDStB, 18.7.1930, BA/NS 22/343. „Dank des feudalen Zuges", der in vielen Hochschulgruppen herrsche, so Bergemann weiter, gehöre nur die Hälfte der nationalsozialistischen Studenten dem NSDStB an, während es der andere Teil ablehne, „Mitglied eines feudalen Klubs mit Reservatrechten und besonderen Satzungen zu sein". Ebd. Vgl. auch Wolfgang Gottwald, Hitlers Einstellung zum Waffenstudententum vor der Machtübernahme, in: Einst und Jetzt, 1974, S. 111–121.

[84]) Zitate: „Adolf Hitler an die deutschen Studenten". Die Bewegung (10), 8.7. 1930; „Über die Entwicklung der NSDAP", 28./29.4. 1930, ZSP/15.01. RMI/26108.

[85]) Die Vorwürfe wurden in einer Denkschrift der Hochschulgruppenführer an die NSDAP-Reichsleitung vom 28.7.1930 niedergelegt. BA/NS 22/343.

[86]) Zitate: Denkschrift Dr. Reinhard Sunkel, o. D., (März 1931), BA/NS 22/343; Schirach an v. Eichborn, 9.10.1930, RSF/II p 228; Schirach an v. Eltz, 1.3.1930, RSF/II A 2.

[87]) Die Vorgänge finden sich in der Denkschrift Sunkels.

[88]) Zitate: ebd.; Die Bewegung (12), 22.7.1930; Schirach an Hochschulgruppe Breslau, 18.7.1930, RSF/II A 2; Schirach an Greuer, 17.7.1930, RSF/II p 350; Vgl. etwa Schirachs Rede während einer Gebietsführertagung in Braunschweig, 13.1.1943, AVW/Reichsstatthalterei/Ordn. 1406. Im Herbst 1930 verfolgte Schirach dann die Taktik, Otto Strasser „durch völliges Übersehen und Verschweigen . . . in der Erinnerung der Parteigenossen absterben zu lassen . . . Mit Presseangriffen macht man Menschen bekannt. Und es liegt in unserem Interesse, die große Zahl der täglich zur Bewegung neu hinzukommenden Mitkämpfer, die ja nichts über die vergangenen Vorfälle wissen, nicht einzuweihen". Schirach an Weiß, 8.10.1930, RSF/II A 2.

[89]) Denkschrift Sunkel.

[90]) Protokoll der 5. Führerringsitzung vom 2.5.1931, RSF/II p 224.

[91]) Zitate: Schirach an Lienau u. Askevold, 15.9.1931, RSF/II p 227; die

folgenden: Schirach-Rede während der Führerringsitzung vom 29./30.6.1932, RSF/II p224.

[92]) Zitate: Schirach an v. Künsberg, 18.8.31, RSF/II A 47 b; Flugblatt: „Baldur von Schirach zu 3 Monaten Gefängnis verurteilt", BA/NS 26/12 64.

[93]) Schirach, dem das Bekanntwerden seines Auftritts offensichtlich sehr peinlich war, beteuerte, es habe sich nicht um eine Reitpeitsche sondern um einen „Dienststock" der Grazer SS gehandelt. Schirach an Lüer, 31.7. 1931, RSF/II p 62. Vgl. auch Lienau an Heß, 15.8.1931, RSF/II p 227.

[94]) „Bedingungen für Schirach-Versammlungen", o. D. (1931), RSF/II p 2[illegible].

[95]) Krüger an Heß, 5.6.1929, RSF/II A 8.

[96]) Krebs, Tendenzen und Gestalten der NSDAP, a.a.O., S. 231.

[97]) Schirach an Lüdtke, 12.7.1930, RSF/II A 6.

[98]) Vgl. Politiken (281), 12.7.1938.

[99]) Der gesamte Vorgang im BDC/Personalakte Baldur v. Schirach. Der Brief und die Ereignisse sind wiedergegeben nach einem Schreiben Donndorfs an Regierungsrat Ortlepp, 26.7.1930, ebd. Vgl. auch Ziegler an Buch, 29.10.1930, ebd.

[100]) ebd.

[101]) Über die Entwicklung der NSDAP, 28./29.4.1930, ZSP/15.01.RMI/26 108. Daß Schirach weiterhin mit Rosenberg zusammenarbeitete, beweist u.a. das Pfingsten 1930 gemeinsam mit dem KfDK veranstaltete Pfingstjugendtreffen in Weimar, an dem sich Artamanen, Adler und Falken, Hitlerjugend und NS-Schülerbund beteiligten. Schirach hielt die Feuerrede. (Vgl. VB, 19.6.1930). Im Juni wandte sich Schirach noch einmal beschwörend an den Geusen-Führer Peter Berns, um doch noch die NS-Jugendfront verwirklichen zu können: „Ich glaube, daß bei nur einigem guten Willen die Jugendbünde in ein gutes Verhältnis zur HJ kommen können. Ich betrachte es auch nach wie vor als meine Aufgabe, Ihnen Mittler zu diesem Ziele zu sein". (Schirach an Berns, 5.6.1930, BA/NS 26/354). Damals begegnete Schirach auch erstmals dem Artamanenführer Richard Walter Darré, einem der Protagonisten des Blut- und Boden-Kults. Darré berichtete nach Kriegsende: „Schirach lernte ich in Saaleck am 10.6.30, beim Geburtstag Schultze-Naumburgs kennen, wohin zu diesem Tage Hitler – Göring – Goebbels – Frau Karin Göring etc. ebenfalls erschienen waren . . . Schirach war damals ein lebendiger, vergnügter und lustiger Geselle, im übrigen typisch jugendbewegt, aber im Rahmen zivilisatorischer Gesellschaftsformen und geistig-kultureller Vertiefung". IfZ/ED 110, Bd. 2, Bl. 391. Darré redigierte später die Sonderseite „Blut und Boden" in der Bewegung und wurde von Schirach besonders als Redner empfohlen. Vgl. Schirach an Hochschulgruppe Danzig, 16.7.1930, RSF/II A 20.

[102]) Zitate: Vortrag Kunze „Über den Stand der nationalsozialistischen Jugendbewegung", o. D. (Oktober 1931), ZSP/15.01 RMI/26 109; Das Reichsbanner (45), 8.11.1930. Zur Entwicklung des NSS vgl. Horn, The National Socialist Schülerbund, a.a.O., S. 363 u. 370f.

[103]) Zur Mitgliederentwicklung der HJ: BA/Sammlg. Schumacher 239; Lagebericht Polizei Nürnberg, 24.10.1931, ZSP/15.01 RMI/26 111.

[104]) Zitate: Der Angriff (62), 23.8.1930; Mitteilungen des Landeskriminalpolizeiamts Berlin 1.5. 1931, ZSP/15.01 RMI/26 111; Das Reichsbanner (45), 8.11. 1930 Gadewoltz: Mitteilungen des Landeskriminalpolizeiamts Berlin, 15.9.1931, ZSP/15.01 RMI/26 111.

[105]) Vgl. Koch S. 120; VB 5.9.1931.

[106]) Zitate: Baldur v. Schirach, Die Hitlerjugend. Idee und Gestalt, a.a.O., S. 23; Bericht der Polizei München über SA-Führerbesprechung vom 15./16.9.1931, 7.10.1931, ZSP/15.01 RMI/26 111. Vgl. auch Peter D. Stachura, Nazi Youth in the Weimar Republic (Studies in Comparative Politics, Bd. 5),

Oxford/Santa Barbara 1975, S. 139–142; ders., The Hitler Youth in Crisis. The Case of Reichsführer Kurt Gruber, Oktober 1931, in: European Studies Review 6 (1976), S. 343–358; Koch, S. 119–122.

[107]) Der Oberste SA-Führer, Verfügung, 30.10.1931, BA/NS 26/364.

[108]) Zitate: Aufzeichnungen des Generals a.D. Wagener, IfZ/ED 60/2, Hft. 13, S. 804; Schirach, Ich glaubte, S. 134; Schirach, Hitlerjugend, S. 27. Zur Auseinandersetzung mit den SA-Führern vgl. Schirach an Schneidhuber, 14.11.1932, RSF/II A 47 b.

[109]) Zitate: Schirach an „Liebe Kameraden", 29.8.1931, RSF/II p 226.

[110]) Schirach an Prof. Reiter, 30.9.1931, RSF/II A 40. Vgl. auch Schirach an Reiter, 31.8.31, ebd: „Augenblicklich aber befindet sich die Reichsleitung in den ernstlichsten Geldverlegenheiten. Die Sorgen, die uns bedrücken, die wir verantwortlich sind für den Bund und seine Schlagkraft, sind derart, daß wir keine ruhige Stunde mehr haben". Vgl. auch Schirach an Lüer, 12.12.1931, RSF/II p 226; Schulze an Lüer, 17.11.1931, RSF/II p 229.

[111]) IfZ/ZS 22 38.

[112]) „JI", BA/NS 26/1264.

[113]) Heinrich Hoffmann, Baldur von Schirach, Hitler in seinen Bergen, Berlin 1935; dies., Hitler, wie ihn keiner kennt, Berlin 1935; dies., Der Triumph des Willens. Kampf und Aufstieg Adolf Hitlers und seiner Bewegung, Berlin 1933; dies., Jugend um Hitler, Berlin 1934; dies., Der Parteitag der Macht, Nürnberg 1934; Baldur von Schirach, Die Pioniere des Dritten Reiches, Essen o. J. (1933).

[114]) IfZ/ED 110, Bd. 2, Bl. 398.

[115]) Zit. n. Baldur v. Schirach (Hrsg.), Blut und Ehre. Lieder der Hitlerjugend, Berlin 1933, S. 67.

[116]) Der Angriff.

[117]) Geleitwort zu Rudolf Ramlow, Herbert Norkus? – Hier! Opfer und Sieg der Hitlerjugend, Stuttgart/Berlin/Leipzig 1933, S. 5.

[118]) Karl Aloys Schenzinger, Hitlerjunge Quex, Berlin 1932.

[119]) Protokoll der Führerringsitzung vom 29./30.6.1932/RSF/II p 224.

[120]) Baldur v. Schirach, Hitlerjugend, die neue Idee in der neuen Gestalt, Wille und Macht (7), April 1933.

[121]) Vgl. Thilo Vogelsang, Reichswehr, Staat und NSDAP. Beiträge zur deutschen Geschichte 1930–1932, Stuttgart 1962, S. 184f. sowie „Kabinettsnotizen zur Frage Wehrhaftmachung der Jugend", 4.3.1931, BA/R 43 II/519.

[122]) ebd.

[123]) Zit. n. Vogelsang, Reichswehr, Staat und NSDAP, a.a.O., S. 182.

[124]) BA/NS 26/339.

[125]) Schirach an die Gebietsführer der Hitlerjugend, 7.10.1932, BA/Sammlg. Schumacher/239.

[126]) Schirach, Die Hitlerjugend, S. 76.

[127]) Schirach an die Gebietsführer der Hitlerjugend, 7.10.1931, BA/Sammlg. Schumacher/239.

[128]) Ostberg an Bouhler, 8.12.1932, RSF/II A 47 b.

[129]) Baldur von Schirach, das Manifest der Jugend. Zum Todestag von Herbert Norkus, München 1933.

Hitlers Jugendführer

[1]) Erste Rundfunkreportage, AVW/Reichsstatthalterei/Ordn. 1394.

[2]) Vgl. etwa Franz Clemens Schiffer u. Veit Ulrich von Beulwitz („Im Auftrag der maßgebenden Jugendverbände") an Hitler, 2.2.1933, BA/R 43 II/523: „Über die Organisation dieser Zusammenarbeit (zwischen Jugendverbänden und Staatsführung, d.Vf.) liegen bis ins Einzelne ausgearbeitete Pläne vor, geschaffen aus tiefer Kenntnis Ihrer Forderungen an das Volk, sowie des Zielstrebens der unter der bisherigen Staatsführung abgesonderten deutschen Jugend".

[3]) Schirach an die Amtsleiter der NSDAP, 28.3.1933, BA/NS 26/339 u. 342.

[4]) Vgl. Michael H. Kater, Die Artamanen – Völkische Jugend in der Weimarer Republik, in: HZ 213 (1971), S. 577–638.

[5]) Reichsminister für die deutsche Jugend, 18.3.1933, BA-MA/RH 1/13. Das Jugendministerium sollte unter einem Staatssekretär in die vier Abteilungen Leibesübungen, Arbeitsdienst, Volksbildung und Soziale Hilfe gegliedert werden. Vgl. Vermerk über die Chefbesprechung unter dem Vorsitz des Herrn Reichskanzlers, 8.4.1933, BA/R 43 II/516.

[6]) „Leitsätze des Großdeutschen Bundes (Bündische Jugend)", 3.4.1933, BA/R 43 II/523.

[7]) DNB, 4.4.1933.

[8]) Schirach, Die Hitlerjugend, S. 35; Der Zwiespruch 15, 1933, S. 78. Schirach erklärte, er habe mit der Besetzung lediglich „einer längst vollzogenen Entwicklung den letzten sichtbaren Ausdruck" gegeben. Denn: „In ganz Deutschland hatte die Hitlerjugend die politische Führung der Jugendlichen bereits im Besitz. So war die Übernahme der Gesamtführung, zu der ich mich am 5. April entschloß, eigentlich nur eine Formalität, eine Bestätigung der ungeheuren Arbeit, die meine selbstlosen und tapferen Kameraden in jahrelangem, ununterbrochenen Schaffen geleistet haben". Das Junge Deutschland Folge (5), Mai 1933.

[9]) Faulhaber an Hitler, 24.4.1933, BA/R 43 II/954. Vgl. auch das Schreiben des Erzbischofs von Magdeburg und Vorsitzenden der Fuldaer Bischofskonferenzen, Kardinal Adolf Bertram, an Hitler: „Die Wirksamkeit solcher katholischer Vereine ist in Deutschland um so notwendiger, je größer bei der Mischung der Konfessionen die Gefahr der religiösen Unsicherheit und des Indifferentismus ist ... Gerade im Lichte religiöser Klarheit, Schulung und Betätigung haben diese Vereine im Kampfe gegen den Marxismus die Feuerprobe bestanden, haben auch gern sich bereit gefunden, den von staatlicher Seite ergehenden Anregungen, so noch jüngst dem Aufrufe zu Geländesport und Wehrertüchtigung Folge zu leisten. Es darf bei aller Vermeidung von Selbstüberhebung doch als ein Charakteristikum des deutschen Katholizismus angesprochen werden, daß er offenes Auge für alle Aufgaben der Gegenwart hat und so zu echter lebendiger Volksverbundenheit gelangt".Ebd., 16.4.1933.

[10]) Baldur v. Schirach, Hitlerjugend, die neue Idee in der neuen Gestalt, a.a.O.

[11]) „Fest der Jugend", 7.6. 1933, ZSP/49.01 RME/6992.

[12]) Trotha an Hindenburg, 23.6.1933, BA/NS 26/334. Schirach beauftragte wiederum Nabersberg mit der Besetzung der Geschäftsräume des Bundes. Vgl. „Anordnung", 17.6.1933, ebd.

[13]) Meldung an Wehrkreiskommando IV, 21.6.1933, BA-MA/RW6/66.

[14]) „Zwischenfälle", o. D. (23.6.1933), BA/NS 26/334.

[15]) Hindenburg an Hitler, 12.7.1933, BA/NS 26/334.

[16]) Hitler an Hindenburg, 15.7.1933, BA/NS 26/334.

[17]) Frick an Schirach, 29.6.1933, BA/R 43 II/516. Schirach konnte sich wiederum auf Hitler stützen, der die Auflösung auch „aller sonstigen Jugendbünde“, soweit sie „zwecks Zusammenfassung in der Hitlerjugend erforderlich“ sei, billigte. Vermerk, 23.6.1933, BA/R 43 II/516.

[18]) Richtlinien des Reichsministers des Innern für den Jugendführer des Deutschen Reiches, 8.7.1933, BA/R 43 II/516.

[19]) Rede am 25.11.1933, BA/NS 26/336.

[20]) ebd.

[21]) Hackländer an Olden, 8.11. 1933. BA/NS 22/342.

[22]) Klara Brauer an „Liebe Parteigenossin“, 16.3.1934, BA/NS 22/342.

[23]) Abkommen über die Eingliederung der evangelischen Jugend in die Hitlerjugend, 19.12.1933, abgedruckt in: Georg Kretschmar (Hrsg.), Dokumente zur Kirchenpolitik des Dritten Reiches. Bd. I. Das Jahr 1933, München 1971, S. 183f.

[24]) Müller an Hitler, 19.12.1933, BA/NS 26/333.

[25]) Mitteilungen des Staatspolizeiamtes Berlin, Nr. 4, 10.3.1934, ZSP/15.01. RMI/26 112.

[26]) Zitate: Reichsjugendpressedienst, Nr. 8, 9.3.1934, Nr. 7, 8.3.1934; Nr. 1, 1.3.1934.

[27]) Mitteilungen des Staatspolizeiamtes Berlin, Nr. 4, 10.3.1934, ZSP/15.01. RMI/26 112.

[28]) So kam es z.B. bald zu Reibereien zwischen Schirach und Tschammer von Osten, so daß sich Frick zu dem Hinweis auf die von ihm ausgegebenen Richtlinien veranlaßt sah, daß „die Selbständigkeit der einzelnen Jugendverbände nicht angetastet werden darf. Dies gilt auch für die Jugendgruppen usw. der Sportverbände, die dem von mir ernannten Reichssportführer unterstehen und auch im Führerrat des Reichsjugendführers als Sportgruppe vertreten sind.“ ZSP /49.01 RME/6992.

[29]) Rundschreiben, 27.6.1934, BA/NS 26/333. Zu den Gerüchten vgl. Pester Lloyd, 23.8. und 24.8.1934; Der Deutsche, 28.8.1934. Nach einem Bericht der Berliner Börsenzeitung (7.8.1934) waren die „Lügenmeldungen“ Anlaß für zahlreiche Festnahmen.

[30]) Rundschreiben NSDStB-Reichsleitung, 6.5.1931, RSF/II p 227.

[31]) Vgl. dazu etwa die Korrespondenz in RSF/II A 1/7/9/10/14/20.

[32]) Schirach an Hochschulgruppe Mannheim, 5.1.1929, RSF/II A 9.

[33]) Schirach an Lüer, 16.4.1931, RSF/II p 229 I.

[34]) Rede vor den Hauptabteilungsleitern III der Obergaue und Gebiete, 26.10.1939, AVW/Reichsstatthalterei/ Ordn. 1398.

[35]) Protokoll der Führerringsitzung vom 29./30.6.1932, RSF/II p 224.

[36]) Rede zur Eröffnung des ersten Lehrgangs der Akademie für Jugendführung, 20.4.1939, AVW/Reichsstatthalterei/ Ordn. 1398.

[37]) Schirach an Lüer, 16.4.1931, RSF/II p 229 I; Schirach an Schneidhuber, 14.11.1932, RSF/II A 47 b.

[38]) Zur Frage der Verlegung der RJF nach München vgl. Schwarz an Bormann, 22.8. 1938 u. 28.10 1938, ZSP/39.01 NSDAP/2267; vgl. auch ebd. Schirach an Lammers, 6.8. 1938. Zu Schirachs Bemühungen 1940 vgl. Vermerk, 5.10. 1940, BA/R 43 II/515.

[39]) Zitat: Schirach an Strasser, 5.7.1932, BA/NS 26/334; NSBO: Schirach an Schwarz, 9.11.1932, BA/NS 26/334; Frauenschaft: Strasser an Schirach, 16.11.1932, BA/NS 26/334; vgl. auch die Korrespondenz in BA/NS 22/342.

[40]) Vgl. Günter Kaufmann, Das kommende Deutschland. Die Erziehung der Jugend im Reich Adolf Hitlers, Berlin 1940, S. 45.

[41]) Stang an Kanzlei des Stellvertreters des Führers, 9.10.1935, BA/NS 8/253; Rosenberg an Schirach, 13.5.1936, BA/NS 8/212.

[42]) Oberpräsident der Provinz Sachsen an Rust, 25.9.1940, BA/R 43 II/943 b.

[43]) Vermerk, 16.3. 1934, ZSP/49.01 RME/6992.

[44]) Vermerk, 28.3. 1934, ZSP/49.01 RME/6992.

[45]) Paragraph 6 der Ausführungsbestimmungen.

[46]) Deutschland-Berichte der SPD (Sopade), (1934), Frankfurt 1979, S. 560f.

[47]) ebd., S. 614; Berliner Lokalanzeiger, 19.9.1935.

[48]) Wesen und Aufbau der Hitlerjugend (Rede), 2.5.1935, AVW/Reichsstatthalter/ Ordn. 1394.

[49]) Gebiet 9 Westfalen, o. D. (Sommer 1935), BA-MA/ RH54/316.

[50]) Kulturamt der RJF, (Hrsg.), Freude, Zucht, Glaube. Handbuch für die kulturelle Arbeit im Lager, Potsdam 1937, S. 178.

[51]) Vgl. Kaufmann, Das kommende Deutschland, a.a.O., S. 100 u. 191; ders., Der Reichsberufswettkampf. Die berufliche Aufrüstung der deutschen Jugend (Schriften der deutschen Hochschule für Politik), Berlin 1935. Der RBWK wurde von Schirachs späterem Nachfolger Artur Axmann organisiert.

[52]) Heß-Anweisung, 24.8.1935, BA/NS 22/856; Reg. Präs. Düsseldorf – Anordnung, 26.8. 1935, ZSP/49.01 RME/6992.

[53]) Vgl. Uwe Dietrich Adam, Judenpolitik im Dritten Reich, Düsseldorf 1972, S. 128 u. 312.

[54]) Deutschlandberichte der SPD (1934), a.a.O., S. 553f.

[55]) ebd., S. 555.

[56]) Mitteilungen des Staatspolizeiamtes Berlin, Nr. 4, 10.3. 1934, ZSP/15.01 RMI/26 112.

[57]) Schirach-Anordnung, 16.7.1935, BA/NS 26/338.

[58]) Vortrag Berger, 12.9.1935, BA/NS 26/395.

[59]) Lauterbacher wurde am 24.5.1909 in Reutte, Tirol, geboren. NSDAP-Mitglied seit 1927. Kam 1936 in den Reichstag. Vgl. VB, 11.12.1940.

[60]) Der Waldenburger Pfarrer Weichenheim wurde in Schutzhaft genommen, weil er verbreitet hatte, Schirach sei Jude und heiße Baruch Meyer (Deutsche Zeitung, 19.1.1934). Ein anderes Gerücht besagte, Schirach heiße Schmitt, seine Mutter sei Jüdin, (ebd., 9.4.1934).

[61]) Langer an Schmidt, 2.7.1935, BA/NS 22/656.

[62]) Bericht über die Geldverwaltertagung der Hitlerjugend, 12.9.1935, BA/NS 26/395.

[63]) Vgl. Fehlvermerk in BA/NS 26/395.

[64]) Bericht über die Geldverwaltertagung der Hitlerjugend, 12.9.1935, BA/NS 26/395.

[65]) Schirach an Lammers, 12.10.1935, BA/R 43 II/525.

[66]) Stellrecht war nach eigenen Angaben seit 1921 „in der völkischen Bewegung“ aktiv. NSDAP-Mitglied seit dem 1.3.1931. Im November 1940 verließ er die RJF und übernahm bei Rosenberg das Amt „Schulung und Erziehung“. Vgl. BDC/Akte Stellrecht.

[67]) Plan für den Aufbau der Reichsjugend, o. D. (März 1936), BA/R 43 II/525.

[68]) Rust an Lammers, 18.4.1936, BA/R 43 II/525.

[69]) Schirach an Lammers, 23.4.1936, BA/R 43 II/525.

[70]) Kunisch an Heß, 21.1.1936, RSF/I OZG 6; hier auch die vorigen Beispiele.

[71]) Heering an Rust, 10.2. 1936, ZSP/49.01 RME/6992.

[72]) Schirach an Lammers, 12.11.1936, BA/R 43 II/525.

[73]) Goebbels-Tagebücher (BA), 2.12.1936; vgl. auch ebd., 3. u. 4.12.1936. („Jugendgesetz erregt noch immer die Gemüter“).

[74]) Schirach an Lammers, 12.11.1936, BA/R 43 II/525.

[75]) Vgl. Stellenplan, 6.2.1937, BA/R 43 II/516.

[76]) Veröffentlicht im Reichsgesetzblatt 1939, S. 1215.

[77]) Statistik für den Reg.-Bezirk Aachen, 1.7.1937, ZSP/49.01 RME/6992.

[78]) An deutsche Eltern, 1. 12. 1936, in: Baldur von Schirach, Revolution der Erziehung. Reden aus den Jahren des Aufbaus, München 1938, S. 53–64. Für Rust entfiel jetzt auch die Aufgabe, die „noch nicht von der HJ erfaßte Jugend außerhalb der Schule nationalsozialistisch zu erziehen und sie der HJ zuzuführen". Rust an Lammers, 15.3. 1937, ZSP/49.01 RME/11845.

[79]) VB, 17. 1. 1937. Schirach hatte kurz zuvor einen Streit zwischen Rosenberg und Ley geschlichtet und die Gunst der Stunde genutzt, um mit Ley Verhandlungen über die Schulgründung aufzunehmen. Vgl. Erinnerungen, Bd. III, S. 231ff.

[80]) Erklärung, 17. 1. 1937, BA/R 43 II/ 956 a.

[81]) Rust an Ley, 21. 1. 1937, BA/R 43 II/ 956 a; Ley an Rust, o.D. (Januar 1937), zit. n. Hans-Jochen Gamm, Führung und Verführung, München 1964, Dok. 21.

[82]) Glauning an Lammers, 2.10. 1937, ZSP/49.01 RME/11845.

[83]) Vgl. ebd.

[84]) Goebbels-Tagebücher (BA), 14. 2. 1937.

[85]) a.a.O.

[86]) Zit. n. Rudolf Lassahn, Hermann Lietz, a.a.O., S. 20f.

[87]) Baldur von Schirach, Goethe an uns. Ewige Gedanken eines großen Deutschen, Berlin 1944, S. 5f. Auch abgedruckt in ders., Revolution der Erziehung, S. 169–180, a.a.O., unter d. Titel „Goethe in unserer Zeit".

[88]) Rede in Weimar, 24. 5. 1938, AVW/Reichsstatthalterei/Ordn. 1398.

[89]) Baldur von Schirach, Goethe an uns, a.a.O., S. 9.

[90]) a.a.O.

[91]) „An die Eltern unserer Kinder!" 9. 7. 1932, BA/R43 II/943.

[92]) Schirach, Ich glaubte, S. 119.

[93]) Rede vor den Stellenleiterinnen für Leibeserziehung, 21. 4. 1939, AVW/ Reichsstatthalterei/Ordn. 1398.

[95]) VB, 20. 12. 1943.

[96]) Müller an Thomas, 17. 3. 1941, AVW/Reichsstatthalterei/Ordn. 72; Aktennotiz für Oberbannführer Memminger, 1. 12. 1941, AVW/Reichsstatthalterei/ Ordn. 87G.

[97]) Zitate: Rede bei Gebietsführertagung in Braunschweig, 13. 1. 1943, AVW/ Reichsstatthalterei/Ordn. 1404.

[98]) Hitler, Mein Kampf, a.a.O., S. 452.

[99]) Baldur von Schirach, Goethe an uns, S. 7; Hans-Helmut Dietze, Die Rechtsgestalt der Hitlerjugend. Eine verfassungsrechtliche Studie, Berlin 1939, S. 88.

[100]) Zu BDM-Führerinnen, 12.5.1942, AVW/Reichsstatthalterei/Ordn. 1406.

[101]) In: Otto Zander, Weimar. Bekenntnis und Tat, a.a.O., S. 101.

[102]) Zu den Musikschulen vgl. Fred K. Prieberg, Musik im NS-Staat, Frankfurt/M. 1982, S. 251. Danach auch das Rust-Zitat. Die Schirach-Rede in Weimarer Nachrichten, 30.6.1939. Vgl. dazu auch den Vorgang in BA/R 43 II/1238 c. Die anderen Schirach-Zitate: Rede im Gewandhaus zu Leipzig, 12.2.1939, AVW/ Reichsstatthalterei/Ordn. 1396.

[103]) Zitate: Rundfunkgespräch zwischen Schirach und Rainer Schlösser, o.D., AVW/Reichsstatthalterei/Ordn. 1394. Vom musischen Menschen, in: Revolution der Erziehung, S. 181–197, S. 187. Rede zur Feier des 250jährigen Bestehens der Wiener Akademie der Bildenden Künste, 24.10.1942, Wien 1942, S. 6f. Zu dem Konflikt mit Hoffmann vgl. Günter Kaufmann, Nachruf auf Baldur von Schirach. Manuskript im Besitz des Vf.s.

[104]) Zitate: Vom musischen Menschen, a.a.O., S. 186; Befehl, 20.10.1939, AVW/Reichsstatthalterei/Ordn. 1397; o.D., ebd; Goethe an uns, a.a.O., S. 11. Zur Heimbeschaffung vgl. die Vorgänge in BA/R43II/522a; zum Bau von Schwimmbädern vgl. ebd.

[105]) Der Oberbefehlshaber des Heeres, 26. 4. 1937, BA-MA/RH 37/1379.

[106]) Erfahrungsbericht General-Kommando XII. Armeekorps, 22. 11. 1937 (Abschrift 8. 6. 1938), BA-MA /RH 36/2375.

[107]) Zit. n. David Irving, Rommel. Eine Biographie, Hamburg 1978, S. 46.

[108]) Vgl. Koch, Hitlerjugend, S. 345f.

[109]) Himmler an Lammers, 31. 1.1938, BA/R 43 II/520 b; Hühnlein an Lammers, 2. 2. 1938, BA/R 43 II/520 b.

[110]) Rede vor BDM-Führerinnen, 12. 5. 1942, AVW/Reichsstatthalterei/Ordn. 1406.

[111]) Vgl. ebd. sowie Rede vor den Stellenleiterinnen für Leibeserziehung, 21. 4. 1939, AVW/Reichsstatthalterei/Ordn. 1398.

[112]) Rede vor BDM-Führerinnen, 12.5.1942, a.a.O.

[113]) Zit. n. Baldur von Schirach, Goethe an uns, S. 7.

[114]) Rede vor BDM-Führerinnen, 12.5.1942, a.a.O.

[115]) Zitate: Rede bei Gebietsführertagung Braunschweig, 13.1.1943, AVW/Reichsstatthalterei/Ordn. 1394. Rede am Grab von Herbert Norkus, 1.1.1935, AVW/Reichsstatthalterei/Ordn. 1394. Rede zur Tagung des Arbeitsausschusses für HJ-Heimbeschaffung, o.D., AVW/Reichsstatthalterei/Ordn. 1396. Vom musischen Menschen, S. 184f. Gilbert, S. 344.

[116]) Himmlers Kritik: „Notiz für den Stabsleiter“, 16.12.1938, IfZ/Fa 91/3. Heß: „Notiz für den Stabsleiter“, 15.12.1938, IfZ/Fa 91/3. „Stimmungsbericht Nr. 6“, 11.6.1936, BA/NS1/277.

[117]) ebd.

[118]) Vgl. S. 176.

[119]) Rede in Stuttgart, 1. 9. 1937, AVW/Reichsstatthalterei/Ordn. 1394.

[120]) ebd.

[121]) „Kulturschande“: IMT, Bd. XIV, S. 466. Zu den Gedichten vgl. Andermann an Müller, 12.1.1943: „Ich bestätige der Ordnung halber unser Ferngespräch vom Sonnabend. Der Reichsleiter wünscht demnach keinen Neudruck seines Gedichtbandes ‚Die Fahne der Verfolgten‘. Insbesondere soll die von mir geplante und von der zuständigen Stelle bereits genehmigte Verlagerungsauflage nicht gedruckt werden. . . Von der Luxusausgabe, die das 100. Tausend umfassen soll, lasse ich, da der Reichsleiter auch darauf keinen allzu großen Wert mehr legt, jetzt nur 500 Exemplare drucken, von denen ich dann 400 dem Reichsleiter kostenlos zur Verfügung stelle“. AVW/Reichsstatthalterei/o.S. Hinter Schirachs Abneigung mochte auch schon die allmähliche Verschlechterung seiner Beziehung zu Hitler stehen.

[122]) Notiz für den Stabsleiter, 21. 9. 1938, IfZ/Fa 91/3.

[123]) Ley-Rundschreiben (Nr. 1/39), 4. 5. 1939, AVW/Reichsstatthalterei/Ordn. 1408.

[124]) Vgl. dazu den Schriftwechsel mit Schirach in BA/NS 8/212.

[125]) Immich an Wienstein, 19. 2. 1937, BA/R 43 II/515 a.

[126]) Schirach an Lammers, 16. 6. 1938, BA/R 43 II/512.

[127]) Wagner an Bormann, 16. 8. 1938 /BA/NS 26/324.

[128]) ebd.

[129]) „Um die Einheit der Erziehung“, 24. 5. 1938, in: Baldur von Schirach, Revolution der Erziehung, S. 104–125, S. 118.

[130]) Vgl. Kaufmann an Rosenberg, 13. 2. 1939, BA/NS 8/212.

[131]) Vermerk Kaufmann, AVW/Reichsstatthalterei/Ordn. 84 (Presse).

[132]) Rosenberg an Schirach, 3. 11. 1938, BA/NS 8/212.
[133]) Vgl. Schirach an Rosenberg, 28. 10. 1938, BA/NS 8/212.
[134]) Schirach an Rosenberg, 18. 11. 1938, BA/NS 8/212.
[135]) Günter Kaufmann, Die Schule von morgen!, in: Wille und Macht 24 (1938), S. 1–14.
[136]) Stricker an Dr. Holfelder, 19.1.1939, IfZ/MA 205.
[137]) Baeumler an Baur, 27.1.1939, IfZ/MA 205.
[138]) Schirach an Rosenberg, 30.12.1938, IfZ/MA 544.
[139]) Amann an Schirach, 31.12.1938, IfZ/MA 544.
[140]) Rosenberg an Heß, 3.1.1939, IfZ/MA 544.
[141]) ebd.
[142]) Schirach an Rosenberg, 18.1.1939, BA/NS 8/212; Rosenberg an Schirach, 4.11. 1939, BA NS 8/212.
[143]) Oberpräsident der Provinz Sachsen an Rust, 25.9. 1940, BA/R 43 II/943 b.
[144]) Schirach an Heß, 4.4.1939, BA/NS 6/322.
[145]) Vor- und nachmilitärische Erziehung, DNB, 21.1. 1939.
[146]) ebd.
[147]) Vereinbarung zwischen dem Oberkommando der Wehrmacht und der Reichsjugendführung über die Ausbildung der gesamten Führerschaft auf allen Gebieten der Wehrmachtertüchtigung in besonderen Schulungslehrgängen, 20.1. 1939, BA-MA/RH 37/1351.
[148]) Schirach an Lammers, 28.1.1939, BA/R 43 II/526.
[149]) Vgl. dazu die Vorgänge in BA/R 43 II/525 a; BA/R 43 II/518; ZSP/49.01 RME/11 845.
[150]) Presseerklärung. 5.4. 1939. AVW/Reichsstatthalterei/Ordn. 1396.
[151]) Rede zur Eröffnung des I. Lehrgangs der Akademie für Jugendführung, 20.4. 1939, AVW/Reichsstatthalterei/Ordn. 1398.
[152]) ebd.
[153]) ebd.
[154]) Geheimes Rundschreiben Nr. 11/39 g, 13.7. 1939, BA/NS 28/31; Geheimes Rundschreiben Nr. 16/39 g, 4.8. 1939, BA/NS 28/31.
[155]) Rede vor Hauptabteilungsleitern III der Gebiete und Obergaue, 21.10. 1939, AVW/Reichsstatthalterei/Ordn. 1398.
[156]) Lauterbaucher an Rust, 22.6. 1939, BA/R 43 II/522 b.
[157]) So Helmut Stellrecht. Vgl. auch „Aufzeichnung über die Stabssitzung der Landesgruppe Rom unter der Anwesenheit des Reichsleiters Baldur v. Schirach", 11.2. 1942, IfZ/Fa 91/3. Dort erklärte Schirach, daß der „Krieg noch lange dauern werde, wie er das bereits zu Ausbruch des Krieges schriftlich niedergelegt habe".
[158]) Vgl. Kaufmann, Das kommende Deutschland, S. 237.
[159]) Geheimes Rundschreiben Nr. 21/39 g, 31.8. 1939, BA/NS 28/31.
[160]) Schirach-Aufruf: Berliner Lokal-Anzeiger, 6.9. 1939. Zahlen: ebd., 7.5. 1940.
[161]) Vermerk, 23.9. 1939, BA/R 43 II/945 a.
[162]) Winkler an Wächtler, 14.9.1939, BA/R 43 II/945 a.
[163]) Geheimes Rundschreiben Nr. 19/39 g, BA/NS 28/31.
[164]) Vermerk, 28.9. 1939, BA/R 43 II/945 a.
[165]) Stellv. Generalkommando IV. A.K., 21.1. 1940, BA–MA/RH 34/54.
[166]) Vermerk Staatsanwaltschaft München, 7.12. 1939, BA/R 22/1189.
[167]) Protokoll der Sitzung des Reichsverteidigungsrats, 22.12.1939, BA/R 22/1189.
[168]) ebd.
[169]) Weltanschauliche Betreuung der Hitlerjugend, 16.2. 1940, BA/NS 22/856; BA/NS 8/212.
[170]) ebd.

[171]) Lauterbacher an Rosenberg, 17.4. 1940, BA/NS 8/212.

[172]) Anordnung – A 30/40 –, 12.3. 1940, BA/NS 22/856.

[173]) Rede vor den stellv. Gauleitern, 5.3.1940, IfZ/91/3.

[174]) Schirach an Hitler, 5.4. 1940, BA/R 43 II/515.

[175]) VB, 10.8. 1940.

[176]) Garski an Regiment, 12.9.1940, IfZ/MA 261/9357. Garski mußte sich bei seinem Regimentskommandeur rechtfertigen, weil er nach einem Bericht im Elsässer Kurier (8.9. 1940) zum Ausdruck gebracht hatte, wie „stolz das Heer und das Regiment seien, Baldur von Schirach in ihren Reihen zu wissen. Er sei allen seinen Kameraden in der Mannschaft beispielgebend im Einsatz für Führer und Volk vorangegangen und habe auch später als Leutnant im Regiment ‚Großdeutschland' immer in der vordersten Linie des Kampfes für die Freiheit unserer Nation gestanden". Garski hatte jedoch, wie er mitteilte, lediglich gesagt, daß Schirach „von uns nichts geschenkt" worden sei und ihm „aus seiner politischen Stellung keinerlei Vorteile erwachsen" seien. IfZ/MA 261/9357.

[177]) Hitler an Schirach, 10.8. 1940, zit. n. Kaufmann, Das kommende Deutschland, S. 264; Vermerk, 12.9. 1940, BA/R 43 II/515.

[178]) Entwurf Schirachs für die Ernennungsurkunde zum Reichsstatthalter und Gauleiter in Wien, o.D. (Juli 1940), BA/R 43 II/515. Mit handschriftlichem Vermerk von Lammers: „Dem Führer nicht gefallen." Daß sich Schirach keineswegs mit der Aufsicht über die HJ begnügen wollte, geht aus den Formulierungen seines Pressereferenten Kaufmann in ‚Das kommende Deutschland' hervor. Danach hatte Schirach angeblich „Partei und Staat gegenüber eine gewisse Gesamtverantwortung" übernommen (S. 269) und war „für die Zielsetzung in den grundlegenden Fragen der Erziehung" verantwortlich (S. 262).

Götterdämmerung in Wien

[1]) Henriette v. Schirach, Der Preis der Herrlichkeit, S. 198.

[2]) Rede zum Antritt in Wien, 10. 8. 1940, AVW/Reichsstatthalterei/Ordn. 1404. Interview mit Karl Kowarik.

[3]) Vgl. hier und im folgenden Gerhard Botz, Die Eingliederung Österreichs in das Deutsche Reich. Planung und Verwirklichung des politisch-administrativen Anschlusses (1938–1940), (2. Aufl.), Wien 1976; ders., Wien vom „Anschluß" zum Krieg. Nationalsozialistische Machtübernahme und politisch-soziale Umgestaltung am Beispiel der Stadt Wien 1938/39, Wien/München 1978.

[4]) ebd., S. 327.

[5]) Zit. n. R. Stadler, Provinzstadt im Dritten Reich, in: ebd. S. 13–27, S. 18.

[6]) Hitler, Mein Kampf, S. 20.

[7]) ebd., S. 18.

[8]) ebd., S. 23 u. 59.

[9]) Vgl. IfZ/ZS 424/Bl. 14, IMT, Bd. XIV, S. 448. In seinen Memoiren verschweigt Schirach den dritten Auftrag. Vgl. Ich glaubte, S. 264f.

[10]) „Landverschickung schulpflichtiger Jugendlicher aus luftgefährdeten Gebieten", o.D., AVW/Reichsstatthalterei Ordn. o.S. (Presse).

[11]) Rundschreiben 174/40, 24. 9. 1940, DÖW/1456.

[12]) Vermerk Bormann, 2. 10. 1940, Zit. n. IMT, Bd. XXXIX, S. 425f.

[13]) Bericht des Dr. Löwenherz, Wien, IfZ/G-01.

[14]) Lammers an Schirach, 3.12. 1940, abgedr. in: IMT, Bd. XXXIX, S. 176.

[15]) Vermerk Müller, 1. 12. 1940, AVW/Reichsstatthalterei/Ordn. 79.

[16]) Bericht des Dr. Löwenherz, Wien, IfZ/G-01.

[17]) Aktennotiz Löwenherz, 2. 2. 1941, DÖW/2562.

[18]) Vermerk Scharizer, 12. 2. 1941, DÖW/1456.

[19]) Scharizer an Kaltenbrunner, 20. 3. 1941, DÖW/1456.

[20]) Vgl. dazu die Vorgänge in AVW/Reichsstatthalterei/Org. 569/208 I.

[21]) Walter Thomas hat nach dem Krieg seine Erinnerungen in verschlüsselter Form unter dem Pseudonym Walter Thomas Andermann veröffentlicht: Bis der Vorhang fiel, Dortmund 1947.

[22]) Das Wiener Kulturprogramm. Rede des Reichsleiters Baldur von Schirach im Wiener Burgtheater am Sonntag, 6. April 1941. Hrsg. v. Gaupropagandaamt Wien der NSDAP 1941, S. 10. Die folgenden Zitate ebd., S. 17 u. 24.

[23]) Rede zur Amtseinführung von Heinrich K. Strohm, 18. 9. 1940, AVW/Reichsstatthalterei/Ordn. 84 (Presse).

[24]) Deutschlanddienst, – A – Berlin, 23. 10. 1941, Kulturbericht aus Wien.

[25]) Vgl. VB (Wiener Ausgabe).

[26]) Goebbels-Tagebücher (BA), 27. 9., 6. 10. u. 27. 10. 1940.

[27]) Goebbels-Tagebücher (BA), 20.1. u. 22.2. 1941.

[28]) Deutschlanddienst, – A – Berlin, 23. 10. 1941, Kulturbericht aus Wien.

[29]) Vgl. ebd. sowie Prieberg, Musik im NS-Staat, a.a.O., S. 332f.

[30]) Das Wiener Kulturprogramm, a.a.O., S. 3ff.

[31]) Vgl. Nicolaus von Below, Als Hitlers Adjutant 1937–1945, Mainz 1980, S. 65 u. 263.

[32]) Vgl. Erinnerungen, Bd. II, S. 468.

[33]) Schirach an Lammers, 25. 6. 1941, AVW/Reichsstatthalterei/Org. 569/208 II.

[34]) Schirach an Bormann, 15. 8. 1941, abgedruckt in IMT, Bd. XXXIX, S. 552ff.

[35]) Vgl. ebd.

[36]) Am 7. 12. 1941, Ergänzungsamt der Waffen-SS, Hauptabteilung Nachwuchs, Tgb. Nr. 1969/419, IfZ/MA 325.

[37]) Vereinbarung vom 17. 12. 1941, BA/NS 26 /336.

[38]) So Obergebietsführer Schlünder am 6. 12. 1941 nach: Ergänzungsamt der Waffen-SS, Hauptabteilung Nachwuchs, Tgb. Nr. 1969/419, IfZ/MA 325.

[39]) Rede vor HJ-Gebietsführern in München, 6. 12. 1941. Ergänzungsamt der Waffen-SS, Hauptabteilung Nachwuchs, Tgb. Nr. 1969/419, IfZ/MA 325.

[40]) Die Zahlen nach Kaufmann, Das kommende Deutschland, S. 108 und Baldur von Schirach, Rede vor Teilnehmern eines Offiziers-Ausbildungslehrgangs, 22. 4. 1942, AVW/Reichsstatthalterei/Ordn. 1406.

[41]) abgedr. in: IMT, Bd. XXXIII, S. 558f.

[42]) Schirach-Rede, 14. 10. 1941, AVW/Reichsstatthalterei/Ordn. 1406.

[43]) Vgl. Schirach, Ich glaubte, S. 128.

[44]) Anonym: „Sehr geehrter Herr Gebietsführer", 18. 1. 1942, AVW/Reichsstatthalterei/Ordn. 1.

[45]) Bormann an Schirach, 2. 11. 1941, BA/R 43 II/1361 a.

[46]) Schirach-Rede, 14. 10. 1941, AVW/Reichsstatthalterei/Ordn. 1406.

[47]) Rede vor den Amtswaltern der DAF, 6. 9. 1941, AVW/Reichsstatthalterei/Ordn. 1406. Tatsächlich betrug die Zahl der deportierten Juden zum Zeitpunkt der Rede immer noch 5.000.

[48]) Vgl. Jonny Moser, Die Judenverfolgung in Österreich 1938–1945, Wien/Frankfurt/Zürich 1966, S. 31.

[49]) Erinnerungen, Bd. II, S. 26ff. Das Datum der Greiser-Rede in: Reichsleiter Baldur von Schirach. Tätigkeit als Reichsstatthalter u. Gauleiter in Wien, August 1940 – November 1942, Wien (NSDAP-Gauleitung) 1942.

[50]) Erinnerungen, Bd. II, S. 26.

[51]) DÖW 854. Zit. n. Moser, Die Judenverfolgung in Österreich, a.a.O., S. 35f.

[52]) Erinnerungen, Bd. II, S. 28. Roß kam Ende Mai nach Wien. Vgl. VB (Wiener Ausgabe), 28. 5. 1942.

[53]) „Reichsleiter Baldur von Schirach", 6. 6. 1942, SAW/Ratsprotokoll.

[54]) Schirach an Bormann, 28. 5. 1942, abgedr. in IMT, Bd. XXXIX, S. 297.

[55]) Telegramm: Interview mit Gustav Hoepken. Die Hitler-Zitate nach Henry Picker, Hitlers Tischgespräche im Führerhauptquartier. (Völlig überarbeitete und erweiterte Neuausgabe), Stuttgart 1976, S. 385 (24.6. 1942), S. 265 u. 266 (5.5. 1942).

[56]) Goebbels-Tagebücher (BA), 30. 5. 1942.

[57]) ebd., 6. 6. 1942.

[58]) Rede zur Eröffnung der Ausstellung „Wiener Kunst in Düsseldorf", 28. 9. 1941 in: Baldur von Schirach, Zwei Reden zur deutschen Kunst, hrsg. v. d. Gesellschaft der Bibliophilen (Weimar), Wien o.J. (1942).

[59]) Rede zur Hundertjahrfeier der Wiener Philharmonker, 28. 3. 1942, AVW/Reichsstatthalterei/Ordn. 1398.

[60]) Wiemann an Schirach, 13. 6. 1942, AVW/Reichsstatthalterei/Ordn. 1319.

[61]) Vgl. Prieberg, Musik im NS-Staat, S. 333.

[62]) Zu Mell vgl. Goebbels-Tagebücher (BA) 8. 7. 1942; zu Edschmid: ders. an Schirach, 2. 8. 1944, AVW/Reichsstatthalterei/Ordn. 1402.

[63]) Vgl. Henriette von Schirach, Der Preis der Herrlichkeit, S. 98.

[64]) Vermerk über Anruf Oberbannführer Schmidt, 1. 9. 1942, AVW/Reichsstatthalterei / Zentralbüro Ordn. 7. Vgl. auch Aktenvermerk Kaufmann, 5. 9., 6. 9., 10. 9. u. 16. 9. 1942. AVW/Reichsstatthalterei/Ordn. Europäischer Jugendverband.

[65]) Aktenvermerk Kaufmann, 16. 9. 1942, AVW/Reichsstatthalterei/Ordn. Europäischer Jugendverband.

[66]) Rede zur EJV-Gründung, 14. 9. 1942, AVW/Reichsstatthalterei/Ordn. 1406. Zuvor hatte Schirach über alle deutschen Sender eine Polemik gegen Roosevelt verbreitet: „Wem gehört die Jugend". AVW/Reichsstatthalterei/Ordn. Europäischer Jugendverband.

[67]) Andermann (Thomas), Bis der Vorhang fiel, a.a.O. S. 203.

[68]) Vgl. dazu die Dokumente in AVW/Reichsstatthalterei/Ordn. Europäischer Jugendverband.

[69]) Rede bei Gebietsführertagung Braunschweig, 13. 1. 1943, AVW/Reichsstatthalterei/Ordn. 1406.

[70]) Vgl. ebd.

[71]) Goebbels-Tagebücher (BA), 20. 2. 1943.

[72]) Vgl. ebd., 23. 2. 1943.

[73]) Vgl. Below, Als Hitlers Adjutant, a.a.O., S. 338f.

[74]) Henriette v. Schirach, Der Preis der Herrlichkeit, S. 74.

[75]) Goebbels-Tagebücher (BA) 9. 5. 1943.

[76]) ebd., 10. 5. 1943.

[77]) Goebbels-Tagebücher (IfZ), 24. 6. 1943; Below, S. 340.

[78]) Henriette v. Schirach, Preis der Herrlichkeit, S. 7ff. Die Sicht verengend auch Albert Speer, Der Sklavenstaat. Meine Auseinandersetzungen mit der SS, Stuttgart 1981, S. 346.

[79]) So Göring vor dem Internationalen Militärgerichtshof. IMT, Bd. IX, S. 431.

[80]) Goebbels-Tagebücher (BA) 9. 5. 1943.

[81]) Vgl. Edwin Erich Dwinger, Die 12 Gespräche. 1933–1945, Velbert/Kettwig 1966, S. 113ff. Wiener Feldpost (1), 15. 11. 1943.

[82]) Aktenvermerk Bormann, 15. 11. 1943, IfZ/Fa 91/6–8. Vgl. dazu auch die (unbeantwortete) Frage Bormanns, was die Partei mit Schirach nach einer Ablösung „beginnen" könne. Vermerk 20. 11. 1943, IfZ/Fa 91/6–8. Vgl. Jury an Bormann, 6. 12. 1943, IfZ/Fa 91/6–8.

[83]) Vgl. Kaltenbrunner an Bormann, 20. 11. 1943, IfZ/Fa 91/6–8.

[84]) Aktenvermerk Bormann, 6. 2. 1944, IfZ/Fa 91/6–8.

[85]) „Betrifft Reichserziehungsminister", IfZ/Fa 91/6–8.

[86]) Bericht über die Erfassung der Hitlerjugend, o.D. (1943), IfZ/MA 333.

[87]) ebd.

[88]) Aktenvermerk, 27. 3. 1943, AVW/Reichsstatthalterei/Ordn. 78.

[89]) Vgl. Schirach, Ich glaubte, S. 274.

[90]) Kaltenbrunner an Bormann, 14. 9. 1944, BA/NS 6 / 166.

[91]) ebd.

[92]) „Vorlage für den Reichsleiter (Bormann)", 21. 9. 1944, BA/NS 6/166.

[93]) Vermerk Bormann, 4.5. 1944, IFZ/Fa 91/6–8.

[94]) „Parteifeindliche Einstellung der Wiener Arbeiterbevölkerung nach den Luftangriffen", 10. 3. 1945, BA/NS 6 / 377.

[95]) ebd.

[96]) Schirach, Ich glaubte, S. 196.

[97]) Kleine Wiener Kriegszeitung (Wien), 11. 3. 1945, Zit. n. Peter Gosztony, Endkampf an der Donau 1944/45, Wien/München 1978, S. 255.

[98]) Kreisleiter Arnholt an Walkenhorst, 2. 4. 1945, BA/NS 6/ 166.

[99]) ebd.

[100]) Otto Skorzeny, Meine Kommandounternehmen, Stuttgart 1965, S. 212.

[101]) Goebbels-Tagebücher, 8.4.1945. Die letzten Aufzeichnungen, (Einführung Rolf Hochhuth), Hamburg 1977, S. 528.

[102]) ebd.

[103]) ebd., S. 535 (9. 4. 1945).

[104]) „Antwort auf Funkspruch betr. Kurier-Dienst München-Wien", 12. 4. 1945, IfZ/Fa 91/5.

[105]) Zit. n. Koch, Hitlerjugend. S. 374.

Quellen- und Literaturverzeichnis

Archive

Bundesarchiv Koblenz (BA)
Bundesarchiv-Militärarchiv Freiburg (BA-MA)
Zentrales Staatsarchiv Potsdam (ZSP)
Institut für Zeitgeschichte München (IfZ)
Archiv der ehemaligen Reichsstudentenführung Würzburg (RSF)
Politisches Archiv des Auswärtigen Amtes Bonn (PAA)
Berlin Document Center (BDC)
Universitätsarchiv Köln (UAK)
Allgemeines Verwaltungsarchiv Wien (AVW)
Dokumentationsarchiv des österreichischen Widerstands Wien (DÖW)
Stadtarchiv Wien (SAW)

Schirach-Bibliographie (Auswahl)

Akademischer Beobachter. Kampfblatt d. Nat.-soz. Deutschen Studentenbundes. Hrsg. Baldur v. Schirach. Jg. 1 1929. München (Eher) 1929. Jg. 2 unter dem Titel: Die Bewegung. Hrsg. Baldur v. Schirach. Jg. 2–3: 1930–1931, München (Nat.-soz. Deutscher Studentenbund) 1930/31.

J.N. Junge Nation. Bundesblatt d. Hitler-Jugend. Hrsg. Baldur v. Schirach. Hauptschriftl. u. verantw. Gotthart Ammerlahn, München (Deutscher Jugendverlag) 1933.

Der junge Sturmtrupp. Kampfblatt der werktätig. Jugend Großdeutschlands. Hrsg. Baldur v. Schirach. 1931–1932. München (Nat.-soz. Jugendverl.) 1931–1932. Fortgesetzt als: Der deutsche Sturmtrupp. Kampfblatt der deutschen Jugend. 1933–1934 (Ersch. eingest.), Berlin, München (Deutscher Jugendverlag) 1933/34.

Die deutsche Zukunft. Zentralorgan der nat.-soz. Jugend. Hrsg. Kurt Gruber, Baldur v. Schirach, Adian v. Renteln. Jg. 1–3: 1931/32/33. München (NS-Jugendver-

lag) 1931–1933. Fortgesetzt als Wille und Macht. Halbmonatszeitschrift des jungen Deutschland. Zentralorgan der nat.-soz. Jugend. Hrsg. Baldur v. Schirach. 1933–1944. München (Deutscher Jugendverlag) 1933–1935, Berlin (Eher) 1936–1944.
Die Fahne der Verfolgten, Berlin (Zeitgeschichte-Verlag) o.J. (1931).
Die Pioniere des Dritten Reiches, Essen (Zentralstelle f. d. dt. Freiheitskampf) o.J. (1933).

Die Feier der neuen Front, München (Dt. Volksverl.) o.J. (1929).
Wille und Weg des Nationalsozialistischen Deutschen Studentenbundes, München (Reichsleitung d. NSDStB, Abt. f. Propaganda) 1929.
Der Nationalsozialistische Dt. Studentenbund, in: NS-Monatshefte 1 (1930).
Hoffmann, Heinrich, Der Parteitag des Sieges. 100 Bild-Dokumente vom Reichsparteitag zu Nürnberg 1933. Geleitw. u. Unterschriften Baldur v. Schirach, Berlin (Zeitgeschichte) 1933.
Hoffmann, Heinrich, Der Triumph des Willens. Kampf u. Aufstieg Adolf Hitlers u. seiner Bewegung. Mit e. Geleitw. von Baldur v. Schirach, Berlin (Zeitgeschichte) 1933.
Lezius, Martin, Das deutsche Heldenbuch. Von dt. Ehre und Mannentreue. Mit e. Geleitw. von Baldur v. Schirach, Berlin (Geibel & Co.) 1933.
Das Manifest der Jugend. Zum Todestag von Herbert Norkus vom Reichsjugendführer d. Nationalsozialist. Deutschen Arbeiterpartei. Hrsg.: Ottokar Lorenz, München (Deutscher Jugendverl.) 1933.
Massmann, Kurt, Wir Jugend! Ein Bekenntnisbuch d. dt. Nachkriegsgeneration. Mit e. Geleitw. von Baldur v. Schirach, Berlin (Mittler) 1933.
Ramlow, Rudolf, Herbert Norkus? – Hier! Opfer u. Sieg der Hitlerjugend. Vorw. Baldur v. Schirach. Stuttgart, Berlin, Leipzig (Union) 1933.
Der Tag von Potsdam. 100 Bilddokumente vom größten Jugendaufmarsch der Welt. Mit e. Geleitw. d. Reichsjugendführers Baldur v. Schirach, München (Deutscher Jugendverl.) 1933.
Uniformen der HJ Vorschrift u. Vorbild f. d. Bekleidg. u. Ausrüstung d. Hitlerjugend, d. Dt. Jungvolks in d. HJ, d. Bundes Dt. Mädel in d. HJ u. d. Jungmädel im BDM in d. HJ. Amtl. hersg. von d. Reichsjugendführg. d. NSDAP. Mit e. Geleitw. d. Reichsjugendführers Baldur v. Schirach, Hamburg (von Diepenbroick-Grüter & Schulz) 1933.

Blut und Ehre. Lieder der Hitlerjugend. Hrsg. Baldur v. Schirach, Berlin (Deutscher Jugendverlag) 1933.
Aufbau, Gliederung und Anschriften der Hitlerjugend. Amtl. Gliederungsübersicht d. Reichsjugendführg. d. NSDAP. Stand vom 1. Jan. 1934. Hrsg. Willi-Botho Bicker. Mit e. Geleitw. d. Reichsjugendführers Baldur v. Schirach, Berlin (Hitler-Jugend-Bewegung e.V., Drucksachenstelle) 1934.
Bekleidung und Ausrüstung der Hitlerjugend. Amtl. Bekleidungsvorschrift d. Reichsjugendführg. d. NSDAP. Hrsg. Willi-Botho Bicker. Mit e. Geleitw. d. Reichsjugendführer Baldur v. Schirach, Berlin (Hitlerjugend-Bewegung e.V., Drucksachenstelle) 1934.
Frank, Walter, Kämpfende Wissenschaft. Mit e. Vorrede d. Reichsjugendführers Baldur v. Schirach, Hamburg (Hanseat. Verl. Anst.) 1934.
Hoffmann, Heinrich, Jugend um Hitler. 120 Bilddokumente aus d. Umgebg. d. Führers. Geleitw. Baldur v. Schirach, Berlin (Zeitgeschichte) 1934.
Die Hitler-Jugend. Idee u. Gestalt, Berlin (Zeitgeschichte) 1934.
Hoffmann, Heinrich, Der Parteitag der Macht, Nürnberg 1934. Geleitw. Baldur v. Schirach, Berlin (Zeitgeschichte) 1934.

HJ im Dienst. Ausbildungsvorschrift f. d. Ertüchtigung d. dt. Jugend. Hrsg. von d. Reichsjugendführg. Geleitw. Baldur v. Schirach, Berlin (Bernard & Gräfe) 1935.

Hoffmann, Heinrich, Hitler in seinen Bergen. 86 Bilddokumente aus d. Umgeb. d. Führers. Geleitw. Baldur v. Schirach, Berlin (Zeitgeschichte) 1935.

Vom Glauben der Gemeinschaft. Hrsg. Baldur v. Schirach. Auf Veranlassung des Reichsjugendführers als Weihnachtsgabe für die Mitarbeiter, Berlin (Graphische Kunstanstalt) 1935.

Hoffmann, Heinrich, Hitler, wie ihn keiner kennt. 100 Bilddokumente aus d. Leben d. Führers. Hrsg. Geleitw. u. Unterschriften Baldur v. Schirach, Berlin (Zeitgeschichte) 1935.

Hoffmann, Heinrich, Hitler, wie ihn keiner kennt. 100 Bild-Dokumente aus d. Leben d. Führers. Hrsg. Geleitw. u. Unterschriften Baldur v. Schirach, Berlin (Zeitgeschichte) 1935.

Moeller, Eberhard Wolfgang, Der Führer. Das Weihnachtsbuch der deutschen Jugend. Hrsg. Baldur v. Schirach, München (Eher) 1938.

Revolution der Erziehung. Reden aus den Jahren des Aufbaus, München (Eher) 1938.

Das Lied der Getreuen. Verse ungenannter österreichischer Hitler-Jugend aus den Jahren der Verfolgung 1933–1937. Hrsg. u. eingel. v. Baldur v. Schirach, Leipzig (Reclam) 1938.

Wir wollen dem Führer Freude machen. Rede, Berlin 1939.

Weihnachtsbuch der deutschen Jugend. Hrsg. Baldur v. Schirach, München (Eher) 1939/1940.

Kantaterede. Weimar (Ges. d. Bibliophilen), 1941.

Rede des Reichsleiters Baldur v. Schirach am 3. Juli 1941 in Weimar zum 15. Namenstag der Hitlerjugend, Berlin (Reichsjugendführung) 1941.

Rede des Reichsleiters auf der Kundgebung des Deutschen Buchhandels am Kantate-Sonntag 1941 im Neuen Theater zu Leipzig, Berlin (Reichsschrifttumkammer) 1941. Aus: Börsenblatt f. d. Deutschen Buchhandel 1941, Nr. 115.

Das Wiener Kulturprogramm. Rede d. Reichsleiters Baldur v. Schirach im Wiener Burgtheater am Sonntag, den 6. April 1941. Hrsg. v. Gaupropagandaamt Wien der NSDAP, Wien (Eher) 1941.

Europa ist mehr als ein Kontinent. Ansprache d. Reichsleiters Baldur v. Schirach in d. Stunde d. Begründg. d. Europ. Jugendverb. in Wien am 14. Sept. 1942, Wien 1942.

Rede zur Feier des 250jährigen Bestehens der Wiener Akademie der Bildenden Künste. 24. Okt. 1942, Wien (Staatsdr.) 1942.

Zwei Reden zur deutschen Kunst. Düsseldorf, 28. Sept. 1941, Eröffng. d. Ausstellung Wiener Kunst, u. Wien, 22. Nov. 1941, Eröffng. d. Jubiläumsausstellung d. Ges. bild. Künstler Wiens, Weimar (Ges. d. Bibliophilen) 1942.

Goethe an uns. Ewige Gedanken des großen Deutschen. Eingeleitet durch eine Rede v. Baldur v. Schirach (Textl. Bearb. von Günter Kaufmann), Berlin (Eher) 1944.

Ich glaubte an Hitler, Hamburg 1967.

Zeitgenössische Literatur aus dem Umkreis der Hitlerjugend (1933–1945)

Vorbemerkung: In die Bibliographie wurden nicht alle in den Anmerkungen genannten Titel aufgenommen.

Axmann, Artur, Hitlerjugend 1933–1943, Berlin 1943.

Axmann, Artur, Der Reichsberufswettkampf, Berlin 1938.

Baumann, Hans, Trommel der Rebellen. Neue Lieder und Sprechchöre, Potsdam 1935.

Bolm, Hermann, Hitlerjugend in einem Jahrzehnt. Ein Glaubensweg der niedersächsischen Jugend, Braunschweig/Berlin/Leipzig/Hamburg, o.J. (1938).

Bürkner, Trude, Der Bund Deutscher Mädel in der Hitlerjugend, Berlin 1937.

Dietze, Hans-Helmut, Die Rechtsgestalt der Hitlerjugend. Eine verfassungsrechtliche Studie, Berlin 1939.

Franz, Hugo, Die Straße frei dem Jungvolk, Berlin 1934.

Griesmayr, Gottfried, Wir Hitlerjungen: Unsere Weltanschauung in Frage und Antwort, Berlin 1936.

Haupt, Joachim, Nationalerziehung, Langensalza 1933.

Adolf Hitler an seine Jugend (Sonderdruck aus „Wille und Macht“) Berlin/München 1937.

Hoffmann, Heinz/Siegfried Zogelmann, Jugend erlebt Deutschland, Berlin 1935/36.

Kaufmann, Günter, Das kommende Deutschland, Berlin 1940.

Köbel, Eberhard, Die Heldenfibel, Plauen 1933.

Lapper, Karl/Wilhelm Utermann, Jungen – eure Welt! Das Jahrbuch der Hitlerjugend, München 1938.

Lindenburger, Hermann, Die deutsche Jugendbewegung im Lichte völkischer Auffassung, (Diss.), Würzburg 1939.

Littmann, Arnold, Herbert Norkus und die Jungen vom Beusselkietz, Berlin 1934.

Möller, Albrecht, Wir werden das Volk. Wesen und Forderung der Hitlerjugend, Breslau 1935.

Schenzinger, Karl Aloys, Hitlerjunge Quex, Berlin 1932.

Schenzinger, Karl Aloys, Der Herrgottsbacher Schülermarsch, Berlin 1935.

Stellrecht, Helmut, Die Wehrerziehung der deutschen Jugend, Berlin 1936.

Stellrecht, Helmut, Neue Erziehung, 5. Aufl., Berlin 1944.

Studenkowski, Konrad, Wie die Hitler-Jugend ihren Namen erhielt. Weihnachtsgruß an die Thüringer Hitlerjugend-Führer im Felde, o.O., o.J. (Weimar 1941).

Vesper, Will (Hrsg.), Deutsche Jugend. 30 Jahre Geschichte einer Bewegung, Berlin 1934.

Wehner, Gerhart, Die rechtliche Stellung der Hitlerjugend, (Diss. iur.), Leipzig 1939.

Weidemann, Alfred, Jungzug 2, Stuttgart 1937.

Zander, Otto (Hrsg.), Weimar. Bekenntnis und Tat. Kulturpolitisches Arbeitslager der Reichsjugendführung 1938, Berlin 1938.

Gedruckte Quellen, Handbücher, Nachschlagewerke etc.

Das Archiv. Nachschlagewerk für Politik, Wirtschaft, Kultur, Berlin, Jahrgänge 1935ff.

Das Deutsche Führerlexikon 1934/35, Berlin o.J. (1935).

Domarus, Max, Hitler. Reden und Proklamationen 1932–1945. 4 Bde., München 1965.

Gamm, Hans-Jochen, Führung und Verführung, München 1964.

Goebbels, Joseph, Tagebücher 1945. Die letzten Aufzeichnungen, Hamburg 1977.

Gothaisches Genealogisches Taschenbuch der Briefadeligen Häuser, 1. Jg., Gotha 1907 u. 16. Jg. (unter dem Titel Goth. Geneal. Taschb. der Adeligen Häuser. Alter Adel und Briefadel), Gotha 1922.

Hitler, Adolf, Hitlers Tischgespräche im Führerhauptquartier. Aufgezeichnet und hrsg. von Henry Picker. Völlig überarbeitete u. erweiterte Neuausgabe, Stuttgart 1976.

Hitler, Adolf, Mein Kampf (743.–747. Auflage), München 1942.

Jacobsen, Hans-Adolf, Werner Jochmann, Ausgewählte Dokumente zur Geschichte des Nationalsozialismus, Bielefeld 1961.

Kretschmar, Georg (Hrsg.), Dokumente zur Kirchenpolitik des Dritten Reiches, Band I. Das Jahr 1933, München 1971.

Kühnert, Herbert, Quellenheft zur Wirtschaftsgeschichte von Großthüringen, Jena 1921.

Lassahn, Rudolf (Hrsg.), Herman Lietz. Schulreform durch Neugründung. Ausgewählte Pädagogische Schriften (Schöninghs Sammlung Pädagogischer Schriften. Quellen zur Historischen Empirischen und Vergleichenden Erziehungswissenschaft, Bd. 53), Paderborn 1970.

Rauschning, Hermann, Gespräche mit Hitler, Zürich/Wien/New York 1940 (4. unveränderter Nachdr.)

Rosenberg, Alfred, Der Mythus des 20. Jahrhunderts, München 1930.

Rosenberg, Alfred, Das politische Tagebuch Alfred Rosenbergs aus den Jahren 1934/35 und 1939/40. Hrsg. und erläutert von Hans-Günther Seraphim, Göttingen 1956.

Rosenberg, Alfred, Letzte Aufzeichnungen. Ideale und Idole der nationalsozialistischen Revolution, Göttingen 1955.

Schirach, Max von, Geschichte der Familie Schirach, Berlin 1939.

Schmidt-Pauli, Edgar von, Die Männer um Hitler, Berlin 1932.

Statistisches Jahrbuch für das Deutsche Reich, Berlin 1933ff.

Tyrell, Albrecht, Führer befiehl . . ., Selbstzeugnisse aus der „Kampfzeit" der NSDAP, Dokumentation und Analyse, Düsseldorf 1969.

Ueberhorst, Horst, Elite für die Diktatur. Die Nationalpolitischen Erziehungsanstalten 1933–1945. Ein Dokumentarbericht, Düsseldorf 1969.

Vogelsang, Thilo, Neue Dokumente zur Geschichte der Reichswehr. 1930–1933, in: VZG 1954, S. 397–436.

Volz, Hans, Daten der Geschichte der NSDAP (6.–10. Aufl.), Berlin/Leipzig 1936–1939.

Weinberg, Gerhard L., (Hrsg.), Hitlers zweites Buch. Ein Dokument aus dem Jahre 1928. Geleitwort von H. Rothfels, Stuttgart 1961.
Wulf, Joseph, (Hrsg.), Theater und Film im Dritten Reich: Eine Dokumentation, Gütersloh 1964.
Wulf, Joseph, (Hrsg.), Presse und Funk im Dritten Reich. Eine Dokumentation, Gütersloh 1964.
Wulf, Joseph, (Hrsg.), Musik im Dritten Reich. Eine Dokumentation, Gütersloh 1963.
Wulf, Joseph, (Hrsg.), Literatur und Dichtung im Dritten Reich. Eine Dokumentation, Gütersloh 1963.
Wulf, Joseph, (Hrsg.), Die bildenden Künste im Dritten Reich. Eine Dokumentation, Gütersloh 1963.
Ziegler, Hans Severus, Wende und Weg, Weimar 1937.

Gesetz- und Verordnungsblätter

Reichsgesetzblatt
Verordnungsblatt der Reichsjugendführung der NSDAP, 1933ff.
Rundschreiben der NSDAP/Reichsjugendführung, 1933ff.
Reichsbefehl der Reichsjugendführung der NSDAP, 1933ff.

Zeitungen, Zeitschriften, Korrespondenzen

Der Aufmarsch, Monatszeitschrift des NSS, 1931.
Das Deutsche Mädel. Die Zeitschrift des Bundes Deutscher Mädel in der HJ (Reichsausgabe), 1933ff.
Die HJ. Das Kampfblatt der Hitlerjugend. Amtliches Organ der Reichsjugendführung der NSDAP, 1933ff.
Hitlerjugend-Zeitung, 1927.
Das Junge Deutschland (Amtliches Organ des Jugendführers des Deutschen Reichs). Sozialpolitische Zeitschrift der deutschen Jugend, Berlin 1933ff.
Die Junge Front, Führerzeitschrift der HJ, 1929–1930.
Der junge Nationalsozialist, 1932.
Der junge Revolutionär, 1927.
Junge Welt. Die Reichszeitschrift der Hitlerjugend, 1939.
Die Kameradschaft. Blätter für Heimabendgestaltung in der HJ, 1935ff.
Die Kommenden, 1926–1932.
Nationalsozialistische Korrespondenz, 1939/40.
Nationalsozialistische Monatshefte, 1930ff.

Rheinisch-Westfälische-Zeitung, 1939.
Völkischer Beobachter, Jahrgänge 1925ff.
Völkischer Beobachter, Wiener Ausgabe, 1940–1945.
Zwölf-Uhr-Blatt, 1939.

Memoiren, Erlebnisberichte

Andermann, Walter Thomas, Bis der Vorhang fiel, Dortmund 1947.
Dietrich, Otto, Zwölf Jahre mit Hitler, München 1955.
Dollmann, Eugen, Dolmetscher der Diktatoren, Bayreuth 1963.
Granzow, Klaus, Tagebuch eines Hitlerjungen 1943–1945, Bremen 1965.
Hanfstaengl, Ernst, Zwischen Weißem und Braunem Haus, München 1970.
Hoffmann, Heinrich, Hitler wie ich ihn sah. Aufzeichnungen seines Leibfotografen, München/Berlin 1974.
Krebs, Albert, Tendenzen und Gestalten der NSDAP. Erinnerungen an die Frühzeit der Partei, Stuttgart 1959.
Maschmann, Melitta, Fazit. Kein Rechtfertigungsversuch, Stuttgart 1963.
Ringler, Ralf Roland, Illusion einer Jugend. Lieder, Fahnen und das bittere Ende der Hitlerjugend in Österreich. Ein Erlebnisbericht, St. Pölten/Wien 1977.
Roßbach, Gerhard, Mein Weg durch die Zeit, Weilburg/Lahn 1950.
Schirach, Henriette von, Der Preis der Herrlichkeit. Erlebte Zeitgeschichte, München 1977.
Skorzeny, Otto, Meine Kommandounternehmen. Krieg ohne Fronten, Wiesbaden/München 1976.
Speer, Albert, Erinnerungen, Berlin 1969.
Speer, Albert, Spandauer Tagebücher, Frankfurt/M./Berlin/Wien 1975.
Strasser, Otto, Mein Kampf, Frankfurt/M. 1969.
Zoller, Albert, Hitler privat. Erlebnisbericht seiner Geheimsekretärin, Düsseldorf 1949.

Mündliche und schriftliche Zeugenbefragungen

Gustav Hoepken (mdl.)
Günter Kaufmann (mdl.)
Karl Korn (mdl.)
Karl Kowarik (mdl.)
Gustav Memminger (schrftl.)
Dr. Jutta Rüdiger (schrftl.)
Albert Speer (mdl.)

Helmut Stellrecht (schrftl.)
Henriette von Schirach-Hoffmann (mdl.)
Klaus von Schirach (mdl.)
Richard von Schirach (mdl.)
Dr. Hans Severus Ziegler (mdl.)

Sekundärliteratur

Abendroth, Wolfgang (Hrsg.), Faschismus und Kapitalismus. Theorien über die sozialen Ursprünge und die Funktion des Faschismus, Frankfurt/M. 1967.

Abshagen, Karl Heinz, Schuld und Verhängnis. Ein Vierteljahrhundert deutscher Geschichte in Augenzeugenberichten, Stuttgart 1961.

Ackermann, Josef, Heinrich Himmler als Ideologe, Göttingen/Zürich/Frankfurt/M. 1970.

Adam, Uwe Dietrich, Hochschule und Nationalsozialismus. Die Universität Tübingen im Dritten Reich, Tübingen 1977.

Adam, Uwe Dietrich, Judenpolitik im Dritten Reich, Düsseldorf 1972.

Adler, Hans G., Der verwaltete Mensch. Studien zur Deportation der Juden aus Deutschland, Tübingen 1974.

Aich, Thomas, Massenmensch und Massenwahn. Zur Psychologie des Kollektivismus, München 1947.

Arendt, Hannah, Elemente und Ursprünge totaler Herrschaft, Frankfurt/M. 1955.

Arkel, Dirk van, Antisemitism in Austria, (Diss. phil.), Leiden 1966.

Auerbach, Hellmuth, Hitlers politische Lehrjahre und die Münchener Gesellschaft 1919–1923, Versuch einer Bilanz anhand der neueren Forschung, in: VfZG 25 (1977), S. 1–45.

Barker, Elisabeth, Austria 1918–1972, London 1973.

Barth, Ilse-Marie, Literarisches Weimar. Kunst, Literatur, Sozialstruktur im 16.–20. Jahrhundert, Stuttgart 1971.

Bauer, Herbert, Zur Theorie und Praxis der ersten deutschen Landerziehungsheime. Erfahrungen zur Internats- und Ganztagserziehung aus den Hermann-Lietz-Schulen. (Diskussionsbeiträge zu Fragen der Pädagogik, Bd. 28), Berlin (Ost) 1961.

Bauer, Otto, Faschismus und Kapitalismus. Theorie über die sozialen Ursprünge und die Funktion des Faschismus, Wien 1967.

Becker, Howard, German Youth. Bond or Free? London 1946.

Bennecke, Heinrich, Hitler und die SA, München/Wien 1962.

Bergmann, Klaus, Agrarromantik und Großstadtfeindschaft. Studien zu Großstadtfeindschaft und „Landflucht"-Bekämpfung seit dem Ende des 19. Jahrhunderts (Marburger Abhandlungen zur Politischen Wissenschaft, Bd. 20), Meisenheim am Glan 1968.

Bernbaum, John A., Nazi Control in Austria. The Creation of the Ostmark, 1938–1940, (Diss. phil.), University of Maryland 1972.

Bernett, Hajo, Nationalsozialistische Leibeserziehung, Schorndorf bei Stuttgart 1966.

Binion, Rudolph, „. . . daß ihr mich gefunden habt". Hitler und die Deutschen: eine Psychohistorie, Stuttgart 1978.

Bleuel, Hans Peter/Ernst Klinnert, Deutsche Studenten auf dem Weg ins Dritte Reich. Ideologien – Programme – Aktionen 1918–1935, Gütersloh 1967.

Blohm, Erich, Hitlerjugend. Soziale Tatgemeinschaft, (2. Auflage), Vlotho/Weser 1979.

Bollmus, Reinhard, Das Amt Rosenberg und seine Gegner. Studien zum Machtkampf im nationalsozialistischen Herrschaftssystem. (Studien zur Zeitgeschichte. Herausgegeben vom Institut für Zeitgeschichte), Stuttgart 1970.

Bosch, Michael, Persönlichkeit und Struktur in der Geschichte. Historische Bestandsaufnahme und didaktische Implikationen, Düsseldorf 1977.

Botz, Gerhard, Wien vom „Anschluß" zum Krieg. Nationalsozialistische Machtübernahme am Beispiel der Stadt Wien 1938/39, Wien/München 1979.

Botz, Gerhard, Die Eingliederung Österreichs in das Deutsche Reich. Planung und Verwirklichung des politisch-administrativen Anschlusses (1938–1940), (2. Auflage), Wien 1976.

Bracher, Karl Dietrich, Deutschland zwischen Demokratie und Diktatur, Bern/München 1964.

Bracher, Karl Dietrich, Die Auflösung der Weimarer Republik. Eine Studie zum Problem des Machtverfalls in der Demokratie, (5. Auflage), Villingen 1971.

Bracher, Karl Dietrich, Die Krise Europas 1917–1975. Propyläen-Geschichte Europas, Bd. 6, o.O., o.J. (Berlin 1976).

Bracher, Karl Dietrich, Die Deutsche Diktatur. Entstehung, Struktur, Folgen des Nationalsozialismus, (5. Auflage), Köln/Berlin 1976.

Bracher, Karl Dietrich/W. Sauer/G. Schulz, Die nationalsozialistische Machtergreifung. Studien zur Errichtung des totalitären Herrschaftssystems in Deutschland 1933/34, (2. Auflage), Köln 1962.

Brandenburg, Hans-Christian, Die Geschichte der HJ. Wege und Irrwege einer Generation, Köln 1968.

Brecht, Arnold, Vorspiel zum Schweigen. Das Ende der deutschen Republik, Wien 1948.

Brenner, Hildegard, Die Kunstpolitik des Nationalsozialismus, Reinbeck 1963.

Broszat, Martin, Soziale Motivation und Führer-Bindung des Nationalsozialismus, in: VfZG 18 (1970), S. 392–409.

Broszat, Martin, Der Staat Hitlers. Grundlegung und Entwicklung seiner inneren Verfassung, (dtv-Weltgeschichte des 20. Jahrhunderts, Bd. 9), München 1969.

Broszat, Martin/Hans Buchheim/Hans-Adolf Jacobsen/Helmuth Krausnick, Anatomie des SS-Staates, 2 Bde., Freiburg i. Br. 1965.

Buchheim, Hans, Das Dritte Reich. Grundlagen und politische Entwicklung, München 1955.

Buchheim, Hans, Glaubenskrise im Dritten Reich. Drei Kapitel nationalsozialistischer Religionspolitik, Stuttgart 1953.

Buchheim, Hans, Totalitäre Herrschaft. Wesen und Merkmale, München 1962.

Bullock, Allan, Hitler. Eine Studie über Tyrannei, Düsseldorf 1967.

Burke, Kenneth, Die Rhetorik in Hitlers „Mein Kampf" und andere Essays zur Strategie der Überredung, Frankfurt/M. 1967.

Canetti, Elias, Masse und Macht, Hamburg 1960.

Cecil, Robert, The Myth of the Master Race: Alfred Rosenberg and Nazi Ideology, London 1972.

Conze, Werner, Die Zeit Wilhelms II. und die Weimarer Republik. Deutsche Geschichte 1890–1933, Tübingen 1964.

Dahrendorf, Ralf, Gesellschaft und Demokratie in Deutschland, München 1965.

Daim, Wilfried, Der Mann, der Hitler die Ideen gab, München 1958.

Davidson, Eugene, The Trial of the Germans, New York 1966.

Dibner, Ursula R., The History of the National Socialist German Student League, (Diss. phil.), Michigan 1969.
Diehl-Thiele, Peter, Partei und Staat im Dritten Reich. Untersuchungen zum Verhältnis von NSDAP und allgemeiner innerer Staatsverwaltung 1933–1945, München 1969.
Eilers, Rolf, Die nationalsozialistische Schulpolitik. Eine Studie zur Funktion der Erziehung im totalitären Staat, Köln 1963.
Facius, Friedrich, Das Ende der kleinstaatlichen Monarchien Thüringens 1918, in: Festschrift für Friedrich von Zahn, Bd. I., Zur Geschichte und Volkskunde Mitteldeutschlands, hrsg. v. Walter Schlesinger (Mitteldeutsche Forschungen, Bd. 50/I), Köln/Graz 1968.
Faust, Anselm, Der nationalsozialistische Studentenbund. Studenten und Nationalsozialismus in der Weimarer Republik, (Geschichte und Gesellschaft. Bochumer historische Studien), 2. Bde., Düsseldorf 1973.
Fest, Joachim C., Hitler. Eine Biographie. Frankfurt/M./Berlin/Wien 1973.
Fest, Joachim C., Das Gesicht des Dritten Reiches. München 1963.
Flessau, Kurt-Ingo, Schule der Diktatur. Lehrpläne und Schulbücher des Nationalsozialismus, München 1977.
Franze, Manfred, Die Erlanger Studentenschaft 1918–1945, Würzburg 1972.
Funke, Manfred, Führer-Prinzip und Kompetenz-Anarchie im nationalsozialistischen Herrschaftssystem, in: NPL 20 (1975), S. 60–67.
Gilbert, Gustave M., Nürnberger Tagebuch, Frankfurt/M. 1962.
Gisevius, Hans Bernhard, Adolf Hitler. Versuch einer Deutung, München 1963.
Gisevius, Hans Bernhard, Bis zum bitteren Ende, Hamburg 1960.
Gosztony, Endkampf an der Donau 1944/45, Wien/München/Zürich/Innsbruck 1969.
Griesmayr, Gottfried/Otto Würschinger, Idee und Gestalt der Hitlerjugend, Leoni am Starnberger See 1979.
Grieswelle, Detlef, Propaganda der Friedlosigkeit. Eine Studie zu Hitlers Rhetorik 1920–1933, Stuttgart 1972.
Grunberger, Richard, Das zwölfjährige Reich. Der Deutschen Alltag unter Hitler, Wien/München/Zürich 1972.
Haffner, Sebastian, Anmerkungen zu Hitler, München 1978.
Heiber, Helmut, Walter Frank und sein Reichsinstitut für Geschichte des neuen Deutschlands (Quellen und Darstellungen zur Zeitgeschichte, Bd. 13), Stuttgart 1966.
Heiber, Helmut, Joseph Goebbels, Berlin 1962.
Heiden, Konrad, Adolf Hitler. Das Zeitalter der Verantwortungslosigkeit, 2. Bde., Zürich 1936/37.
Helwig, Werner, Die Blaue Blume des Wandervogels. Vom Aufstieg, Glanz und Sinn einer Jugendbewegung, Gütersloh 1960.
Hildebrand, Klaus, Hitlers Ort in der Geschichte des preußisch-deutschen Nationalstaates, in: HZ 217 (1973), S. 584–632.
Hildebrand, Klaus, Das Dritte Reich (Oldenbourg Grundriß der Geschichte, Bd. 17), München/Wien 1979.
Hillgruber, Andreas, Die „Endlösung“ und das deutsche Ostimperium als Kernstück des rassenideologischen Programms des Nationalsozialismus (1972), jetzt in: Ders., Deutsche Großmacht- und Weltpolitik im 19. und 20. Jahrhundert, Düsseldorf 1977, S. 252–275.
Hillgruber, Andreas, Der Faktor Amerika in Hitlers Strategie 1938–1941 (1965), jetzt in: Ders., Deutsche Großmacht- und Weltpolitik im 19. und 20. Jahrhundert, Düsseldorf 1977, S. 197–222.

Hillgruber, Andreas, Hitlers Strategie. Politik und Kriegführung 1940–1941, Frankfurt/M. 1965.
Hillgruber, Andreas, Tendenzen, Ergebnisse und Perspektiven der gegenwärtigen Hitler-Forschung, in: HZ 226 (1978), S. 600–621.
Höhne, Heinz, Der Orden unter dem Totenkopf. Die Geschichte der SS, Gütersloh 1967.
Horn, Daniel, The Hitler Youth and Educational Decline in the Third Reich, in: History of Education Quarterly 16 (1976), S. 425–447.
Horn, Daniel, The National Socialist Schülerbund and the Hitler Youth, 1929–1933, in: Central European History XI (1978), S. 355–375.
Horn, Wolfgang, Führerideologie und Parteiorganisation in der NSDAP 1919–1933, Düsseldorf 1972.
Hülsen, Hans v., Neid als Gesinnung: Der manische Antisemitismus des Adolf Bartels, in: Karl Schwedhelm (Hrsg.), Propheten des Nationalsozialismus, München 1969.
Hüttenberger, Peter, Die Gauleiter. Studien zum Wandel des Machtgefüges in der NSDAP, Stuttgart 1969.
Hüttenberger, Peter, Nationalsozialistische Polykratie, in: GG 2 (1976), S. 417–442.
Irving, David, Rommel. Eine Biographie, Hamburg 1978.
Jäckel, Eberhard, Hitlers Weltanschauung. Entwurf einer Herrschaft, Tübingen 1969.
Jedlicka, Ludwig, Der 20. Juli 1944 in Österreich, Wien/München 1965.
Jovy, Ernst Michael, Deutsche Jugendbewegung und Nationalsozialismus. Versuch einer Klärung ihrer Zusammenhänge, (Diss. phil.), Köln 1952.
Kater, Michael H., Die Artamanen – Völkische Jugend in der Weimarer Republik, in: HZ 213 (1971), S. 577–638.
Kater, Michael H., Bürgerliche Jugendbewegung und Hitlerjugend in Deutschland von 1926 bis 1939, in: Archiv für Sozialgeschichte, Band XVII (1977), S. 127–174.
Kater, Michael H., Hitlerjugend und Schule im Dritten Reich, in: HZ 229 (1979), S. 572–623.
Kater, Michael H., Der NS-Studentenbund von 1926 bis 1928: Randgruppe zwischen Hitler und Straßer, in: VfZG 22 (1974), S. 112–146.
Kater, Michael H., Sozialer Wandel in der NSDAP im Zuge der nationalsozialistischen Machtergreifung, in: Wolfgang Schieder (Hrsg.), Faschismus als soziale Bewegung, Hamburg 1976, S. 25–67.
Kater, Michael H., Studentenschaft und Rechtsradikalismus in Deutschland. Eine sozialgeschichtliche Studie zur Bildungskrise in der Weimarer Republik, (Historische Perspektiven I), Hamburg 1975.
Ketelsen, K.-Uwe, Völkisch-nationale und nationalsozialistische Literatur in Deutschland 1890–1945, Stuttgart 1976.
Kindt, Werner (Hrsg.), Grundschriften der deutschen Jugendbewegung, Düsseldorf/Köln 1963.
Kindt, Werner (Hrsg.), Die deutsche Jugendbewegung 1920 bis 1933. Die bündische Zeit, Düsseldorf/Köln 1974.
Klemperer, Klemens v., Konservative Bewegungen. Zwischen Kaiserreich und Nationalsozialismus, München/Wien o.J. (1962).
Klönne, Arno, Hitlerjugend. Die Jugend und ihre Organisation im Dritten Reich, Hannover 1955.
Klüver, Max, Die Adolf-Hitler-Schulen. Eine Richtigstellung, Lindhorst 1979.

Kluke, Paul, Nationalsozialistische Europaideologie, in: VfZG 3 (1955), S. 240–275.
Kneip, Rudolf, Jugend der Weimarer Zeit. Handbuch der Jugendverbände 1919–1938, Frankfurt/M. 1974.
Koch, Hannsjoachim W., Die Geschichte der Hitlerjugend, Percha (Starnberger See) 1975.
Koch, Hannsjoachim W., Der deutsche Bürgerkrieg. Eine Geschichte der deutschen und österreichischen Freikorps 1918–1923, Berlin/Frankfurt/M./Wien 1978.
Korn, Elisabeth, (Hrsg.), Die Jugendbewegung. Welt und Wirkung. Zur 50. Wiederkehr des Freideutschen Jugendtages auf dem Hohen Meißner, Düsseldorf/Köln 1963.
Kratzsch, Gerhard, Kunstwart und Dürerbund. Ein Beitrag zur Geschichte der Gebildeten im Zeitalter des Imperialismus, Göttingen 1969.
Kreutzberger, Wolfgang, Studenten und Politik 1918–1933. Der Fall Freiburg im Breisgau, Göttingen 1972.
Kühnl, Reinhard, Die nationalsozialistische Linke 1925–1930, Meisenheim am Glan 1966.
Lang, Jochen von, Der Sekretär. Martin Bormann. Der Mann, der Hitler beherrschte, Stuttgart 1978.
Laqueur, Walter L., Die deutsche Jugendbewegung. Eine historische Studie, Köln 1962.
Lepsius, Rainer M., Extremer Nationalismus. Strukturbedingungen vor der nationalsozialistischen Machtergreifung, Stuttgart 1966.
Lingelbach, Karl Christoph, Erziehung und Erziehungstheorien im Nationalsozialistischen Deutschland. Ursprünge und Wandlungen der 1933–45 in Deutschland vorherrschenden erziehungstheoretischen Strömungen, ihre politischen Funktionen und ihr Verhältnis zur außerschulischen Erziehungspraxis des „Dritten Reiches“, Weinheim 1970.
Litt, Theodor, Das Verhältnis der Generationen ehedem und heute, Wiesbaden 1947.
Lohalm, Uwe, Völkischer Radikalismus. Die Geschichte des Deutschvölkischen Schutz- und Trutz-Bundes 1919–1923, Hamburg 1970.
Lutzhöft, Hans-Jürgen, Der Nordische Gedanke in Deutschland 1920–1940 (Kieler Historische Studien, Bd. 14), Stuttgart 1971.
Luża, Radomir, Österreich und die großdeutsche Idee in der NS-Zeit (Forschungen zur Geschichte des Donauraumes, Bd. 2), Wien/Köln/Graz 1977.
Maser, Werner, Adolf Hitler. Legende, Mythos, Wirklichkeit (4. Auflage), München/Esslingen 1977.
Mason, Timothy W., Arbeiterklasse und Volksgemeinschaft. Dokumente und Materialien zur deutschen Arbeiterpolitik 1936–1939, Düsseldorf 1975.
Meinecke, Friedrich, Die deutsche Katastrophe, Wiesbaden 1946.
Meissner, Erich, Asketische Erziehung. Hermann Lietz und seine Pädagogik, Weinheim 1965.
Messerschmidt, Manfred, Die Wehrmacht im NS-Staat. Zeit der Indoktrination, Hamburg 1969.
Miller, Alice, Das Drama des begabten Kindes und die Suche nach dem wahren Selbst, Frankfurt/M. 1979.
Mommsen, Hans, Ausnahmezustand als Herrschaftstechnik des NS-Regimes, in: M. Funke (Hrsg.), Hitler, Deutschland und die Mächte. Materialien zur Außenpolitik des Dritten Reiches, Düsseldorf 1976, S. 30–45.
Mommsen, Hans, Beamtentum im Dritten Reich. Mit ausgewählten Quellen zur nationalsozialistischen Beamtenpolitik, Stuttgart 1966.

Moser, Jonny, Die Judenverfolgung in Österreich 1938–1945, Wien 1966.
Mosse, George L., The Crisis of German Ideology. Intellectual Origins of the Third Reich, New York 1964.
Mosse, George L., Die Nationalisierung der Massen. Politische Symbolik und Massenbewegungen in Deutschland von den Napoleonischen Kriegen bis zum Dritten Reich, Frankfurt/M. 1976.
Mosse, George L. (Hrsg.), Nazi Culture. Intellectual, Cultural and Social Life in the Third Reich, New York 1966.
Müller, Johannes, Thüringen und seine Stellung in und zu Mitteldeutschland, Weimar 1929.
Neumann, Franz, Behemoth. Struktur und Praxis des Nationalsozialismus 1933–1944, Köln/Frankfurt/M. 1977.
Nipperdey, Thomas, Die deutsche Studentenschaft in den ersten Jahren der Weimarer Republik, in: Adolf Grimme (Hrsg.), Kulturverwaltung der zwanziger Jahre. Alte Dokumente und neue Beiträge, Stuttgart 1961, S. 19–48.
Nolte, Ernst, Der Faschismus in seiner Epoche, München 1963.
Nolte, Ernst, Theorien über den Faschismus, Köln/Berlin 1967.
Nyomarkay, Joseph, Charisma and Factionalism in the Nazi Party, Minneapolis 1967.
Orlow, Dietrich, Die Adolf-Hitler-Schulen, In: VfZG 13 (1965), S. 272–284.
Orlow, Dietrich, The History of the Nazi Party. 1919–1933, Pittsburgh 1969.
Paetel, Karl O., Das Bild vom Menschen in der deutschen Jugendführung, Bad Godesberg 1954.
Paetel, Karl O., Jugendbewegung und Politik. Randbemerkungen, Bad Godesberg 1961.
Paetel, Karl O., Jugend in der Entscheidung. 1913–1933, Bad Godesberg 1963.
Raabe, Felix, Die bündische Jugend. Ein Beitrag zur Geschichte der Weimarer Republik, Stuttgart 1961.
Reitlinger, Gerald, Die Endlösung. Hitlers Versuch der Ausrottung der Juden Europas 1939–1945, Berlin 1956.
Riedel, Heinrich, Kampf um die Jugend. Evangelische Jugendarbeit 1933–45, München 1976.
Seidelmann, Karl, War die Jugendbewegung präfaschistisch? in: Jahrbuch des Archivs der Deutschen Jugendbewegung 7, 1975, S. 66–74.
Shirer, William L., Aufstieg und Fall des Dritten Reiches, Köln/Berlin 1961.
Smith, Bradley F., Der Jahrhundert-Prozeß. Die Motive der Richter von Nürnberg – Anatomie einer Urteilsfindung, Frankfurt/M. 1977.
Sontheimer, Kurt, Antidemokratisches Denken in der Weimarer Republik. Die politischen Ideen des deutschen Nationalsozialismus zwischen 1918 und 1933, München 1962.
Schmidt, Mathias, Albert Speer, Das Ende eines Mythos, Bern/München 1982.
Schmidt, Ulrike, Über das Verhältnis von Jugendbewegung und Hitlerjugend, in: GWU 16 (1965), S. 19–37.
Schoenbaum, David, Die braune Revolution. Eine Sozialgeschichte des Dritten Reiches, Köln/Berlin 1968.
Scholder, Klaus, Die Kirchen und das Dritte Reich. Band 1. Vorgeschichte und Zeit der Illusionen 1918–1934. Frankfurt/M./Berlin/Wien 1977.
Scholtz, Harald, NS-Ausleseschulen. Internatsschulen als Herrschaftsmittel des Führerstaates, Göttingen 1973.
Scholtz, Harald, Die „NS-Ordensburgen", in: VfZG 15 (1967), S. 269–298.

Schüler, Winfried, Der Bayreuther Kreis von seiner Entstehung bis zum Ausgang der Wilhelminischen Ära. Wagnerkult und Kulturreform im Geiste völkischer Weltanschauung, Münster 1971.

Schulz, Gerhard, Aufstieg des Nationalismus. Krise und Revolution in Deutschland, Berlin/Frankfurt/M. 1975.

Schulz, Gerhard, Deutschland seit dem Ersten Weltkrieg 1918–1945, Göttingen 1976.

Schultz, Jürgen, Die Akademie für Jugendführung der Hitlerjugend in Braunschweig, (Braunschweiger Werkstücke, Bd. 55), Braunschweig 1978.

Schwarz, Jürgen, Studenten in der Weimarer Republik. Die deutsche Studentenschaft in der Zeit von 1918 bis 1923 und ihre Stellung zur Politik, Berlin 1970.

Stachura, Peter D., The Hitler Youth in Crisis. The Case of Reichsführer Kurt Gruber, October 1931, in: European Studies Review 6 (1976), S. 112–124.

Stachura, Peter D., Nazi Youth in the Weimar Republic, Santa Barbara (Cal)/ Oxford 1975.

Stachura, Peter D., Die NSDAP und die Reichstagswahlen von 1928, in: VfZG 26 (1978), S. 66–99.

Stachura, Peter D. (Hrsg.), The Shaping of the Nazi State, London 1978.

Stern, Fritz, Kulturpessimismus als politische Gefahr. Eine Analyse nationaler Ideologie in Deutschland, Bern/Stuttgart 1963.

Strothmann, Dietrich, Nationalsozialistische Literaturpolitik. Ein Beitrag zur Publizistik im Dritten Reich, Bonn 1960.

Taege, Herbert, . . .Über die Zeiten fort. Das Gesicht einer Jugend im Aufgang und Untergang, Lindhorst 1978.

Thies, Jochen, Architekt der Weltherrschaft. Die „Endziele" Hitlers, (2. Aufl.), Düsseldorf 1976.

Toland, John, Adolf Hitler, Bergisch Gladbach 1977.

Tracey, Donald R., The Development of the National Socialist Party in Thuringia, 1924–30, in: Central European History, 1975, S. 23–50.

Vierhaus, Joachim, Faschistisches Führertum, in: HZ 198 (1965), S. 614–639.

Vogelsang, Thilo, Kurt von Schleicher. Ein General als Politiker, Göttingen/Frankfurt/M./Zürich 1965.

Vogelsang, Thilo, Reichswehr, Staat und NSDAP. Beiträge zur deutschen Geschichte 1930–1932, Stuttgart 1962.

Waite, Robert G. L., The Psychopathic God Adolf Hitler, New York 1977.

White, David Olds, Hitler's Youth Leader: A Study of the Heroic Imagery in the Major Publik Statements of Baldur von Schirach (Diss. phil.), Ann Arbor, Michigan 1971.

Zapf, Wolfgang, Wandlungen der deutschen Elite. Ein Zirkulationsmodell deutscher Führungsgruppen 1919–1961, München 1965.

Zorn, Wolfgang, Die politische Entwicklung des deutschen Studententums 1918–1931, in: Kurt Stephenson, (Hrsg.), Darstellungen und Quellen zur Geschichte der deutschen Einheitsbewegung im neunzehnten und zwanzigsten Jahrhundert, Bd. 5, Heidelberg 1965, S. 223–307.

Zorn, Wolfgang, Hochschule und höhere Schule in der deutschen Sozialgeschichte der Neuzeit, in: Konrad Repgen u. Stephan Skalweit (Hrsg.), Spiegel der Geschichte. Festgabe für Max Braubach zum 10. April 1964, Münster 1964, S. 321–339.

Zorn, Wolfgang, Student Politics in the Weimar Republic, in: JCH 5 (1970), S. 128–143.

Register

Die Namen Baldur von Schirach und Adolf Hitler wurden nicht aufgenommen.

Quellenverzeichnis der Abbildungen

Abb. 1: Foto: Henriette von Schirach
Abb. 2, 3, 4, 5, 6, 7, 8, 9, 10, 11, 12, 13, 14, 15, 16, 17, 18, 19, 20, 25, 26, 28, 29, 30, 32, 33, 34, 36, 37, 40, 41, 44, 46, 48
Alle: Zeitgeschichtliches Bildarchiv Heinrich Hoffmann
Abb. 16, 21, 22, 23, 24, 27, 31, 35, 38, 39, 42, 43, 45, 47
Alle: Bilderdienst Süddeutscher Verlag

Faschismus als Herausforderung. Die Auseinandersetzung der »Roten Fahne« und des »Vorwärts« mit dem italienischen Faschismus. Von Karl-Egon Lönne. Böhlau Politica, Bd. 3. 1981. XIV, 382 S. Br.

Deutschland und die Sowjetunion 1933–1936. Ideologie, Machtpolitik und Wirtschaftsbeziehungen. Von Dean Scott McMurry. Dissertationen zur neueren Geschichte, Bd. 6. 1979. VII, 502 S. Br.

Ungarn und die deutsche »Volksgruppenpolitik« 1938–1945. Von Loránt Tilkovszky. 368 S. Ln.

Auslandsdeutschtum und Drittes Reich. Der Fall Argentinien in Forschung und Erinnerung. Von Heinrich Volberg. 250 S., zahlr. Abb. Br.

Hitlers Städte. Baupolitik im Dritten Reich. Eine Dokumentation. Von Jost Dülffer, Jochen Thies und Josef Henke. 1978. VIII, 320 S., 26 Textabb. Br.

Geschichte der Tschechoslowakischen Republik 1918–1948. Hrsg. von Victor S. Mamatey und Radomír Luža. Aus dem Englischen übertragen von Elisabeth Binder. Forschungen zur Geschichte des Donauraumes, Bd. 3. 1980. 553 S. Ln.

Der Papst und die Diktatoren. Der Vatikan zwischen Revolution und Faschismus. Von Anthony Rhodes. Aus dem Englischen übertragen von Robert Paula. Böhlaus Zeitgeschichtliche Bibliothek, Bd. 3. 1980. 333 S. 8 Tafeln mit 14 Abb. Ln.

Die Beziehungen des Vatikans zu Polen während des II. Weltkrieges. Von Manfred Clauss. Bonner Beiträge zur Kirchengeschichte, Bd. 11. 1979. XXVI, 207 S., 2 Faltk. Ln.

Zwischen Kreuz und Hakenkreuz. Die Haltung der Zeitschrift »Schönere Zukunft« zum Nationalsozialismus in Deutschland 1934–1938. Von Peter Eppel. Veröffentlichungen der Kommission für Neuere Geschichte Österreichs, Bd. 69. 1980. 407 S., 1 Titelbild. Br.

Der Kampf um die österreichische Identität. Von Friedrich Heer. 1981. 562 S. Ln.

»Deutschland, Deutschland über alles«. Zur Geschichte und Problematik unserer Nationalhymne. Von Hans Tümmler. 1979. 34. S. Br.

Der deutsche Osten als soziale Frage. Eine Studie zur preußischen und deutschen Siedlungs- und Polenpolitik in den Ostprovinzen während des Kaiserreichs und der Weimarer Republik. Von Roland Baier. Dissertationen zur neueren Geschichte, Bd. 8. 1980. XX, 766 S. Br.

Sozialdemokratie. Versuch einer Rekonstruktion. Mit einem Geleitwort von Bundeskanzler Dr. Bruno Kreisky. Böhlaus Wissenschaftliche Bibliothek. Von Werner W. Ernst. 1980. 112 S. Br.

Theorie und Praxis der Revolution. Hrsg. von Werner W. Ernst. Böhlau Politica, Bd. 5. 1981. X, 206 S. Br.

Grundkurs politische Theorie. Hrsg. von Oscar W. Gabriel. 1978. VIII, 381 S., zahlr. Schemata im Text. Br.

Vergleichende politische Systemforschung. Konzepte und Analysen. Hrsg. von Jürgen Hartmann. Böhlau-Studien-Bücher. Grundlagen des Studiums. 1980. V, 263 S. Br.

BÖHLAU VERLAG KÖLN WIEN